汽车自动变速器维修

主　编　王俊青　贺　民
副主编　王　彬　莫平凡

北京理工大学出版社
BEIJING INSTITUTE OF TECHNOLOGY PRESS

内 容 简 介

本书根据汽车类专业教学标准及从事汽车职业的在岗人员对基础知识、基本技能和基本素质的需求，结合汽车专业人才培养的目的，重点介绍汽车自动变速器的基础知识、液力变矩器、机械传动系统、液压控制系统、电子控制系统和自动变速器的拆装与常见故障诊断等内容。

全书讲解清晰、简练，配有大量的图片，明了直观。本书按照汽车维修作业项目的实际工艺过程，结合目前职业院校流行的模块化教学的实际需求，理论联系实际，重视理论，突出实操。

本书适合作为职业院校汽车专业教材，也可作为汽车售后服务站专业技术人员的培训教材。

图书在版编目（CIP）数据

汽车自动变速器维修 / 王俊青，贺民主编 . —北京：北京理工大学出版社，2017.1
ISBN 978-7-5682-3623-2

Ⅰ.①汽… Ⅱ.①王… ②贺… Ⅲ.①汽车－自动变速装置－车辆修理 Ⅳ.① U472.41

中国版本图书馆 CIP 数据核字（2017）第 018236 号

出版发行 / 北京理工大学出版社有限责任公司
社　　址 / 北京市海淀区中关村南大街 5 号
邮　　编 / 100081
电　　话 /（010）68914775（总编室）
（010）82562903（教材售后服务热线）
（010）68948351（其他图书服务热线）
网　　址 / http：//www.bitpress.com.cn
经　　销 / 全国各地新华书店
印　　刷 / 定州市新华印刷有限公司
开　　本 / 787 毫米 ×1092 毫米　1/16
印　　张 / 11.75
字　　数 / 274 千字
版　　次 / 2017 年 2 月第 1 版　2017 年 2 月第 1 次印刷
定　　价 / 36.00 元

责任编辑 / 张荣君
文案编辑 / 党选丽
责任校对 / 周瑞红
责任印制 / 边心超

图书出现印装质量问题，请拨打售后服务热线，本社负责调换

前言 *PREFACE*

截至2015年6月，我国汽车保有量已经突破了1.63亿辆。在这种形式下，汽车维修、售后服务以及汽车销售人才所存在的缺口问题越来越严重。特别是建立在先进传感技术基础上的故障诊断系统在各种汽车上大量应用之后，各种现代化检测诊断仪器和维修技术也应运而生，现代汽车已发展成为机电一体化的高科技载体。这给汽车维修业带来了极大的机遇和挑战，同时也对汽车维修人员的技术水平提出了更高、更新的要求。

同时，为了解决学生学不懂、学习兴趣不浓、教材内容枯燥乏味，老师不好教等问题，北京理工大学出版社特邀请一批知名行业专家、学者以及一线骨干老师结合新的专业教学标准，规划出版了该套图解版汽车职业教育系列教材。

本系列教材坚持如下定位：

◆ 以就业为导向，培养学生的实际运用能力，以达到学以致用的目的；

◆ 以科学性、实用性、通用性为原则，以使教材符合职业教育汽车类课程体系设置；

◆ 以提高学生综合素质为基础，充分考虑对学生个人能力的提高；

◆ 以内容为核心，注重形式的灵活性，以便于学生接受。

本系列坚持理论知识图解化的基本理念，教材配有大量的插图、表格和立体化教学资源，介绍了大量的故障诊断、维修服务和营销案例。

◆ 在内容上强调面向应用、任务驱动、精选案例、严控质量；

◆ 在风格上力求文字简练、脉络清晰、图表明快、版式新颖；

◆ 在理论阐述上，遵循“必需”、“够用”的原则，在保证知识体系相对完整的同时，做到知识讲解实用、简洁和生动。

汽车自动变速器是汽车上最为复杂的总成之一，自动变速器的厂牌型号很多，外部形状和内部结构也有所不同，但它们的组成基本相同，都是由液力变矩器和齿轮式自动变速器组合起来的。

PREFACE

本书共分为 6 个课题，重点汽车自动变速器的基础知识、液力变矩器、机械传动系统、液压控制系统、电子控制系统和自动变速器的拆装与常见故障诊断等内容。

本书由北京城市学院王俊青、广西理工学校贺民担任主编，珠海市理工职业技术学校王彬、广西百色农业学校莫平凡担任副主编。其中，课题一、课题三由王俊青编写，课题二由莫平凡编写，课题四、课题五由贺民编写，课题六由王彬编写，全书由王俊青统稿。

本书图文并茂、通俗易懂，适合作为职业院校汽车专业教材，也可作为汽车售后服务站专业技术人员的培训教材。

由于作者水平有限，书中可能会有疏漏和不妥之处，欢迎读者批评指正。

编　者

目录 CONTENTS

课题一

汽车自动变速器的基础知识

学习任务

1. 了解自动变速器的分类；
2. 熟悉自动变速器的组成结构；
3. 掌握自动变速器的工作原理；
4. 了解自动变速器的发展史。

技能要求

1. 能够正确使用自动变速器；
2. 能够正确描述自动变速器的工作原理。

任务一 认识自动变速器

一、自动变速器的发展史

汽车自动变速器是随着车辆技术及其相关技术的发展而产生的。纵观汽车自动变速器的发展历史，大体上可以分为四个阶段：自动变速前期、液力自动变速阶段、电控自动变速阶段和智能自动变速阶段，各阶段的技术应用情况如图 1–1 所示。

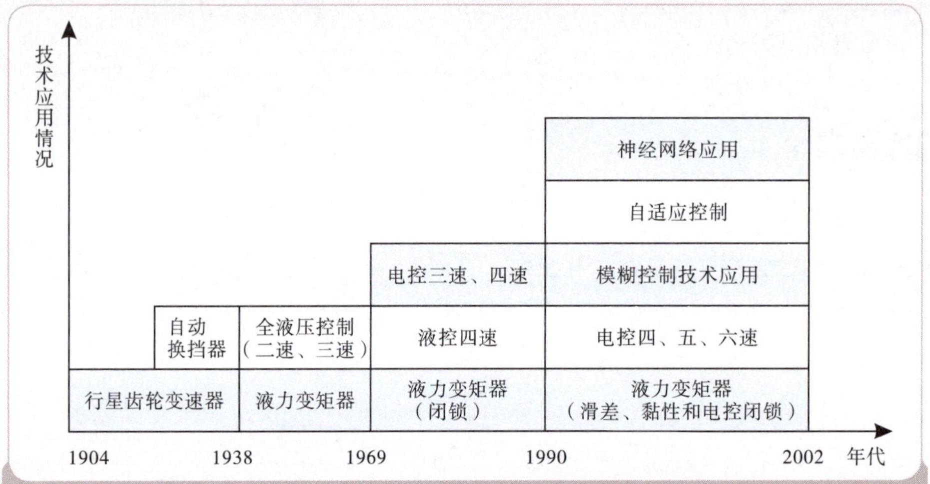

图 1–1 自动变速器的发展历程

1. 自动变速前期

最早在 1904 年出现了离合器和制动器等摩擦元件操纵变速的行星齿轮机构，该机构首先用于英国 Wilson Picher 汽车上。1907 年，福特车上大量使用行星齿轮变速器，它的出现实现了不切断动力进行的“动力换挡”，并避免了固定轴式变速器中的“同步问题”。而液力耦合器的出现为自动操纵的实现提供了可能，1938 年至 1941 年，美国 General Motors 和 Chrysler 公司采用液力耦合器代替离合器，省去了驾驶时的离合器踏板操作。随后出现了液力自动变速器的前身，开始有了车速和油门两个参数信号，即用液压逻辑油路控制的液力自动变速时代。

2. 液力自动变速阶段

该阶段以 1938 年的通用 Oldsmobile 车上的 Hydromantic 开始，以液力自动变速器的普遍应用和迅速推广为特征。这个阶段的液力自动变速器由液力变矩器和行星齿轮变速器组成，控制系统是通过液压系统来实现的；控制信号的产生，主要是通过反映油门开度大小的节气门阀和反映车速高低的速控阀来实现的；其控制系统是由若干个复杂的液压阀和油路构成的逻辑控制系统，按照设定的换挡规律，控制换挡执行机构的动作，从而实现自动换挡。代表性的产品有：丰田的 A40 系列自动变速器，通用的 4T60E、EF、CHPE9 等系列产品。但液压系统的控制精度较低，难以适应车辆行驶状况的变化，无法按使用者的愿望实现精确的换挡品质控制。

3. 电控自动变速阶段

1969 年，法国的雷诺 R16TA 轿车首先使用了电子控制自动变速器，与全液压的区别在于自动换挡的控制系统是由电脑来实现的，但当时电子技术不成熟，应用范围较窄，到 20 世纪 80 年代末，电子控制逐步实用化，越来越多的自动变速器采用了电子控制。

自动变速器的控制系统包括电控和液控两部分，电控系统由计算机、各种传感器、电磁阀及控制电路等组成，它将控制换挡的参数（如车速和油门开度等）通过传感器转换为电信号输送给计算机，计算机通过处理将换挡的信号作用于换挡电磁阀，从而利用液压换挡执行机构实现自动换挡。由于计算机能存储和处理多种换挡规律，在改善换挡品质控制方面，有明显的优越性，并且与整车的其他控制系统兼容性好，最终可以实现车辆电子控制系统一体化。

4. 智能自动变速阶段

随着车辆技术和自动变速技术的发展，人们不再满足于简单的功能实现，车辆自动变速技术即将进入智能化阶段，控制策略的不断改进成为车辆自动变速技术的特点。德国的宝马公司从 1992 年起，陆续推出用于四挡和五挡自动变速器的自适应控制系统，能够自动识别驾驶员的类型、环境条件和行驶状况，并对换挡规律作出适当调整。尼桑的 E4N71B 自动变速器，采用模糊推理对高速公路坡道进行识别，采取禁止升挡的措施消除循环换挡；三菱新型四挡自动变速器，将各种输入信息和驾驶员的换挡通过神经网络建立联系，利用神经网络的学习功能，使得车辆能够按照驾驶员意图自动换挡。

我国应用液力传动始于 20 世纪 50 年代，自行研制出了内燃机车和红旗 CA770 三排座高级轿车的液力传动系统，随后液力传动也在我国获得了一定的发展。此外，部分军用车辆上使用了液力自动变速器，但发展速度要落后于发达国家。

由于对自动变速器良好性能的逐渐认识，用户的需求量也越来越大，使国内汽车企业加快了研究自动变速器的步伐，并且在液力自动变速器的研究、生产、修理等方面都有了一定的基础。例如，1998 年，一汽大众的新捷达王装备了 AG4 自动变速器；1999 年，神龙富康推出智能型 AL4 自动变速器，上海别克装备了 4T65-E 自动变速器；此外，广州本田、天津夏利、重庆奥拓等也先后加入其中，尤其是上海帕萨特 B5 还装备了具有模糊控制功能的自动变速器。不仅是轿车，深圳华海公司还为深圳市大型公共汽车改装了进口的艾里逊液压自动变速器。因此，在国产车上选装自动变速器已成为必然之势。

二、自动变速器的类型

自动变速器是指汽车驾驶中离合器的操纵和变速器的操纵都实现自动化的变速器，简称 AT，是英文 Automatic Transmission 的缩写。目前，自动变速器的自动换挡等过程都是由自动变速器的电子控制单元（英文缩写为 ECU，俗称电脑）控制的，因此，自动变速器又可简称为 EAT、ECAT、ECT 等。

自动变速器可以按结构和控制方式、车辆驱动方式、挡位数的不同来分类。

1. 按结构和控制方式分类

自动变速器按结构、控制方式的不同，可以分为以下几种类型。

（1）液力式自动变速器

这种自动变速器是目前应用最广泛、技术最成熟的自动变速器。按照控制方式的不同，液力自动变速器可以分为液控液力自动变速器和电控液力自动变速器，目前轿车上都是采用电控液力自动变速器，如图 1-2 所示。

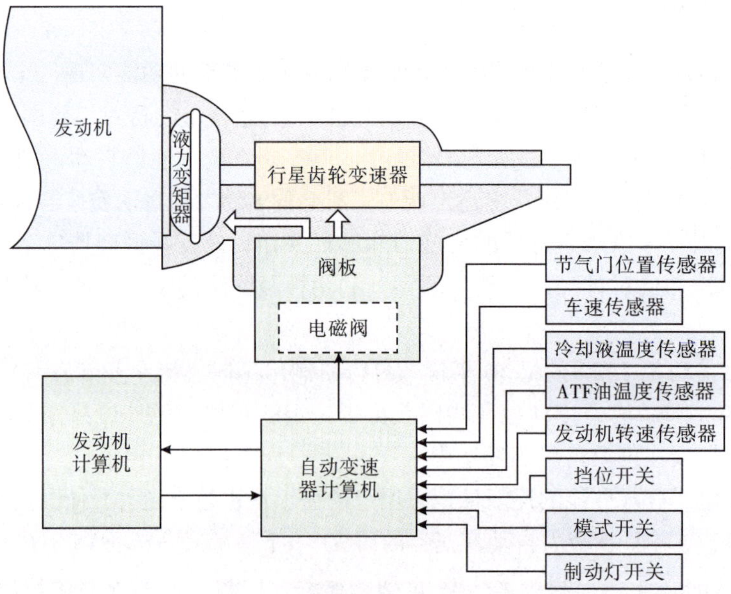

图 1-2 电控液力自动变速器系统简图

按照变速机构（机械变速器）的不同，液力自动变速器又可以分为行星齿轮自动变速器和非行星齿轮自动变速器。行星齿轮自动变速器又可以分为辛普森式、拉威挪式和串联式等。宝马 5 系 6 速自动变速器如图 1-3 所示。行星齿轮自动变速器应用最广泛，非行星齿轮自动变速器（平行轴式）只在本田等个别车系中应用。本田 5AT 平行轴式自动变速器如图 1-4 所示。

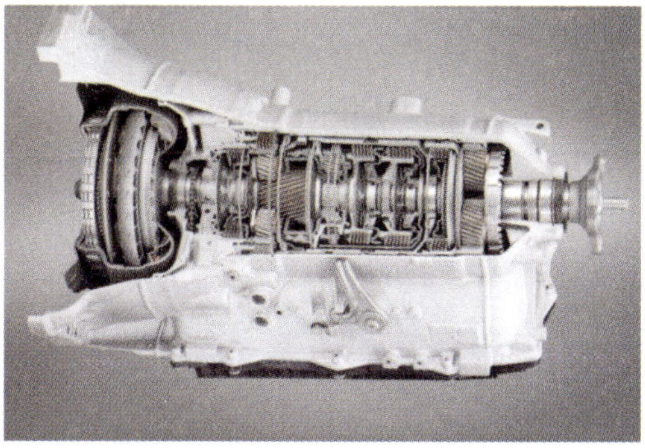

图 1-3　宝马 5 系 6 速自动变速器

图 1-4　本田 5AT 平行轴式自动变速器

（2）无级自动变速器

无级自动变速器简称 CVT，是英文 Continuously Variable Transmission 的缩写，它采用传动带和工作直径可变的主、从动轮相配合来传递动力，可以实现传动比的连续改变。这也是一种具有广阔发展前景的自动变速器，目前在汽车上的应用已具有一定的市场份额。目前常见的有奥迪 A6 的 Multitronic 无级自动变速器、派力奥的 Speedgear 无级自动变速器、旗云的 VTIF 无级自动变速器、奔驰无级自动变速器、本田飞度 CVT 等，这些变速器都采用链条（钢带）连续调节传动比。图 1-5 所示为奇瑞 e5 无级自动变速器。

图 1-5　奇瑞 e5 无级自动变速器

（3）机械式自动变速器

机械式自动变速器简称 AMT，是英文 Automated Mechanical Transmission 的缩写，它是在原有手动、有级、普通齿轮变速器的基础上增加了电子控制系统，来自动控制离合器的接合、分离和变速器挡位的变换。机械式自动变速器由于原有的机械传动结构基本不变，所以，齿轮传动固有的传动效率高、机构紧凑、工作可靠等优点被很好地继承了下来，在重型车的应用上也有很好的发展前景。以下是几种比较常见的机械式自动变速器。

①以电、液执行器为自动换挡机构的 AMT 变速器。这种变速器已经在诸如奇瑞 QQ3、瑞麒 M1、雪佛兰赛欧、上汽 MG3 等车型上得到广泛的应用，目前采用马瑞利电、液执行器的 AMT 变速器在国内应用范围最为广泛。宝马 SMG、兰博基尼 ISR 是比较特殊且典型的 AMT 变速器。图 1-6 所示为宝马 SMG 变速器。

图 1-6 宝马 SMG 变速器

②以电动执行器为自动换挡机构的 AMT 变速器。它的换挡、选挡速度优于电、液执行器，而且体积小、质量小，但因变速器型号少而没有被广泛应用。

③直接换挡变速器 DSG。DSG（Direct Shift Gearbox）变速器也称为 S-Tronic 变速器或者双离合变速器（Doubl-clutch Gearbox）。其特殊的地方是采用两个离合器进行自动换挡，比别的变速器换挡更快，传递的转矩更大而且效率更高。大众汽车在 2002 年于德国沃尔夫斯堡首次向世界展示了这一技术创新。其优点在于 DSG 可以手动换挡也可以自动换挡，它比传统的自动变速器易于控制，也能传递更多功率。图 1-7 所示为大众 DSG 变速器。

图 1-7 大众 DSG 变速器

DSG 是在连续手动变速器 SMT（Sequential Manual Transmission）的基础上发展而来的，从本质上来说，SMT 是一款全自动电控离合的手动变速器。大多数 SMT 都是可以自动和手动换挡的，其优点在于它采用固力连接而非传统自动、手自一体变速器所采用的液力连接（液力变矩）。

2. 按车辆的驱动方式分类

自动变速器按车辆驱动方式的不同，可以分为自动变速器（Automatic Transmission）和自动变速驱动桥（Automatic Transaxle），如图 1-8 所示。

自动变速器用于发动机前置后轮驱动的布置形式，变速器与主减速器、差速器分开。

自动变速驱动桥用于发动机前置前轮驱动，变速器与主减速器、差速器构成一个总成。

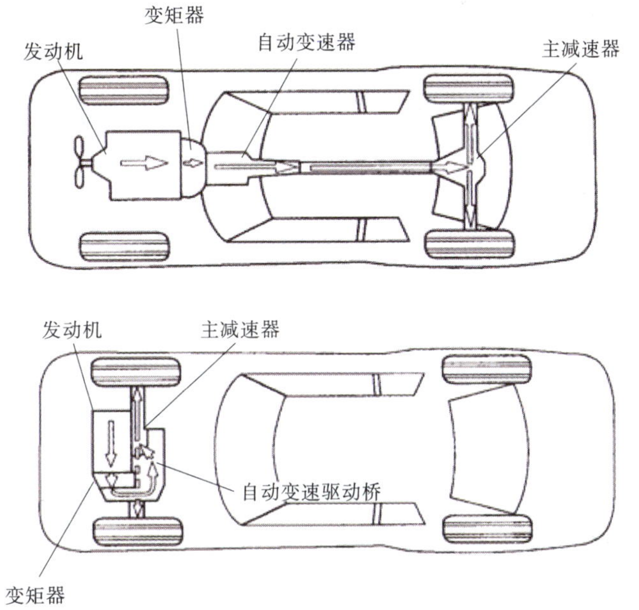

图 1-8 自动变速器和自动变速驱动桥

3. 按自动变速器前进挡的挡位数分类

按照自动变速器变速杆置于前进挡时的挡位数，可以分为 4 挡、5 挡、6 挡、7 挡等。目前比较常见的是 4 挡和 5 挡自动变速器，在某些高级轿车中采用 6 挡或 7 挡自动变速器。

三、自动变速器的特点和作用

1. 自动变速器的特点

自动变速器利用行星齿轮机构进行变速，它能根据油门踏板程度和车速变化，自动地进行变速，而驾驶者只需操纵加速踏板控制车速即可；使用液力耦合器替代传统接触式离合器的变速箱，由液压机构完成换挡动作。

自动变速器的特点有：

· 由液力变矩器、行星变速器、液压操作系统组成。

· 目前国内自动变速器大多数都是使用 AT 自动变速箱。

· 操作容易，驾驶舒适，能减少驾驶者的疲劳。

· 不需要配合操作离合器，技术成熟。

· 油耗比手动变速器增加 10% 左右，保养费用较高。

自动变速器的优点：操作简单，可以适应于大多数的发动机形式（横置和纵置）和驱动形式（前驱，后驱，4 驱，全时）。

自动变速器的缺点：因为采用液力耦合器，所以传动效率极低。

2. 手自一体自动变速器的特点

手动 / 自动变速器由德国保时捷车厂在 911 车型上首先推出，称为 Tiptronic，它可使高性能跑车不必受限于传统的自动挡束缚，让驾驶者也能享受手动换挡的乐趣。此车型在其挡位上设有“+”“–”选择挡位。在 D 挡时，可自由变换降挡（–）或加挡（+），如同手动挡一样。

手自一体自动变速器的特点有：

· 制造技术难度相对较低，自动换挡；主要用于 F1 赛车及中低档民用汽车上。例如，博悦、SMART、AMT 北斗星、QQ3、AMT 炫丽、奔奔 MINI、AMT 同悦、路宝节油 π、MG3、传祺、新赛欧、瑞麒 X1 等。

· 变挡时有顿挫，影响乘坐舒适性。市场上使用比较少。

· 换挡时要松一下油门才能减少顿挫感。

3. 自动变速器的作用

它使汽车能以非常低的稳定车速行驶，而这种低的转速只靠内燃机的最低稳定转速是难以达到的。

变速箱的倒挡使汽车可以倒退行驶。

其空挡使汽车在起动发动机、停车和滑行时能长时间将发动机与传动系分离。

四、自动变速器的结构与工作原理

1. 自动变速器的结构

自动变速器主要由液力变矩器、变速机构、液压操纵系统、控制系统、冷却滤油装置等几部分组成，如图 1–9 所示。

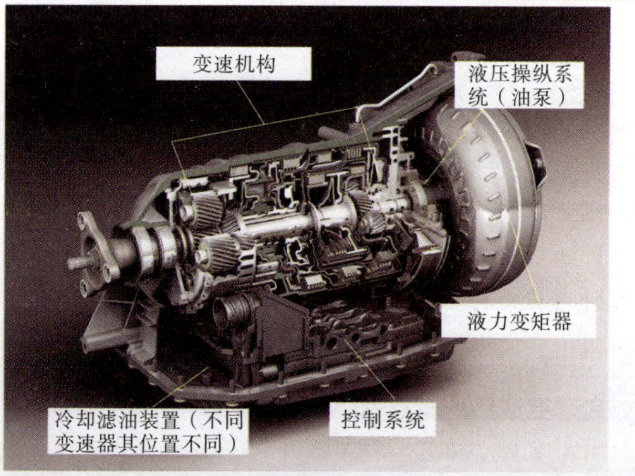

图 1–9 自动变速器的结构

（1）液力变矩器

液力变矩器（见图 1-10）位于自动变速器的最前端，安装在发动机的飞轮上，利用液力传递动力，具有一定的减速增扭功能，并能实现无级变速。

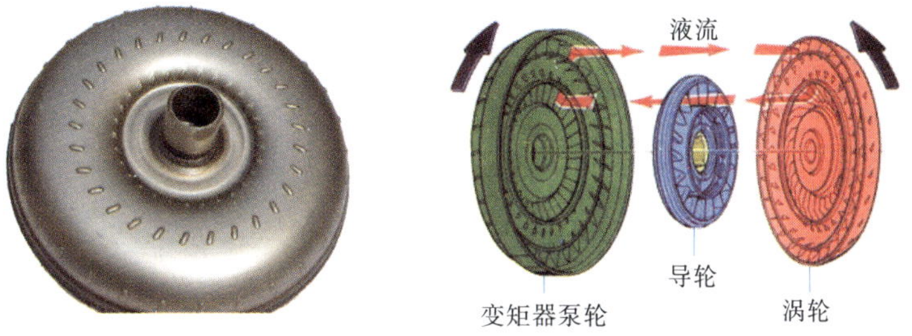

图 1-10　液力变矩器

（2）变速机构

变速机构包括传动机构和换挡执行机构。图 1-11 所示为辛普森式行星齿轮传动机构。

传动机构有 3~4 个前进挡和 1 个倒挡。换挡执行机构（离合器、制动器、单向离合器）可以使传动机构处于不同的啮合状态，以实现不同的传动比。

图 1-11　辛普森式行星齿轮传动机构

（3）液压操纵系统

液压操纵系统包括油泵、阀体、电磁阀及液压管路等，用于控制自动变速器的升降挡。液压操纵系统如图 1-12 所示。

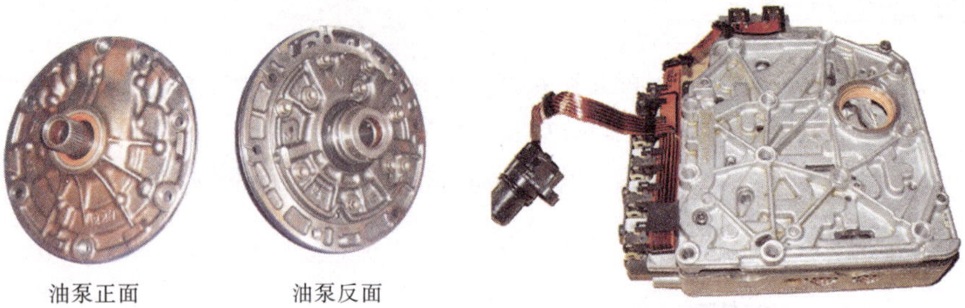

油泵正面　　油泵反面

（a）　　（b）

图 1-12　液压操纵系统

（a）油泵；（b）阀体（包括电磁阀及液压管路）

（4）控制系统

新型汽车自动变速器的控制系统有液压式和电子控制液压式两种。液压式控制系统包括由许多控制阀组成的阀体总成以及液压管路。电子控制液压式控制系统除了阀体及液压管路之外，还包括电控单元（ECU，见图 1-13）、传感器、执行器及控制电路等。

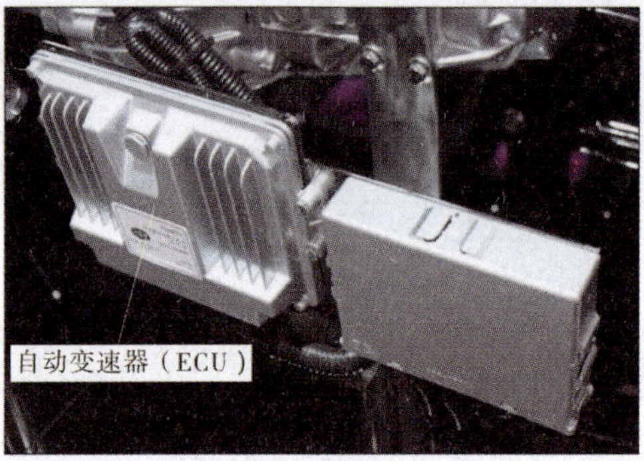

图 1-13　自动变速器（ECU）

（5）冷却滤油装置

冷却滤油装置包括冷油器和滤油器，用于控制油温和分离杂质。图 1-14 所示为冷却滤油装置。

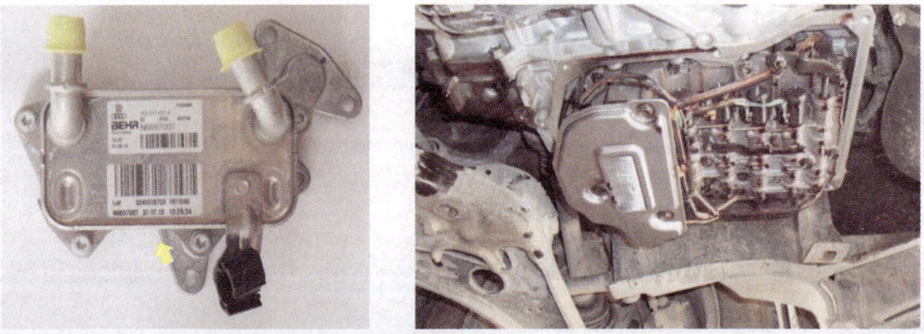

（a）　　（b）

图 1-14　冷却滤油装置

（a）冷却装置；（b）滤油装置

2. 自动变速器的工作原理

（1）全液压控制自动变速器控制原理

全液压控制自动变速器控制原理如图 1-15 所示。

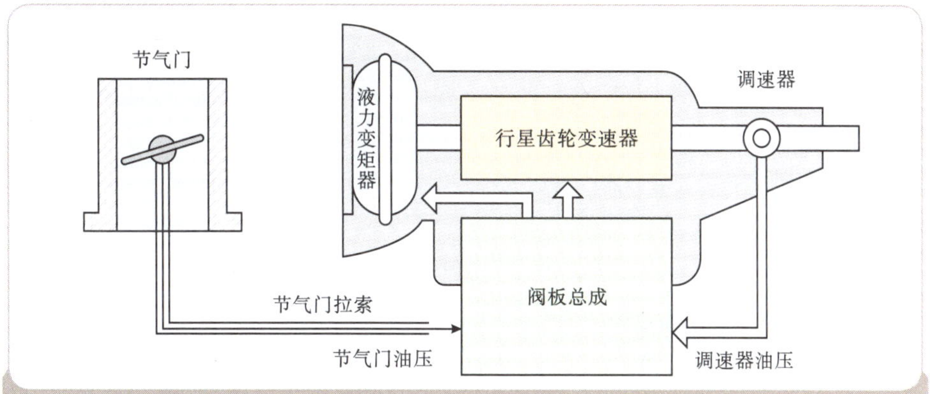

图 1-15　液力控制自动变速器系统简图

在全液压自动变速器中，液压控制系统根据节气门（油门）开度和变速器输出轴上输送来的信号控制升降挡。根据节气门开度变化，液压控制系统中的调节阀产生与加速踏板踏下量成正比的液压，该液压作为节气门开度“信号”加到液压控制装置；另外，装配在输出轴上的速控液压阀可产生与转速（车速）成正比的液压，作为车速“信号”加到液压控制装置。因此，就有了节气门开度“信号”和车速“信号”，液压控制装置根据这两个“信号”自动调节变速器油量，从而控制换挡时机。也就是说，在汽车驾驶中，驾驶员踏下加速踏板（油门踏板），控制节气门开度和汽车的行驶速度（变速器输出轴转速），就能自动控制变速器内的液压控制装置，液压控制装置会利用液力去控制传动系统的离合器和制动器，以改变行星齿轮的传动状态。自动变速器的核心控制装置是液压控制装置，液压控制装置由油泵、阀体、离合器、制动器以及连接所有这些部件的液体通路所组成。关键部件是阀体，因此，它是自动变速器的控制中心。阀体的作用是根据发动机和底盘传动系的负载状况（节气门开度和输出轴转速），对油泵输出到各执行机构的油压加以控制，以控制液力变矩器及各离合器和制动器的结合与分离，实现自动换挡。

（2）电子液压控制自动变速器控制原理

电子液压控制自动变速器主要由液压系统、变速机构、电控系统等几个部分组成。

它在全液压控制自动变速器的基础上增加了电磁阀，电控单元（ECU）借助电磁阀控制自动变速器的工作过程。ECU 输入电路接受传感器和其他装置输入的信号，对信号进行过滤处理和放大，然后转换成电信号驱动被控制的电磁阀工作。因此，电子控制自动变速器就要将增加的节气门位置传感器、车速传感器、水温传感器、液压温度传感器、发动机转速传感器、挡位开关、制动灯开关等数字信号汇入 ECU，从而使得 ECU 精确控制电磁阀，使换挡和锁止时间准确，令汽车运行更加平稳和节省燃油。

任务二 自动变速器的使用

自动变速器：利用车速和负荷（油门踏板的行程）进行双参数控制，挡位根据上面的两个参数来自动升降。AT 与 MT 的相同点就是二者都是有级式变速器，只不过 AT 能根据车速的快慢来自动实现挡位的增减，消除手动挡车“顿挫”的变挡感觉。

一体式变速器：奥迪 A6 上装备的无级 / 手动一体式变速箱，采用独特的多片链式传动带、电控液压系统，能传递大的扭矩。它可在发动机的任何转速下自动调节至最合适的传动比，与 5 挡手速同车型相比，其加速更快、乘坐更舒适，也更经济。

帕萨特 1.8 T 和帕萨特 2.8 V6 采用的是手动 / 自动一体式变速器，其结合了手动挡挡位自由快速切换和自动挡换挡滑顺的双重优势。

一体式变速器由于结构更复杂，成本也高出手动和自动变速器许多，一般都配备在高级轿车上。

一、自动变速器的正确使用

1. 上坡感到发动机吃力时，可以不停车减挡

自动变速器的挡位一般有 1、2、3、D、R、N、P。由于制造的复杂性，通常有四个前进挡。如果挂到 D 挡，最高可以自动升到 4 挡；如果挂到 3 挡，最高可以自动升到 3 挡；挂到 2 挡，最高可以升至 2 挡；1 挡就意味着变速器只能在 1 挡工作。

由于自动变速器是双参数（车速和负荷）控制，上坡时，如果狠踩油门，发动机就会判断出此时的负荷较大，若当时车速也较低，变速箱会自动挂到低速挡。因为，低速挡的加速能力强，待加到高速时，挡位也会自动升高。

如果车主在上坡时，挡位挂在了 3 挡，由于自动变速器比手动的要稍微滞后，所以，此时上坡的加速时间会延长。若挂到 2 挡，则意味着时间更长，且不能升至高挡，更无法实现高速；但是，对于较陡的坡，可以考虑挂在该挡，以实现大扭矩输出，也就是让车子“劲头儿”更足。一般情况下，都可以挂着 D 挡上坡，通过重踩油门让变速箱自动升减挡位，以更短的时间过坡。

2. 下坡感到车速太快时，可以不挂 D 挡

下坡时，由于车子自身的重力带动，车子会越跑越快。如果挂在 D 挡，而且轻踩油门，变速箱会在“此时负荷小、车速快”的判断上，自动升至高挡。这样车子的速度就会越来越快，如果你不想有这样的结果，那么可以考虑挂在 3 挡或者 2 挡。

挂到 3 挡，车子会把最高挡锁定在 3 挡，车子就不会一个劲儿地加速急行，这样更有利于驾驶者控制车速和自身安全。挂到 2 挡，则更限制了车子的高速，安全性更高。

3. 自动挡车不能空挡滑行和长距离拖车

自动变速器一般是由液压控制系统和行星齿轮组构成，如果挂空挡（N 挡）滑行，那么发动机是怠速，而滑行时的车速比怠速高，导致液压管路中的油压不足，这将增大摩擦力、降低润滑效果并可能使车轮抱死。所以，自动挡车空挡滑行，弊处多多。

那么该如何进行拖车呢？有两个办法：一是按照厂家提供的说明，通常会有拖车时的距离和车速要求，但一般情况下，允许的拖车距离不长；二是让驱动轮离地，不让其在拖车的时候转动。

4. 可以挂挡踩刹车，直到车子停稳

踩刹车的时候应该注意，如果踩得太猛，可能出现车轮抱死，ABS 就会起作用。最好是适度地踩刹车直到车子停稳，然后挂上 P（驻车）挡，锁好车门，离开。如果只是短暂的停留，车子停了一会儿就要离开，那么一定要注意，在轻抬刹车踏板时可能出现的车身蠕动，以及可能出现的剐碰情况。

二、手自一体变速器的使用和技巧

为了让驾驶更简单，人们发明了自动变速器。然而自动变速器的弊端也是很明显的，加挡和减挡都不是人为控制的，缺少驾驶乐趣。于是，人们发明了手自一体变速器，既可以自动驾驶，又可以在手动模式下亲自体验对车速的控制。可是什么时候该用自动，什么时候用手动呢？

手自一体变速器的自动模式是使用最为广泛的，这也难怪很多人把 AMT 和 AT 混为一谈。在城市路况时只要不急加速，通常用 D 挡就可以了。这时使用 D 挡会使驾驶更为轻松，特别是在拥堵的城市路况，可以省去手动挡频繁起步停车的换挡操作，也不需要考虑坡度起伏的高度。可以说这时候的 AMT 和 AT 没什么区别。下面重点介绍手动模式的应用。

1. 手动模式下加速超车技巧

先来介绍超车时手动模式的应用。开过自动挡车的人都知道，自动挡的加速性没有手动挡痛快，特别是在超车的时候，放在 D 挡上，车速不会因为你猛踩油门而迅速提升，只能是顺序加挡。有了 AMT 情况就不一样了，加速超车的时候，换入手动模式，这时候不需要踩刹车，直接把挡把拨入手动模式就行。这时猛踩油门，车速会迅速提升，加速超车得心应手，响应的速度不比手动挡差。

2. 手动模式下下坡技巧

下坡的时候如果开手动挡，正确的操作模式是换入低速挡，带挡滑行。如果开自动挡，车速会不受控制地不断提升，那就只能在滑行的时候适时踩刹车。如果使用手自一体变速器的手动模式，这一切就简单了。下坡时挂入手动模式，并向后拨挡把，降入低速挡，这时候可以充分利用发动机制动降低车速，驶入坡底时可以迅速加挡或者换入自动模式，会很快恢复正常驾驶。在实际应用中，下地库的时候采用手动模式很实用，甚至不用踩刹车。

3. 手动模式下高速行车技巧

高速行车的时候最好选用手动模式，这样不但提速快，而且还可以在急刹车的时候使用发动机制动。在高速行驶的时候，如果想刹车，那么在踩刹车踏板的同时，迅速向后连续拨挡把，使车强制降入低速挡，这样会产生强大的发动机制动，加快减速。

4. 手动模式下弯道技巧

过弯道时，通常都会在入弯的时候踩刹车减速，通过弯心后加速出弯。但是，这时候发动机的转速和车速就会降得很低，加速需要一个过程。如果使用手动模式，在入弯前通过减挡利用发动机制动减速，过弯时只需保持车身稳定，此时由于强制降挡，发动机会自动维持高转速，出弯道后，可以迅速提高速度。

5. 手动模式下溜车技巧

在开车的时候经常会遇到需要溜车滑行的情况，如遇到红灯。很多人会在这时候松开油门踩刹车，但由于自动挡收油后减速迅速，所以，会导致提前停下，不得不又加油前行。而如果换入空挡，滑行的距离是远了，但是大大增加了危险，因为此时的车失去了动力，大大降低了机动性和反应能力。此时，使用手动模式就很方便了，车缓慢降挡，可以平稳滑行很远，而且动力还没有切断，遇到紧急情况时可以迅速踩油门加速躲避。

三、自动挡英文字母标识的含义

图 1-16 所示为自动变速器挡位标识。

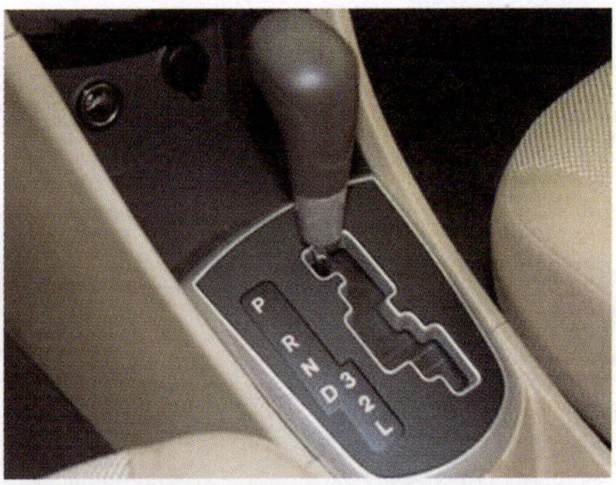

图 1-16 自动变速器挡位标识

1. P 停车挡

只有在车辆完全停稳时，才可挂入该挡，挂入该挡后，驱动车轮被机械装置锁止而使车轮无法转动。若想将排挡杆移出该位置，必须踏下制动踏板并按下排挡杆手柄上的锁止按钮。

2. R倒车挡

只有当车辆静止且发动机怠速运转时，才可挂入倒车挡，按下排挡杆手柄按钮，即可将排挡杆移入或移出倒车挡。在车辆前行时，不要误将排挡杆挂入R挡，特别是在变速器处于应急状态时，千万不能在前行中挂入R挡，那样会使自动变速器严重损坏。

3. N空挡

在点火开关打开状态下，车辆静止或车速低于5 km/h时挂入该挡，排挡杆会被锁止电磁铁锁止。若想移出该挡，需踏下制动踏板，同时按下手柄按钮；在车速高于5 km/h时，只需按下手柄按钮即可将排挡杆移入或移出N挡。

4. D驱动挡

一般情况下可选用此挡，在D挡位置，变速器控制单元根据车速及发动机负荷等参数，控制变速器在1~4挡中自由切换。

5. 3坡路挡

在有坡度的路面上行驶时可挂入该挡，此时变速器会在1~3挡中自动换挡，但不会换入4挡，这样，在下坡时提高了发动机的制动效果。

6. 2长坡挡

遇到较长距离的坡路时选用此挡，控制单元根据行驶速度及节气门的开度变化，控制车辆在1、2挡中自动换挡，这样一方面避免了挂入不必要的高速挡，另一方面在下坡时可更好地利用发动机的制动效果。

7. L陡坡挡

在上下非常陡峭的坡路时选用此挡，挂入L挡后，汽车总处于1挡行驶状态，而不会换入其他3个前进挡位，这样一方面可以保证在爬坡时有足够的动力，另一方面在下坡时可最大限度地利用发动机的制动效果。

四、自动变速器使用注意事项

①只有排挡杆置于P、N位置时，方可起动发动机，在点火开关打开状态下，若想移出这两个挡位，必须先踏下制动踏板，同时按下手柄按钮，才可将排挡杆移入其他挡位。

②P挡可作为手制动的辅助制动器，但不可替代手制动器。

③车辆被牵引时排挡杆必须置于N位置，牵引时车速不可超过50 km/h，牵引距离也不能超过50 km。若需牵引更长的距离，需将驱动车轮升离地面。

④若自动变速器的控制单元因电气故障而导致其进入应急状态，此时只有3、1、R挡可以工作，不要认为尚有挡位可用就不去修理，应及时查明故障并排除，否则会损坏自动变速器内的多片离合器。

⑤自动变速器的车无法用牵引或推动起动的方法起动发动机，因为ATF油泵不工作，自动变速器无法建立起正常的工作油压。

⑥在寒冷的冬季，行车前先起动发动机预热1 min后再挂挡行驶。

五、自动挡汽车的正确驾驶

汽车改用自动变速器后，驾驶员的操作更加简便、驾驶更加平顺，因此，装备自动变速器的新型轿车尤其受到了人们的青睐。不过，很多驾驶者初开自动挡车时，由于对自动变速器的结构和原理不是很了解，行车时经常是一个D挡走完全程，其间只会在停车时用N挡和R、P挡，至于其余的挡位则形同虚设，这对汽车的动力性和安全性都是不利的。因此，在驾驶自动挡汽车之前，若能了解它的正确使用方法，则对改善驾驶技术会大有帮助。

一般的自动变速器有6~7个挡位，它们从前到后依次排列，分别为：P（停车挡）、R（倒挡）、N（空挡）、D（前进挡），而有的前进挡中包括D、3、2、1挡。有的车型的前进挡只有3个挡位（D、2、1），若装备4挡变速器，则另有一个超速选择开关（O/D）接通超速挡。

P挡和N挡的作用都是使发动机和车轮传动系统脱离运转，所不同的是在发动机停止运转的时候，挂N挡可以随意推动车辆；挂P挡时，利用机械锁销把传动轴锁固在变速器壳上。因此，若在P挡状态下强行拖动车辆，必然造成自动变速器外壳的损坏，导致重大损失；同时，在上下坡停车时，也不要仅仅使用P挡制动车辆，而应该牢牢拉紧手制动，以免使P挡机械锁受力过大而损坏。

车辆只有在P挡时才能拔出点火开关钥匙；只有在P挡或N挡时，才能起动发动机发动汽车。P挡起动是经常使用的模式，N挡起动用于行驶中灭车。若行驶中发动机突然停转，可在保证行驶安全的情况下小心将变速杆移至N挡，然后重新起动发动机，恢复正常运转。

一般情况下，自动变速器应在车辆停止时选择挡位，方法是：踏下制动踏板，选择所需要的挡位（要用眼睛确定，不要仅凭感觉），然后缓慢松开制动踏板，车辆就依选择方向慢慢起动。倒挡与前进挡的转换一定要在车辆停止状态下进行。需特别注意的是：绝对不能在车轮转动时挂入P挡。

前进挡的作用情况比较复杂：一般的自动变速器有三挡式和四挡式两种，4挡又称为超速挡，英文写法“OVER DRIVE”，简称“O/D”，再往下是3挡、2挡或1挡（又称为L挡）。它们的挡位设置规律是：高挡位向下兼容，低挡位不能自动向上换挡，即若选择四挡，变速器可在1挡与4挡之间根据车辆的速度与使用条件自动选择合理挡位，自动升挡、降挡；若选择2挡，就只能在1挡与2挡间自动变换而不能升到2挡以上。这时，在车速升高后会使发动机超速运转。

1挡、2挡有发动机制动功能，因此，当车辆行驶在下坡路上时，可以预先选择2挡或1挡，以便合理利用发动机制动，同时用油门踏板控制车辆下坡速度。但是，在一般行驶与上坡时，建议使用D挡，这时车辆能自动选择理想挡位，无须驾驶者操心。

车辆行驶中可以手动从低挡向高挡换挡，但从高挡往低挡换则要在一定速度范围内进行。即车辆在几挡运行就可手工换至该挡。例如，不能在 90 km/h 时换入 2 挡，因为，此时变速器至少在 3 挡运行，要待车速降到 50 km/h 时才能手动换入 2 挡。同理，换 1 挡要在车速降至 20 km/h 以下进行。

有些高档轿车增加了可供选择换挡模式的功能，如运动模式（SPORT）、冰雪路模式（ICE）等。相对于通常的舒适模式，选择运动模式会使车辆的加速响应性加强，但舒适性、经济性会下降。冰雪路模式减小了车辆牵引力，可防止车轮在冰雪路上起动时打滑。

还需要注意的一点是：若车辆在行驶中发生故障，需要由车辆拖带行驶时，必须把挡位放在空挡。拖带速度不要超过 30 km/h，总行驶距离不能超过 50 km，以免因缺油运转造成变速器损坏。

因此，自动挡汽车正确的驾驶方法是将变速杆放在 P 挡后起动发动机，而且一定要踩下制动踏板，方可由 P 挡转入其他挡位，起步时要将变速杆推到较低挡位（即 2 或 1 挡，有些则还有 3 挡），待车速提高到一定程度后，再转入 D 挡进入正常行驶，若在高速公路上高速巡航时，可选用 O/D 挡，以节省燃油。

可能有些人会提出疑问，在用 D 或 O/D 挡行驶时，偶尔有发飘的感觉，其实可以用换挡的方法来解决，通过换挡来取得较佳的路面附着力，以提高牵引力，可实现与手动挡汽车一样的效果。

六、自动变速器使用的六大误区

1. 误区一

自动变速器车辆长时间停车时，换挡杆仍挂在 D 挡。

装备自动变速器的车辆在等待通过信号或堵车时，一些驾驶员常将换挡杆保持在 D 挡，同时踩下制动踏板，若时间很短，这样做是允许的。但若停车时间长，则最好换入 N 挡（空挡），并拉紧驻车制动。因为换挡杆在 D 挡时，自动变速器汽车一般有微弱的前移，若长时间踩住制动踏板，等于强行制止这种前移，使得变速器油温升高，油液容易变质，尤其在空调系统工作时，发动机怠速较高的情况下更为不利。

2. 误区二

自动变速器车辆高速行驶或下坡时，把换挡杆拨在 N 挡位滑行。

有些驾驶员为了节油，在高速行驶或下坡时，将换挡杆拨到 N 挡滑行，这很可能烧坏变速器。因为，此时变速器输出轴转速很高，而发动机怠速运转，变速器油泵供油不足，润滑状况恶化，而且对变速器内部的多片离合器来说，虽然动力已经切断，但其被动片在车轮带动下高速运转，发动机驱动的主动片转速很低，两者间隙又很小，容易引起共振和打滑现象，产生不良后果。当下长坡确需滑行时，可将换挡杆保持在 D 挡滑行，但不可使发动机熄火。

3. 误区三

在自动变速器 P 或 N 以外挡位起动发动机。

有些驾驶员在 P 或 N 以外挡位起动发动机，虽然发动机不能运转（因为连锁机构保护，只能在 P 和 N 挡才能起动），但有可能烧坏变速器的空挡起动开关。因为，自动变速器上装有空挡起动开关，使得变速器只能在 P 或 N 挡才能起动发动机，避免在其他挡位误起动时使汽车立刻起步往前窜。因此，起动发动机前一定要确认换挡杆是否在 P 或 N 挡。

4. 误区四

装备自动变速器或三元催化转换器的汽车用推动车辆法来起动发动机。

装备自动变速器和三元催化转换器的汽车因蓄电池缺电不能起动，而采用人推或其他车辆拖动的方法起动，这是非常错误的。因为采用上述方法是不能把动力传递到发动机上的，反而会损坏三元催化转换器。

5. 误区五

自动变速器车辆在坡道停车时不使用驻车制动。

装有自动变速器的汽车在坡道停车时，有些驾驶员只是使用 P 挡，而不使用驻车制动，这样做极容易引发事故。因为虽然装有自动变速器的汽车在 P 挡位设有的停车锁止机构一般是很少失效的，但一旦失效就会造成意外事故。因此，在坡道停车时，还是应该使用驻车制动器。

6. 误区六

自动变速器汽车只要 D 挡起步，一直加大油门就可以换到高速挡。

有些驾驶员认为只要 D 挡起步，一直加大油门就可以换到高速挡，殊不知这种做法是错误的。因为换挡操作应是“收油门提前升挡，踩油门提前降挡”。也就是在 D 挡起步后，保持节气门开度 5%，加速到 40 km/h，快松油门，能提高到一个挡位，再加速到 75 km/h，松油门又能提高一个挡位。降低时按行车车速，稍踩油门，即回到低挡。但必须注意，油门不能踩到底，否则会强行挂入低速挡，可能造成变速器损坏。

总之，自动变速器汽车相对于手动变速器汽车而言，省去了离合器踏板，不必频繁地踩踏板，使汽车驾驶变得简单、轻松。但若操作不当，会人为地增加自动变速器的故障发生率，降低其使用寿命。正确使用自动变速器，不仅可以避免或减少故障的发生，还会降低油耗，减少污染。

七、自动挡的汽车没有离合器，中途熄火如何操作

装备自动变速器的汽车没有离合器，也就从根本上避免了因操作不当造成的发动机意外熄火，但一些自动挡车型由于机械故障，还是有可能中途意外熄火。遇到这种情况，如果前面没有道路状况，可以在不停车的情况下重新起动。具体做法是，把变速杆迅速推入空挡（N），点火开关转到起动（START）位置，重新起动成功后，再迅速把变速杆拉到 D 挡，即可正常行驶。如果多次尝试，发动机仍无法起动，说明故障比较严重，这时就应该果断地停车检修。

应用这种方法，必须对车辆的操作比较熟悉，如果用力过大，把变速杆直接推入倒挡（R），会对变速器造成较大损害，还有一些车的点火开关有防止二次起动的功能，必须先转回到关闭的位置，才能重新起动，但一定注意不要让方向盘锁死。另外，发动机熄火后，制动和转向助力也

随之失效，这时，需要更大的力量才能控制住车辆。所有这些，平时大家都很清楚，但紧急情况下，就难免手忙脚乱，所以，如果是新手，最好还是先踏踏实实地把车停到路边。记住：在任何时候，装备自动变速器的车辆都不能使用反拖起动。

思考与练习

一、填空题

1. 在自动变速器挡位标识中，P 位是_______，R 位是_______，N 位是_______，D 位是_______，L 位是_______。

2. 自动变速器按控制方式分类，可分为_______和_______两种。

3. 自动变速器按其传动方式的类型不同，可分为________、________和________三种。

二、判断题

1. 液力变矩器式自动变速器按汽车的驱动方式可分为前置前驱和前置后驱两种类型。(　　)

2. 机械式自动变速器只能进行机械变速不能进行自动变速。(　　)

3. 自动变速器液压控制装置由油泵、阀体、离合器、制动器等组成。(　　)

4. 自动变速器换挡时需要踩离合器。(　　)

三、选择题

1. 当选挡手柄置于(　　)位置时，汽车可以静止不动。

A. D　　B. N　　C. L　　D. R

2. 当汽车需要超车时，通过按自动变速器上的(　　)开关可加速超车。

A. O/D 挡　　B.O/B 挡　　C.D/O 挡

3. 关于自动变速器上的挡位，以下说法正确的是(　　)。

A. P——停车挡　　B. R——前进挡　　C. N——爬坡挡　　D. D——倒挡

课题二

液力变矩器

学习任务

1. 了解液力变矩器的作用和组成；
2. 掌握液力变矩器的工作原理；
3. 掌握液力耦合器的结构和工作原理；
4. 掌握锁止离合器的结构和工作原理；
5. 掌握液力变矩器的检修方法。

技能要求

1. 学会检修液力变矩器；
2. 掌握液力变矩器的工作原理。

任务一 液力变矩器的结构与原理

自动挡的汽车由于发动机和变速箱之间没有离合器，故它们之间的连接是靠液力变矩器来实现的。液力变矩器的作用是传递转速和扭矩，使发动机和自动变速器之间的连接成为非刚性的，以方便自动变速器自动换挡。

一、液力自动变速器的基本结构

液力自动变速器的结构如图 2-1 所示，它主要由液力传动装置、机械变速机构、液压控制系统、电子控制系统、冷却与润滑系统、变速器壳体等部分组成。

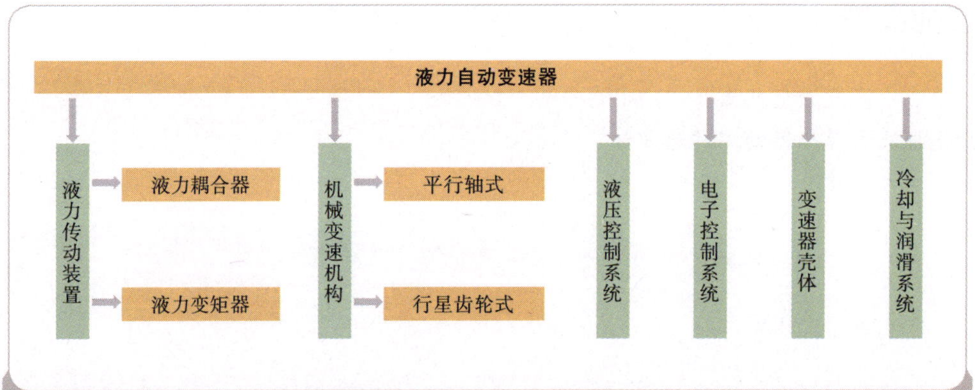

图 2-1 液力自动变速器的结构

液力传动装置是液力自动变速器的重要部件之一。常见的液力传动装置有两种，分别是液力耦合器和液力变矩器。现在车辆上主要是采用液力变矩器，它的前端与发动机启动齿圈轮直接相连，输出部件与机械变速机构相连。发动机的动力经液力变矩器输入变速器，实现发动机与变速器的柔性连接，从而大大减少传动机构的动载荷，以延长发动机和变速器的使用寿命。同时，在一定范围内实现无级变速和变扭。

机械变速机构由变速装置和换挡执行装置组成。变速装置又分为平行轴式和行星齿轮式两种。行星齿轮式应用最为广泛。换挡执行装置是指变速器中用于改变动力传递路线（即换挡）的离合器、制动器和单向离合器等。

液压控制系统是液力自动变速器的核心部分，它根据换挡杆的位置、油门的开度及汽车的车速信号，实现离合器的分离或结合、制动器制动或释放动作的自动控制，继而改变动力传动路线，以实现挡位的自动变换。此外，它还向液力变矩器和润滑油路供油。

电子控制系统由传感器、电控单元（ECU）和执行器三部分组成。ECU 根据传感器检测到的汽车行驶状况信息，并结合发动机的运转工况信息，做出十分精确的分析并控制换挡时刻、锁定定时、系统油压和换挡平顺性等。这些控制通过执行元件（电磁阀）改变液压控制系统的油路，从而实现对液压控制系统的控制。

液力变矩器在工作过程中，会使油温急剧升高。高的油温使自动变速器油液变质，从而缩短其使用寿命。因此，在液力自动变速器上设置冷却系统是非常必要的。自动变速器油液冷却器一般安装在发动机前端水冷却器的附近。液力自动变速器的工作很多都属于机械运动，机械零件需要进行润滑，所以，自动变速器中设有润滑油路。

1. 泵轮的结构

驱动盘与发动机飞轮固定连接，泵轮内有许多具有一定曲率的叶片，按一定的方向辐射状安装在泵轮壳体上，叶片上有导流环。当泵轮旋转时，在离心力的作用下，液体从中间沿叶片和导流环形成的通道流动，如图 2-2 所示。

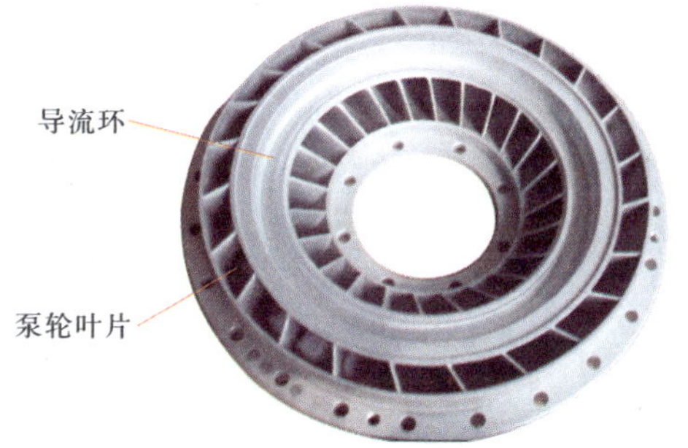

图 2-2　泵轮

2. 涡轮的结构

涡轮安装在液力变矩器壳体内，与泵轮有 3~4 mm 的距离，其作用是接受来自泵轮液体的冲击，以带动变速器输入轴，将动力输出，如图 2-3 所示。

图 2-3　涡轮

3. 导轮的结构

导轮通过单向离合器与变速器壳体单向固定。当来自涡轮的液体冲击导轮叶片的凹面时，通过单向离合器将导轮固定，导轮叶片使液流方向改变，改变方向的液流冲击泵轮叶片，促进泵轮转动，从而实现增加转矩的作用，如图 2–4 所示。

图 2–4 导轮

4. 单向离合器

导轮中心孔内的单向离合器的作用是：使导轮与泵轮和涡轮可同向转动，反向则不能转动。

滚柱式单向离合器如图 2–5 所示。

楔块式单向离合器如图 2–6 所示。

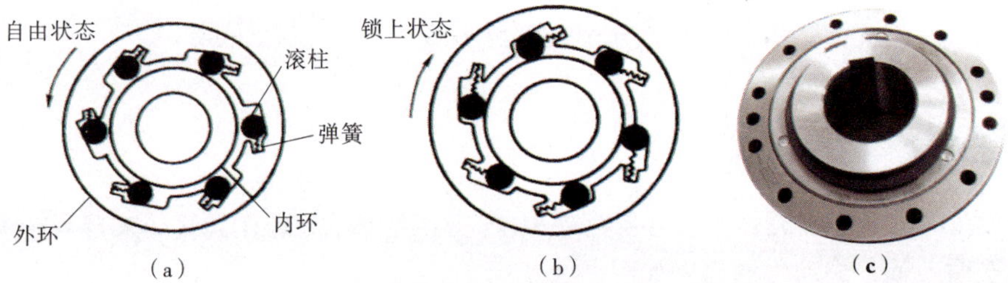

图 2–5 滚柱式单向离合器

（a）自由状态；（b）锁止状态；（c）实物

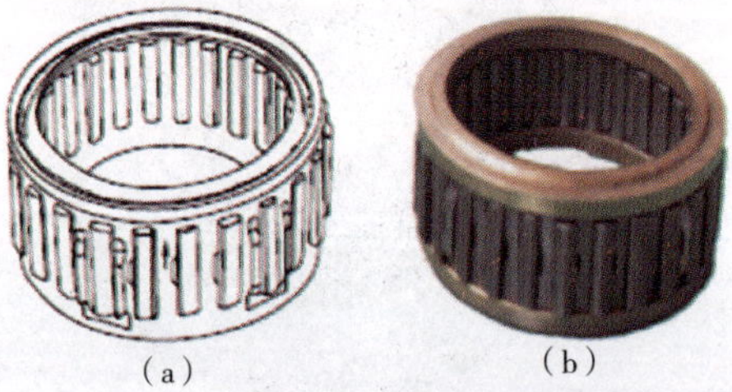

图 2–6 楔块式单向离合器

（a）结构；（b）实物

5. 锁止离合器

由于液力变矩器存在液力损失，与机械传动相比效率较低、油耗高、经济性差。为克服这些缺点，在液力变矩器内增设了锁止离合器，如图 2-7 所示。当涡轮转速接近泵轮转速时，由锁止离合器将泵轮与涡轮锁为一体，不再需要液力传动。

图 2-7　锁止离合器

二、液力变矩器的分类

目前，汽车使用的液力变矩器普遍采用带有锁止离合器的三元件三相单级液力变矩器。其中，元件数是指泵轮、涡轮、导轮的总个数；级数是指涡轮的个数；相数是指工作特性（工作状态）的个数。

液力变矩器的工作特性有耦合器特性、变矩器特性、锁止离合器特性。

液力耦合器只具有耦合器特性，所以为单相的； 最简单的三元件液力变矩器也只有变矩器特性，所以也为单相单级液力变矩器；带有单向离合器的三元件液力变矩器，具有变矩器特性和耦合器特性，所以为二相单级液力变矩器；带有单向离合器和锁止离合器的二元件液力变矩器，则具有变矩器特性、耦合器特性和锁止离合器特性，所以称为三相单级液力变矩器。

三、液力变矩器的作用

液力变矩器位于发动机和机械变速器之间，以自动变速器油（ATF）为工作介质，主要实现以下功用。

1. 传递转矩

发动机的转矩通过液力变矩器的主动元件，再通过 ATF 传给液力变矩器的从动元件，最后传给变速器。

2. 无级变速

根据工况的不同，液力变矩器可以在一定范围内实现转速和转矩的无级变化。

3. 自动离合

液力变矩器由于采用 ATF 传递动力，当踩下制动踏板时，发动机也不会熄火，此时相当于离合器分离；当抬起制动踏板时，汽车可以起步，此时相当于离合器接合。

4. 驱动油泵

ATF 在工作的时候需要油泵提供一定的压力，而油泵一般是由液力变矩器壳体驱动的。同时由于采用 ATF 传递动力，故液力变矩器的动力传递柔和，且能防止传动系过载。

四、液力耦合器的结构与工作原理

1. 液力耦合器的结构

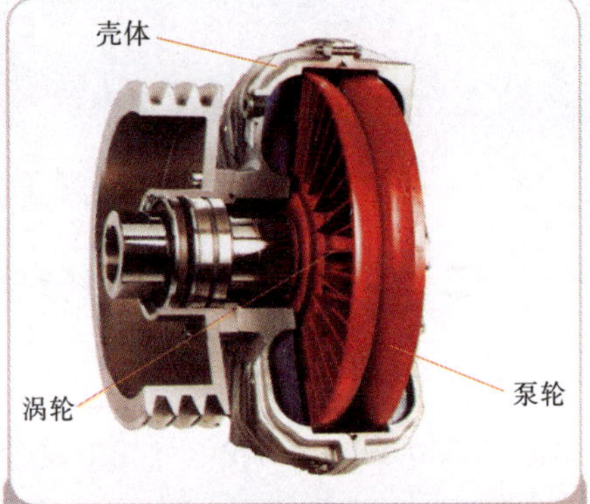

图 2-8 液力耦合器的结构

液力耦合器是一种液力传动装置，又称液力联轴器。在不考虑机械损失的情况下，输出力矩与输入力矩相等。它的主要功能有两个方面，一是防止发动机过载，二是调节工作机构的转速。其主要由壳体、泵轮、涡轮三个部分组成，如图 2-8 所示。

液力耦合器的壳体安装在发动机飞轮上，泵轮与壳体焊接在一起，随发动机曲轴的转动而转动，是液力耦合器的主动部分；涡轮和输出轴连接在一起，是液力耦合器的从动部分。泵轮和涡轮相对安装，统称为工作轮。在泵轮和涡轮上有径向排列的平直叶片，泵轮和涡轮互不接触，两者之间有一定的间隙（3~4 mm）；泵轮与涡轮合装成一个整体后，其轴线断面一般为圆形，在其内腔中充满液压油。

2. 液力耦合器的工作原理

当发动机运转时，曲轴带动液力耦合器的壳体和泵轮一同转动，泵轮叶片内的液压油在泵轮的带动下随之一同旋转，在离心力的作用下，液压油被甩向泵轮叶片外缘处，并在外缘处冲向涡轮叶片，使涡轮在液压冲击力的作用下旋转；冲向涡轮叶片的液压油沿涡轮叶片向内缘流动，返回到泵轮内缘的液压油又被泵轮再次甩向外缘。液压油就这样从泵轮流向涡轮，又从涡轮返回到泵轮而形成循环的液流。

液力耦合器中的循环液压油，在从泵轮叶片内缘流向外缘的过程中，泵轮对其做功，其速度和动能逐渐增大；而在从涡轮叶片外缘流向内缘的过程中，液压油对涡轮做功，其速度和动能逐渐减小。液力耦合器要实现传动，必须在泵轮和涡轮之间有油液的循环流动。而油液循环流动的产生，是由于泵轮和涡轮之间存在着转速差，使两轮叶片外缘处产生压力差所致。如果泵轮和涡轮的转速相等，则液力耦合器不起传动作用。因此，液力耦合器工作时，发动机的动能通过泵轮传给液压油，液压油在循环流动的过程中又将动能传给涡轮输出。由于在液力耦合器内只有泵轮和涡轮两个工作轮，液压油在循环流动的过程中，除了受泵轮和涡轮之间的作用力之外，没有受到其他任何附加的外力。根据作用力与反作用力相等的原理，液压油作用在涡轮上的扭矩应等于泵轮作用在液压油上的扭矩，即发动机传给泵轮的扭矩与涡轮上输出的扭矩相等，这就是液力耦合器的传动特点。

液力耦合器在实际工作中的情形是：汽车起步前，变速器挂上一定的挡位，起动发动机驱动泵轮旋转，而与整车连接着的涡轮即受到力矩的作用，但因其力矩不足以克服汽车的起步阻力矩，所以，涡轮还不会随泵轮的转动而转动。加大节气门开度，使发动机的转速提高，作用在涡轮上的力矩随之增大，当发动机转速增大到一定数值时，作用在涡轮上的力矩足以使汽车克服起步阻力而起步。随着发动机转速的继续增高，涡轮随着汽车的加速而不断加速，涡轮与泵轮转速差的数值逐渐减少。在汽车从起步开始逐步加速的过程中，液力耦合器的工作状况也在不断地变化，这可用图 2-9 所示的速度矢量图来说明。假定油液螺旋循环流动的流速 V_T 保持恒定，V_L 为泵轮和涡轮的相对线速度，V_E 为泵轮出口速度，V_R 为油液的合成速度。

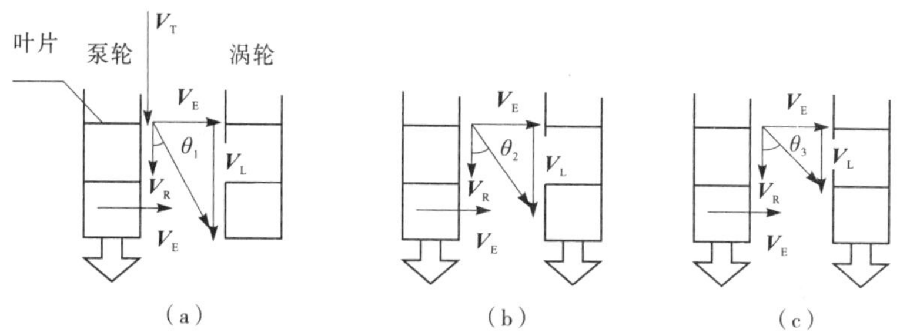

图 2-9　涡轮处于不同转速时的液流情况

(a) 泵轮旋转、涡轮静止时；(b) 泵轮、涡轮均低速旋转时；(c) 泵轮、涡轮均高速旋转时

当车辆即将要起步时，泵轮在发动机驱动下转动而涡轮静止不动。由于涡轮没有运动，泵轮与涡轮间的相对线速度 V_L 将达到最大值，由此而得到的合成速度即油液从泵轮进入涡轮的速度 V_R 也是最大的。油液进入涡轮的方向和泵轮出口速度之间的夹角 θ_1 也较小，这样液流对涡轮叶片产生的推力也就较大。

当涡轮开始旋转并逐步赶上泵轮的转速时，泵轮与涡轮间的相对线速度减小，使合成速度 V_R 减小，并使 V_R 和泵轮出口速度 V_E 之间的夹角增大。这样液流对涡轮叶片的冲击力及由此力产生的承受扭矩的能力减小。不过随着汽车速度的增加，需要的驱动力矩也迅速降低。

当涡轮高速转动，即输出和输入的转速接近相同时，相对速度 V_L 和合成速度 V_R 都很小，而合成速度 V_R 与泵轮出口速度 V_E 间的夹角很大，这就使液流对涡轮叶片的推力变得很小，这将使输出元件滑动，直到有足够的循环油液对涡轮产生足够的冲击力为止。

由此可见，输出转速高时，输出转速赶上输入转速是一个连续不断的趋势，但总不会等于输入转速。除非在工作状况反过来的情况下，变速器变成主动件，发动机变成被动件，涡轮的转速才会等于或高于泵轮转速。这种情况在下坡时可能会发生。

五、液力变矩器的结构与工作原理

液力变矩器是液力传动中的又一种类型，是构成液力自动变速器不可缺少的重要组成部分之一。它装置在发动机的飞轮上，其作用是将发动机的动力传递给自动变速器中的齿轮机构，并具有一定的自动变速功能。自动变速器的传动效率主要取决于变矩器的结构和性能。

常用液力变矩器的型式有普通液力变矩器、综合式液力变矩器和锁止式液力变矩器。其中，综合式液力变矩器的应用较为广泛。

1. 普通液力变矩器的结构与工作原理

液力变矩器的结构（见图 2-10）与液力耦合器相似，它有 3 个工作轮，即泵轮、涡轮和导轮。泵轮和涡轮的构造与液力耦合器基本相同；导轮则位于泵轮和涡轮之间，并与泵轮和涡轮保持一定的轴向间隙，通过导轮固定套固定于变速器壳体上。

图 2-10 液力变矩器的结构

发动机运转时带动液力变矩器的壳体和泵轮与之一同旋转，泵轮内的液压油在离心力的作用下，由泵轮叶片外缘冲向涡轮，并沿涡轮叶片流向导轮，再经导轮叶片内缘，形成循环的液流。导轮的作用是改变涡轮上的输出扭矩。由于从涡轮叶片下缘流向导轮的液压油仍有相当大的冲击力，只要将泵轮、涡轮和导轮的叶片设计成一定的形状和角度，就可以利用上述冲击力来提高涡轮的输出扭矩。为说明这一原理，可以假想地将液力变矩器的 3 个工作轮叶片从循环流动的液流中心线处剖开并展平，得到如图 2-11 所示的叶片展开示意图；并假设在液力变矩器工作中，发动机转速和负荷都不变，即液力变矩器泵轮的转速 n_p 和扭矩 $\boldsymbol{M}_p$ 为常数。

在汽车起步之前，涡轮转速为 0，发动机通过液力变矩器壳体带动泵轮转动，并对液压油产生一个大小为 $\boldsymbol{M}_p$ 的扭矩，该扭矩即为液力变矩器的输入扭矩。液压油在泵轮叶片的推动下，以一定的速度，按图 2-11（b）中箭头 1 所示方向冲向涡轮上缘处的叶片，对涡轮产生冲击扭矩，该扭矩即为液力变矩器的输出扭矩。此时涡轮静止不动，冲向涡轮的液压油沿叶片流向涡轮下缘，在涡轮下缘以一定的速度，沿着与涡轮下缘出口处叶片相同的方向冲向导轮，对导轮也产生一个冲击力矩，并沿固定不动的导轮叶片流回泵轮。当液压油对涡轮和导轮产生冲击扭矩时，涡轮和导轮也分别对液压油产生一个与冲击扭矩大小相等、方向相反的反作用扭矩 $\boldsymbol{M}_t$ 和 $\boldsymbol{M}_s$，其中 $\boldsymbol{M}_t$ 的方向与 $\boldsymbol{M}_p$ 的方向相反，而 $\boldsymbol{M}_s$ 的方向与 $\boldsymbol{M}_p$ 的方向相同。根据液压油受力平衡原理，可得：$\boldsymbol{M}_t=\boldsymbol{M}_p+\boldsymbol{M}_s$。由于涡轮对液压油的反作用，扭矩 $\boldsymbol{M}_t$ 与液压油对涡轮的冲击扭矩（即变矩器的输出扭矩）大小相等、方向相反，因此可知，液力变矩器的输出扭矩在数值上等于输入扭矩与导轮对液压油的反作用扭矩之和。显然这一扭矩要大于输入扭矩，即液力变矩器具有增大扭矩的作用。液力变矩器输出扭矩增大的部分即为固定不动的导轮对循环流动的液压油的作用力矩，其数值不但取决于由涡轮冲向导轮的液流速度，也取决于液流方向与导轮叶片之间的夹角。当液流速度不变时，叶片与液流的夹角越大，反作用力矩亦越大，液力变矩器的增扭作用也就越大。一般液力变矩器的最大输出扭矩可达输入扭矩的 2.6 倍左右。

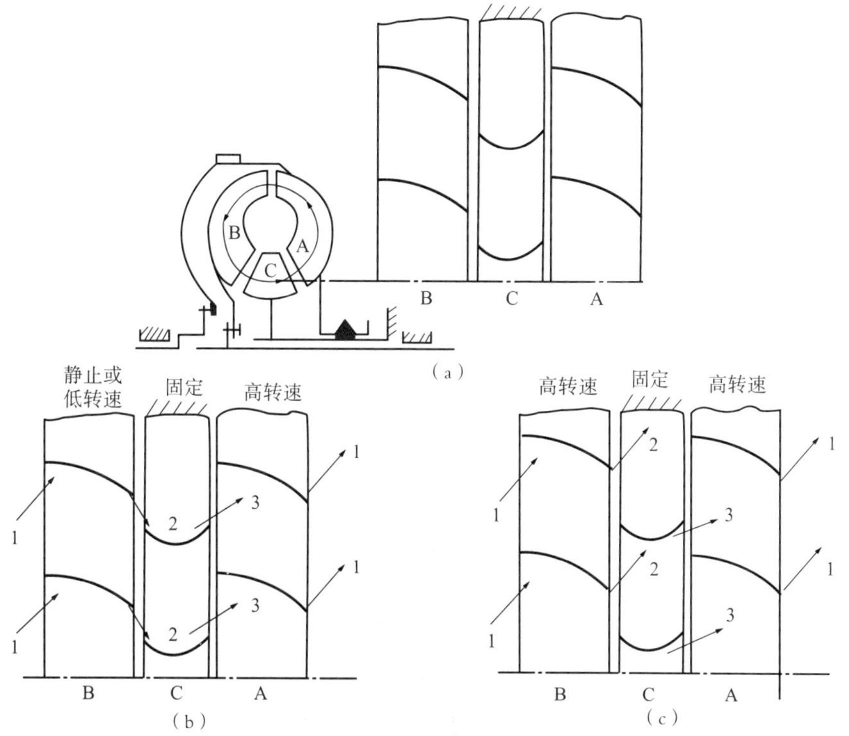

图 2-11　液力变矩器工作原理图

（a）叶片展开示意图；（b）起步时；（c）车速较高时

1—由泵轮冲向涡轮的液压油方向；2—由涡轮冲向导轮的液压油方向；
3—由导轮流回泵轮的液压油方向

当汽车在液力变矩器输出扭矩的作用下起步后，与驱动轮相连接的涡轮也开始转动，其转速随着汽车的加速不断增加。这时由泵轮冲向涡轮的液压油除了沿着涡轮叶片流动之外，还要随着涡轮一同转动，使得由涡轮下缘出口处冲向导轮的液压油的方向发生变化，不再与涡轮出口处叶片的方向相同，而是顺着涡轮转动的方向向前偏斜了一个角度，使冲向导轮的液流方向与导轮叶片之间的夹角变小，导轮上所受到的冲击力矩也减小，液力变矩器的增扭作用亦随之减小。车速越高，涡轮转速越大，冲向导轮的液压油方向与导轮叶片的夹角就越小，液力变矩器的增扭作用亦越小；反之，车速越低，液力变矩器的增扭作用就越小。因此，与液力耦合器相比，液力变矩器在汽车低速行驶时有较大的输出扭矩，在汽车起步、上坡或遇到较大行驶阻力时，能使驱动轮获得较大的驱动力矩。

当涡轮转速随车速的提高而增大到某一数值时，冲向导轮的液压油的方向与导轮叶片之间的夹角减小为 0，这时导轮将不受液压油的冲击作用，液力变矩器失去增扭作用，其输出扭矩等于输入扭矩。

若涡轮转速进一步增大，冲向导轮的液压油方向继续向前斜，使液压油冲击在导轮叶片的背面，如图 2-11（c）所示，这时导轮对液压油的反作用扭矩 M_s 的方向与泵轮对液压油扭矩 M_p 的方向相反，故此涡轮上的输出扭矩为二者之差，即 $M_t=M_p-M_s$，液力变矩器的输出扭矩反而比输入扭矩小，其传动效率也随之减小。当涡轮转速较低时，液力变矩器的传动效率高于液力耦合器的传动效率；当涡轮的转速增加到某一数值时，液力变矩器的传动效率等于液力耦合器的传动效率；当涡轮转速继续增大后，液力变矩器的传动效率将小于液力耦合器的传动效率，其输出扭矩也随之下降。因此，上述这种液力变矩器是不适合实际使用的。

2. 综合式液力变矩器的结构与工作原理

目前在装备自动变速器的汽车上使用的变矩器大多是综合式液力变矩器，如图 2-12 所示。它和一般型式液力变矩器的不同之处在于它的导轮不是完全固定不动的，而是通过单向超越离合器支承在固定于变速器壳体的导轮固定套上。单向超越离合器使导轮可以朝顺时针方向旋转（从发动机前面看），但不能朝逆时针方向旋转。

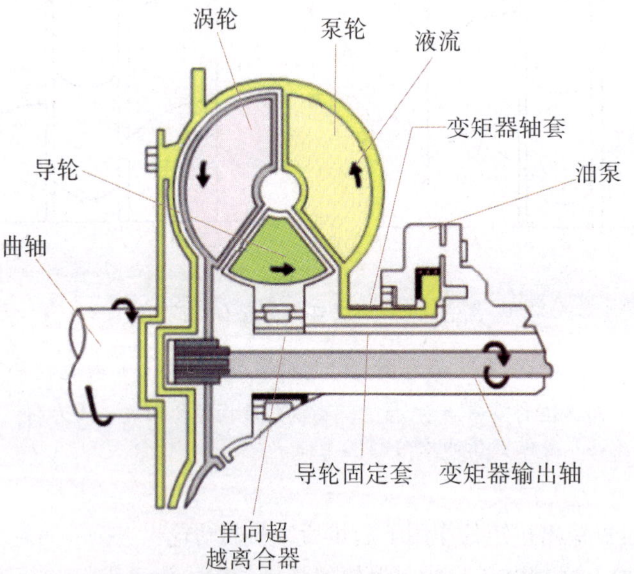

图 2-12 综合式液力变矩器

当涡轮转速较低时，从涡轮流出的液压油从正面冲击导轮叶片，对导轮施加一个朝逆时针方向旋转的力矩，但由于单向超越离合器在逆时针方向具有锁止作用，将导轮锁止在导轮固定套上固定不动，因此，这时该变矩器的工作特性和液力变矩器相同，涡轮上的输出扭矩大于泵轮上的输入扭矩，即具有一定的增扭作用。当涡轮转速增大到某一数值时，液压油对导轮的冲击方向与导轮叶片之间的夹角为 0，此时涡轮上的输出扭矩等于泵轮上的输入扭矩。若涡轮转速继续增大，液压油将从反面冲击导轮，对导轮产生一个顺时针方向的扭矩。由于单向超越离合器在顺时针方向没有锁止作用，可以像轴承一样滑转，所以，导轮在液压油的冲击作用下开始朝顺时针方向旋转。由于自由转动的导轮对液压油没有反作用力矩，液压油只受到泵轮和涡轮的反作用力矩的作用。因此，该变矩器不能起增扭作用，其工作特性和液力耦合器相同。这时涡轮转速较高，该变矩器亦处于高效率的工作范围。

导轮开始空转的工作点称为耦合点。由上述分析可知，综合式液力变矩器在涡轮转速由 0 至耦合点的工作范围内按液力变矩器的特性工作，在涡轮转速超过耦合点转速之后按液力耦合器的特性工作。因此，这种变矩器既利用了液力变矩器在涡轮转速较低时所具有的增扭特性，又利用了液力耦合器在涡轮转速较高时所具有的高传动效率的特性。

3. 液力变矩器的特性

液力变矩器的特性可用几个与外界负荷有关的特性参数或特性曲线来评价。如图 2–13 所示，描述液力变矩器的特性参数主要有转数比、泵轮转矩系数、变矩系数、效率和穿透性等。描述液力变矩器的特性曲线主要有外特性曲线、原始特性曲线和输入特性曲线等。

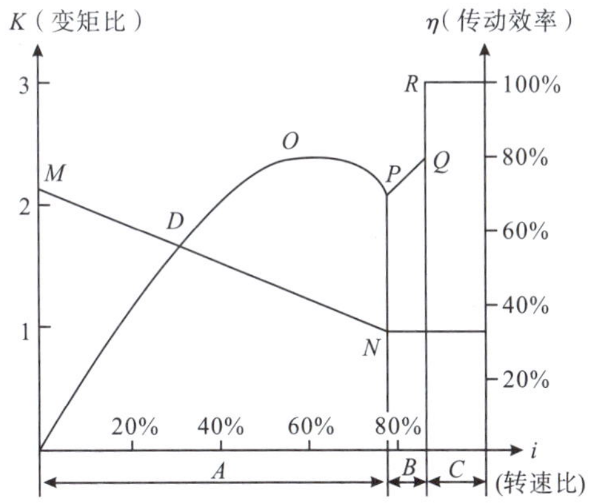

图 2–13　液力变矩器的特性曲线

i 为转速比，表示涡轮与泵轮转速之比，左端泵轮转速远大于涡轮，右边相等。起步或大踩油门时，转速比较小，泵轮比涡轮快很多，此时泵轮输出的扭矩要比涡轮输入的扭矩大很多，比较有力，但传动效率较低；轻踩油门，转速比增加，变矩比降低，传动效率也相应提高，当转速比为 60% 时，传动效率最高；当稳定油门，速度较为稳定时，转速比进一步上升，变矩比接近 1，但此时传动效率下降；为避免动力流失，变矩器用离合器锁止，转速比骤增至 1，传动效率也达到最高。

4. 液力变矩器的检测

液力变矩器的检测如图 2–14 所示。

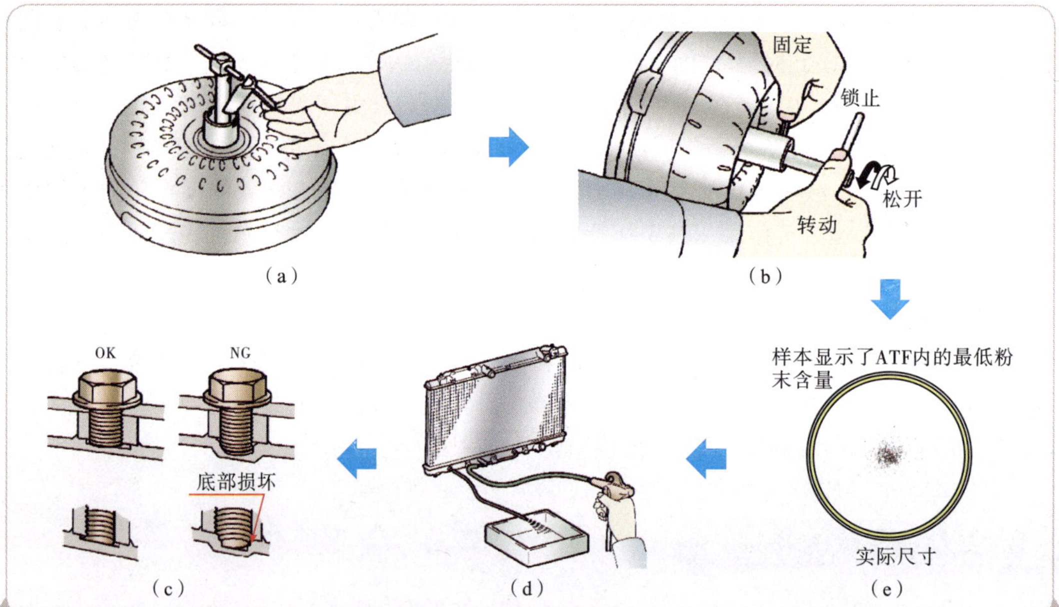

图 2-14 液力变矩器的检测

（1）检查单向离合器

·将 SST 固定在单向离合器的内圈中。

·安装 SST，使其正好嵌入单向离合器的变矩器轮毂和外圈的缺口上。

·将变矩器竖起并转动 SST。标准：顺时针转动单向离合器时，转动平稳；逆时针转动时则锁止。

（2）确定变矩器离合器总成的状态

如果变矩器离合器总成的检查结果符合以下条件，则更换变矩器离合器总成。

故障项目：失速测试或者变速杆移到 N 位时变矩器离合器总成发出金属声。

单向离合器在顺时针和逆时针方向都可以转动或都被锁止。

ATF 中的粉末含量大于图 2-14（e）中所示量（参见样本）。样本表示了从拆卸下来的变矩器离合器中倒出的 ATF 量，大约为 0.25 L。

（3）更换变矩器离合器中的 ATF

如果 ATF 变色或有异味，则彻底搅动变矩器离合器中的 ATF，并排出 ATF。

（4）清洗和检查 ATF 冷却器及 ATF 管路

·如果检查过变矩器离合器或者更换了 ATF，则清洗 ATF 冷却器及 ATF 管路。

①向进气软管中吹入 196 kPa（1 kPa=0.01 kg=7.5 mmHg=0.3 inHg）的压缩空气。

②如果在 ATF 中发现大量细粉，则用活塞泵添加新的 ATF，然后再次清洗；如果 ATF 颜色比较混浊，则检查 ATF 冷却器（散热器）。

（5）防止变矩器离合器变形以及对油泵齿轮造成损坏

· 如果变矩器离合器的螺栓端部以及螺栓孔的底部受到任何损坏，则更换螺栓和变矩器离合器。

· 所有的螺栓长度必须相同。

· 必须使用带有垫圈的螺栓。

5. 液力变矩器的安装

液力变矩器的安装步骤如图 2-15 所示。

①将 ATF 倒入变矩器。一个新的变矩器大约需要 1 L 的油液。如果继续使用旧的变矩器，应加入与放出的油量等量的 ATF。

②对准变矩器上的凹口与油泵上的凹口来安装变矩器。

③用游标卡尺和金属直尺测量距离 *A*，以确认变矩器的位置是否合适。距离 *A*：大于或等于 16.2 mm。

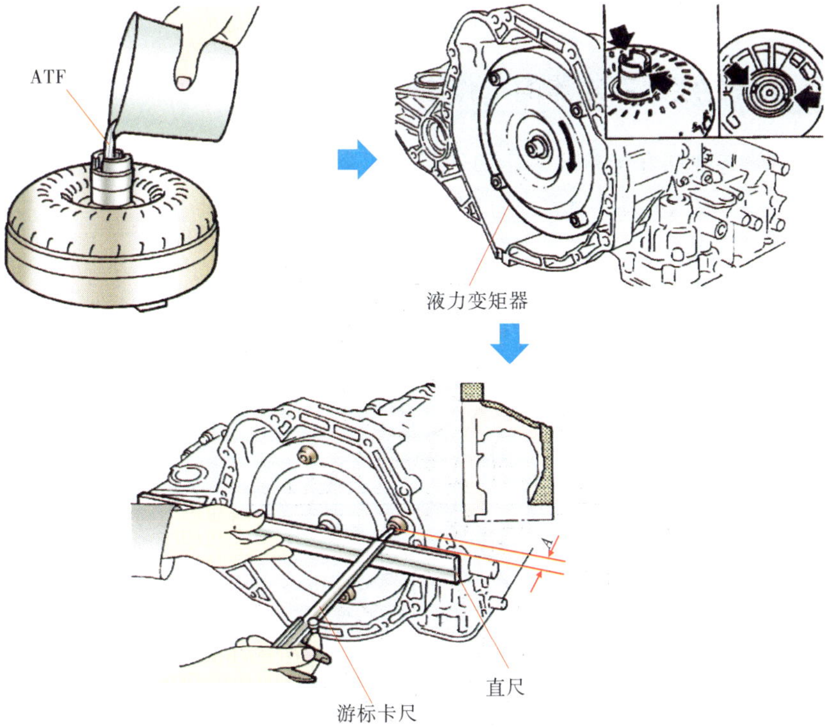

图 2-15　液力变矩器的安装步骤

六、典型三元件、四元件综合液力变矩器的工作原理

1. 三元件液力变矩器的工作原理

变矩状态：涡轮转速较低、与泵轮转速差较大时，从涡轮出口处流出的工作油冲击导轮正面，使导轮顺时针旋转，单向离合器锁止，如图 2-16 所示。

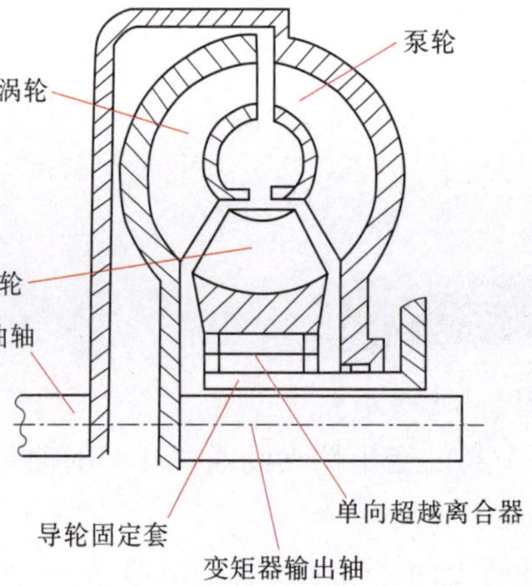

图 2-16 三元件综合液力变矩器工作原理

耦合状态：当涡轮转速升高到一定值时，工作油冲击导轮背面，导轮逆时针旋转，单向离合器分离。

2. 四元件综合液力变矩器的工作原理

三元件由变矩状态到耦合状态效率显著下降，为避免这个缺点，将导轮分割成两个，分别装在各自的自由轮上，组成四元件，如图 2-17 所示。

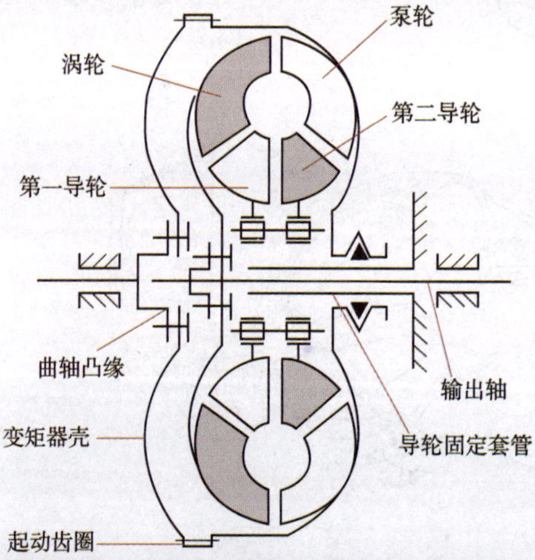

图 2-17 四元件综合液力变矩器工作原理

当涡轮转速较低时，涡轮出口处的工作油冲击在两导轮正面，此时两导轮的单向离合器锁住，导轮固定，如同液力变矩器工况工作；当涡轮转速增加到一定程度，工作油对第一导轮的冲击力反向，第一导轮便因单向离合器松脱而与涡轮同向旋转，此时只有第二导轮仍起变矩作用；当涡轮转速继续升高到接近泵轮转速时，第二导轮也受到工作油的反向冲击力而与涡轮及第一导轮同向转动，于是液力变矩器全部转入耦合器工况。

任务二 锁止离合器的结构与工作原理

变矩器是用液力来传递汽车动力的，而液压油的内部摩擦会造成一定的能量损失，因此，传动效率较低。为提高汽车的传动效率，减少燃油消耗，现代很多轿车的自动变速器采用一种带锁止离合器的综合式液力变矩器。这种变矩器内有一个由液压油操纵的锁止离合器。锁止离合器的主动盘即为变矩器壳体，从动盘是一个可做轴向移动的压盘，它通过花键套与涡轮连接。压盘背面的液压油与变矩器泵轮、涡轮中的液压油相通，保持一定的油压（该压力称为变矩器压力）；压盘左侧（压盘与变矩器壳体之间）的液压油通过变矩器输出轴中间的控制油道与阀板总成上的锁止控制阀相通。锁止控制阀由自动变速器计算机通过锁止电磁阀来控制。

一、锁止离合器的作用

为防止液力变矩器在耦合区出现能量损失，降低油耗，当车速在 50 km/h 或以上时，锁止离合器通过机械机构将发动机与变速器输入轴直接连接。这样可使发动机产生的动力几乎 100% 地传送至变速器。

二、锁止离合器的结构

锁止离合器由主动部分、从动部分和控制部分组成。主动部分为液力变矩器壳；从动部分为一个可做轴向移动的压盘，它通过花键套与涡轮连接。锁止控制阀由油道与压盘的左右油腔相连，通过改变压盘两侧的油压使锁止离合器处于分离或接合状态。带锁止离合器的液力变矩器如图 2–18 所示。

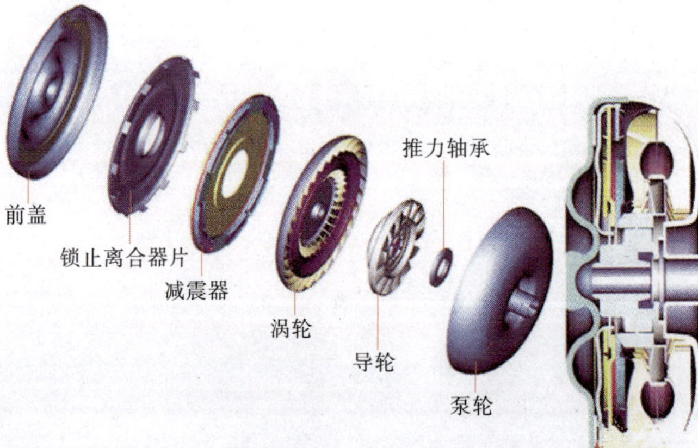

图 2–18 带锁止离合器的液力变矩器

三、锁止离合器的工作原理

锁止离合器的工作原理如图 2-19 和图 2-20 所示。

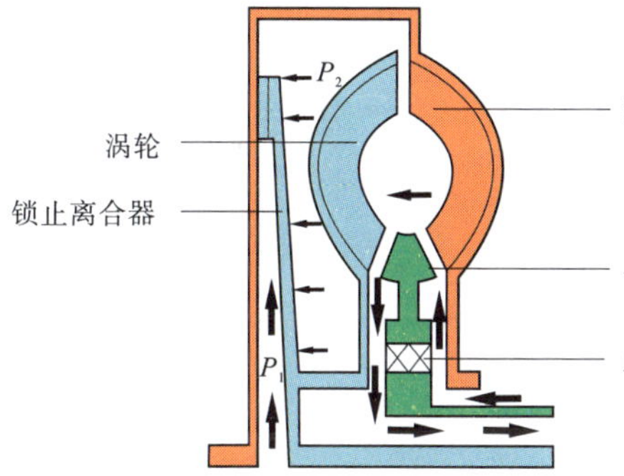

图 2-19 锁止离合器的工作原理（解除锁止）

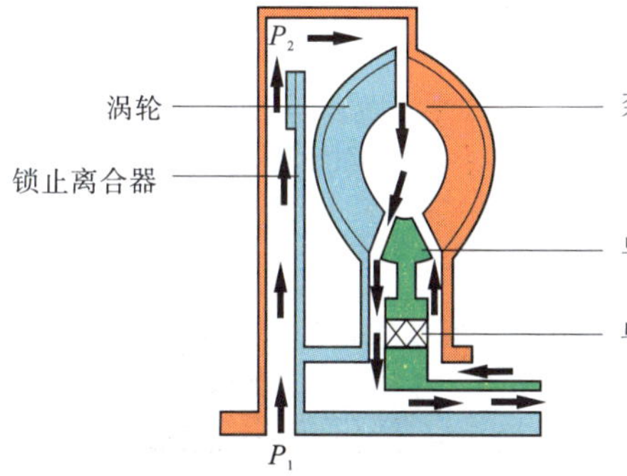

图 2-20 锁止离合器的工作原理（进入锁止）

1. 锁止状态

当解除锁止的油压通过输出轴上的油道进入锁止离合器左侧时，P_1 增大，当 $P_2=P_1$ 时，锁止离合器左、右两侧的油压相等，此时锁止离合器分离，泵轮与涡轮的直接连接被断开，只能通过液力耦合方式接合，液力变矩器退出锁止状态。

2. 解除锁止状态

锁止离合器右侧的油压 P_2 由来自油泵的油液产生，锁止离合器左侧的油压 P_1 在通过轴上的油道池时下降为零，使得锁止离合器左、右两侧产生压差。当 $P_2 > P_1$ 时，锁止离合器液被压紧在与泵轮连为一体的液力变矩器壳内侧，并将泵轮的动力直接传给输出轴，此时相当于泵轮与涡轮完全锁合，液力变矩器进入锁止状态。

四、锁止控制

以控制方式来划分，可分为纯液压控制和电子液压控制。

1. 纯液压锁止控制

纯液压锁止控制由锁止信号阀和锁止中继阀来完成。

（1）解除锁止状态

锁止中继阀在弹簧的作用下，落到最低位置。从主油路主调压阀来的油经锁止中继阀上部通道，从锁止离合器左侧进入液力变矩器，液力变矩器内的油液则经锁止中继阀下部通道去散热器，如图 2-21 所示。此时，锁止离合器左、右两侧的油压相等，锁止离合器解除锁止。

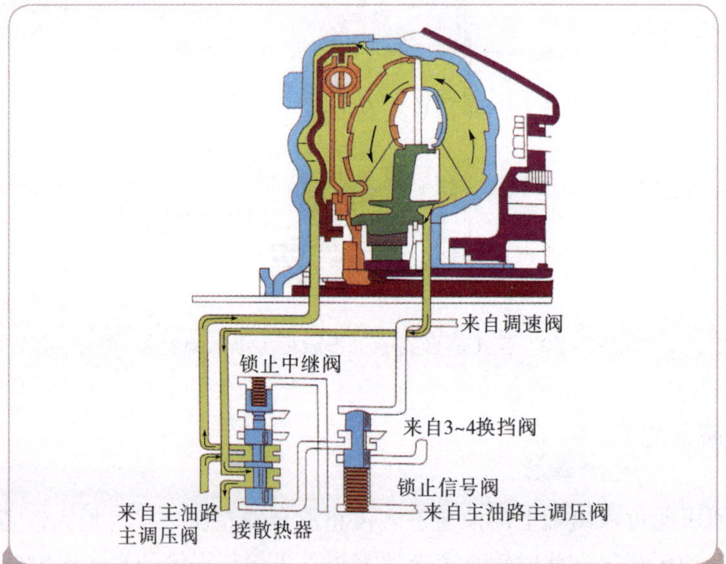

图 2-21　液压锁止控制（解除锁止）

（2）进入锁止状态

当车速逐渐升高，来自调速阀的油压进入锁止信号阀的上方，并克服锁止信号阀的弹簧弹力，锁止信号阀柱塞下移，此时打开锁止信号中部的油路通道，将来自 3~4 换挡阀的油压送到锁止中继阀的底部，使得锁止中继阀柱塞上移；上移后，来自主油路主调压阀的油改道从右侧进入液力变矩器，此时液力变矩器的油不再送往散热器去降温。另外，柱塞上移后还将液压变矩器左侧的油道泄压，使得锁止离合器右侧的压力大于左侧，锁止离合器被压紧，进入锁止状态，如图 2-22 所示。

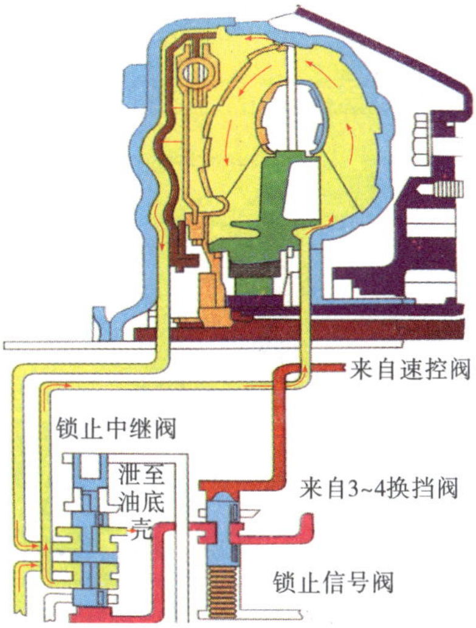

图 2-22　液压锁止控制（进入锁止）

例如，车速下降，离心调速阀的油压降低，锁止信号阀在其回位弹簧的作用下回到上位，锁止中继阀柱塞也回至下位，锁止离合器左侧油腔压力升高，离合器解锁，即又处于分离状态。为防止锁止离合器因车速在锁止点附近变化而出现反复地闭锁、解锁工作，必须使锁止点与解锁点的车速不同，即有一个滞后，滞后是这样实现的：锁止信号阀柱塞中段上部直径较下部小，设上部的面积为 A，下部的面积为 B，则 $B>A$；作用在锁止阀上端的调速阀的油压大于弹簧的作用力，锁止信号阀柱塞下移，锁止离合器进入锁止状态；此时锁止信号阀中部作用着来自超速挡换挡阀的油压，作用力大小等于（$B-A$）$\times P_c$（P_c 为超速挡油压），方向朝下。正因为有此油压力的作用，即使车速较锁止点略低，锁止信号阀的回位弹簧也不能将柱塞推至上位。只有当回位弹簧能克服其柱塞中部超速挡的油压力和上端的调速阀的油压力时，锁止信号才会向上移，此时的车速较锁止点就低得多了，从而避免了锁止离合器频繁地锁止和解锁。

2. 电子液压锁止控制

（1）解除锁止状态

当锁止电磁阀关闭时，主油压加在锁止电磁阀的右侧，锁止电磁阀的柱塞左移，变矩器油压经锁止电磁阀右中部油路进入液力变矩器的 A 室后再进入 B 室，此时锁止活塞两侧压力相等，锁止离合器处于解锁分离状态。从液力变矩器 B 室出来的油又经过锁止电磁阀左中部油路去散热器冷却，如图 2-23 所示。

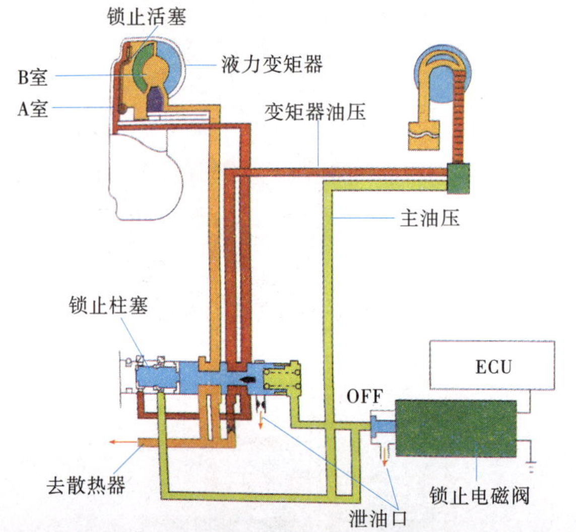

图 2-23 电子 - 液压锁止控制（解除锁止）

（2）进入锁止状态

当锁止电磁阀打开时，锁止阀右侧油压经电磁阀泄压后柱塞右移，液力变矩器的 A 室油压经柱塞中部油路泄压，主油压经柱塞左中部油路进入液力变矩器的 B 室，锁止活塞被压向左侧，锁止离合器进入锁止接合状态，如图 2-24 所示。

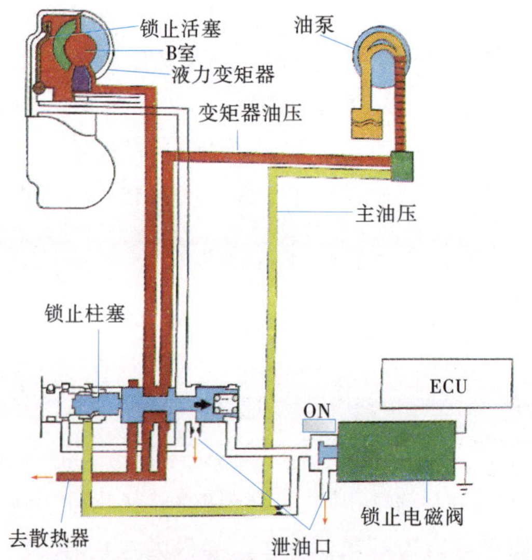

图 2-24 电子液压锁止控制（进入锁止）

五、锁止状态控制

采用两个电磁阀控制锁止离合器，可以对锁止的状态进行控制，这样可以提高汽车行驶的平顺性，并可改变其经济性。

两个电磁阀，其中一个是开关型，称为锁止控制电磁阀，通电时保持油压，断电时卸压；另一个是负载循环型电磁阀，通电与断电的百分比为5%~95%，该百分比越大，电磁阀油压越小。该型变速器有解除锁止状态和三种锁止状态，见表2-1。

表2-1 不同锁止方式下两种电磁阀的状态

锁止方式	锁止控制电磁阀	负载循环型电磁阀
解除锁止	ON/OFF 5%	OFF
完全锁止	ON/OFF 95%	ON
半锁止	ON/OFF 逐渐升高	ON
平稳锁止	ON/OFF 5%	ON

1. 完全锁止

如图2-25所示，当需要完全锁止时，锁止离合器就向电磁阀（锁止）发送95%的负载比信号并向电磁阀（锁止控制）供电。结果，加在锁止控制阀左端和锁止调整阀顶端的控制压力被放松，同时，锁止调整阀被弹簧向上推起。因此，锁止调整阀开通，油路油压将锁止控制阀向左推。液力变矩器的释放压力（T/R压力）放松，锁止活塞被压紧在变矩器壳上而实现锁止。

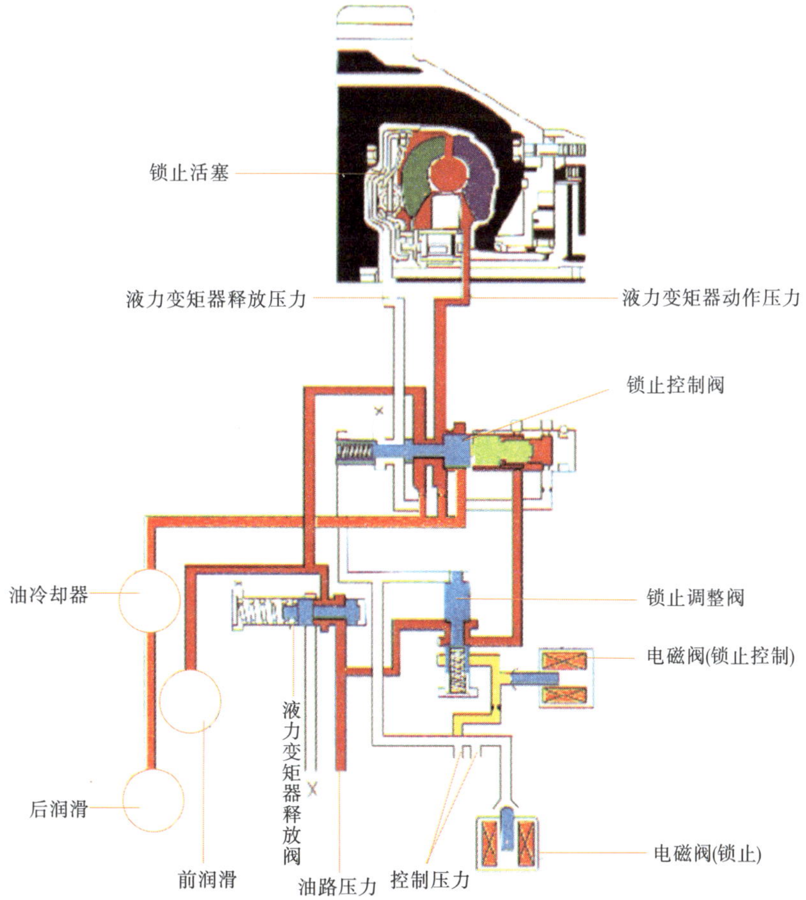

图2-25 完全锁止

2. 半锁止

如图 2–26 所示，当滑动锁止时，电磁阀（锁止）的负载比逐渐从 5% 上升，即逐渐减小了加在锁止控制阀左端和锁止调整阀顶端的控制压力（电磁阀“锁定”输出压力），其目的是将变矩器滑动量调整到合适位置（转速差为 70 r/min），与此相关，锁止控制阀向左移动直到排油孔打开。当负载比升高且排油孔打开时，变矩器释放压力（T/R 压力）放松。当 T/R 压力降低时，加在锁止控制阀右侧（J 腔）的压力也降低，将阀向左推的力减小了，结果是阀被向右推，排油孔关闭。同时，从 1 号管路来的变矩器压力将锁止控制阀向左推，又将排油孔打开。

用这种方法，变矩器释放压力（T/R 压力）由电磁阀（锁止）输出压力调整，以调整其本身和变矩器动作压力（T/R 压力）的差别，这也就使锁止活塞半锁止。这种半锁止状态也称为“滑动锁止”，滑动锁止时，电磁阀（锁止控制）恢复控制压力，锁止调整阀输出控制压力。

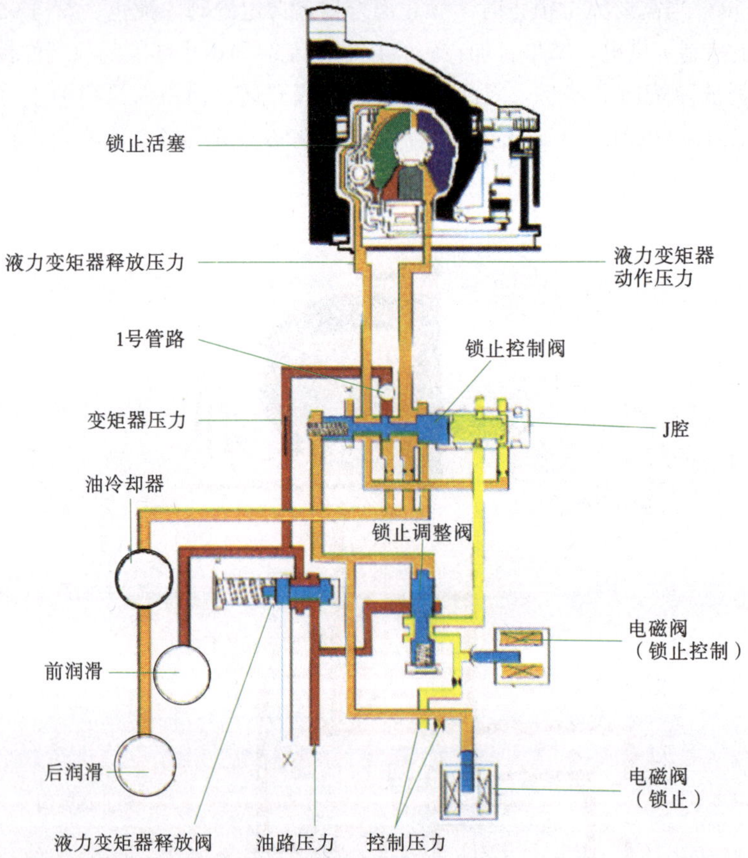

图 2–26 半锁止和平稳锁止

3. 平稳锁止

平稳锁止时，电磁阀（锁止）的负载比逐渐升高，加在锁止控制阀左端和锁止调整阀顶端的控制压力（锁止电磁阀输出压力）降低，于是，锁止控制阀向左移动直到排油孔打开。当负载比升高、排油阀打开时，液力变矩器释放压力降低。T/R 压力降低，加在锁止控制阀右侧（J 腔）的液压降低，把阀向左推的力减小了，于是，控制阀又向右移动，排油孔关闭。与此同时，从 1 号管路来的变矩器压力将控制阀推向左侧并再次打开排油孔。

用这种方法，电磁阀（锁止）输出压力，调整变矩器释放压力（T/R 压力），使锁止活塞缓慢地接触在变矩器壳上，实现了平稳锁止，如图 2–26 所示。

在平稳锁止中，电磁阀（锁止控制）保持控制压力，而锁止调整阀则输出控制压力。

4. 解除锁止

如图 2–27 所示，当控制单元确定为释放时，它向电磁阀（锁止）输出 5% 的负载比信号，且电磁阀（锁止控制）断电。加在锁止控制阀左侧和锁止调整阀顶部的控制压力（电磁阀“锁止”输出压力）恢复，锁止调整阀被向下推，由于锁止控制电磁阀放松了控制压力，故加在锁止控制阀右侧（J 腔）的压力也放松。

由于变矩器释放压力（T/R 压力）加在锁止控制阀右端，故锁止控制阀欲向左移动。但是，由于电磁阀（锁止）较大的输出压力和弹簧力加在锁止控制阀左端，锁止控制阀还是向右移动。因此，变矩器释放压力（T/R 压力）未放松，锁止活塞从变矩器壳上脱离，从而解除锁止。

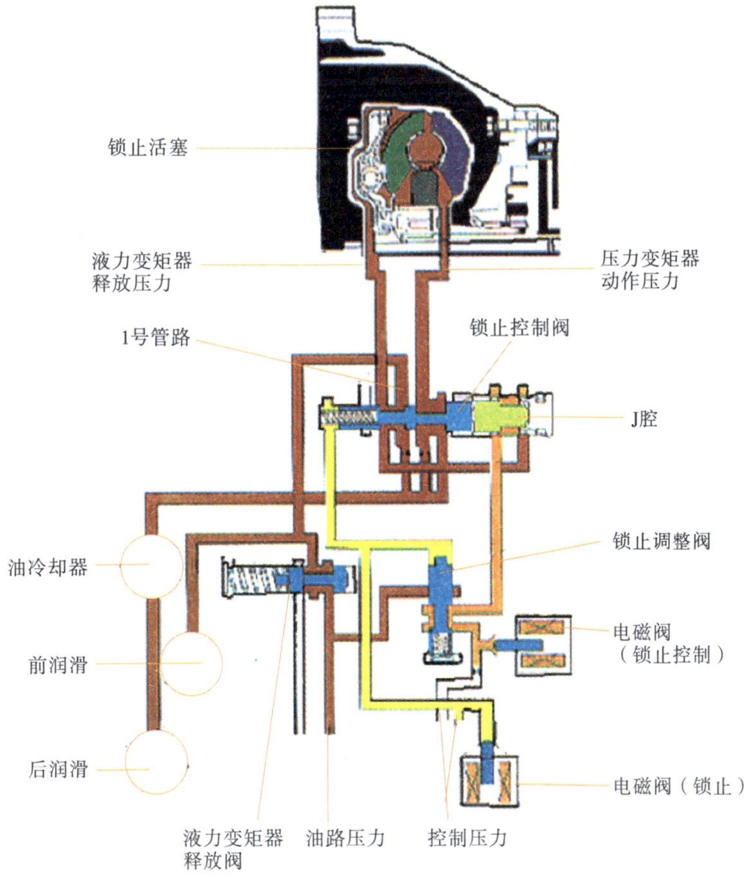

图 2–27　解除锁止

任务三 液力变矩器的检修

一、液力变矩器的检查

1. 目视法（外观检查）

检查液力变矩器外部有无损坏和裂纹，轴套外径有无磨损，驱动油泵的轴套缺口有无损伤。如有异常，应更换液力变矩器。

2. 径向圆跳动检查

将液力变矩器安装在发动机飞轮上。按图 2-28 所示方法检查变矩器轴套的径向圆跳动。转动飞轮一周，千分表的指针偏摆应小于 0.03 mm，否则，需转换一个角度重新安装，然后再进行测量。如果径向圆跳动在允许的范围之内，应作一记号，以保证安装正确。如果径向圆跳动始终不能调整到允许的范围以内，则应更换液力变矩器。

图 2-28 径向圆跳动检查

3. 检查导轮单向离合器

用专用工具插入变矩器。转动单向离合器内座圈，检查单向离合器是否良好，如图 2-29 所示。

顺时针转动时应能自由转动，逆时针转动应锁止，如图 2-30 所示。如果顺时针转动时有卡滞，或逆时针转动时能转动，都应更换液力变矩器。

图 2-29 检查导轮单向离合器

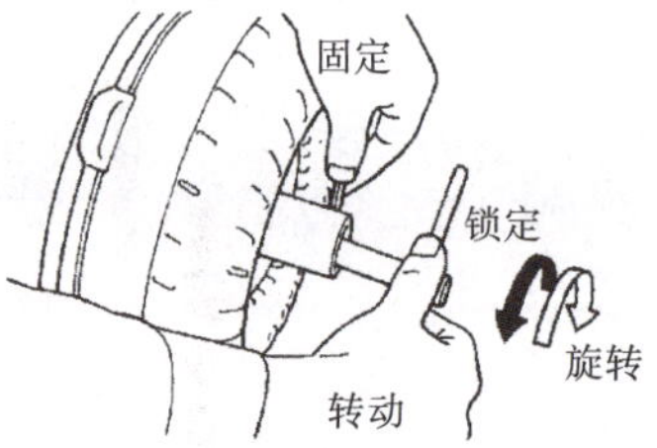

图 2-30 单向离合器检查

4. 清洗

将 2 L 自动变速器油加入液力变矩器内部，摇动，清洗内部，然后倒出油液。同样的操作方法，再清洗一次即可。

二、液力变矩器常见的故障及诊断方法

液力变矩器常见的故障主要有：油温过高、供油压力过低、漏油、机器行驶速度过低或行驶无力，以及工作时内部发出异常响声等5种。

1. 油温过高

现象：机器工作时油温表超过120 ℃或用手触摸感觉烫手。

主要有以下几种原因：

①变速器油位过低。

②冷却系中水位过低。

③油管及冷却器堵塞或太脏。

④变矩器在低效率范围内工作时间太长。

⑤工作轮的紧固螺钉松动。

⑥轴承配合松旷或损坏。

⑦综合式液力变矩器因自由轮卡死而闭锁。

⑧导轮装配时自由轮机构缺少零件。

液力变矩器油温过高故障的诊断和排除方法如下：

出现油温过高时，首先应立即停车，让发动机怠速运转，查看冷却系统有无泄漏、水箱是否加满水；若冷却系统正常，则应检查变速器油位是否位于油尺两标记之间。若油位太低，应补充同一牌号的油液；若油位太高，则必须排油至适当油位。如果油位符合要求，应调整机器，使变矩器在高效区范围内工作，尽量避免在低效区长时间工作。如果调整机器工作状况后油温仍过高，应检查油管和冷却器的温度，若用手触摸时温度低，说明泄油管或冷却器堵塞或太脏，应将泄油管拆下，检查是否有沉积物，若有沉积物应予以清除，再装上接头和密封泄油管。若触摸冷却器时感到温度很高，应从变矩器壳体内放出少量油液进行检查。若油液内有金属末，说明轴承松旷或损坏，导致工作轮磨损，应对其进行分解，更换轴承，并检查泵轮与泵轮毂紧固螺栓是否松动，若松动应予以紧固。以上检查项目均正常，但油温仍高时，应检查导轮工作是否正常。将发动机油门全开，使液力变矩器处于零速工况，待液力变矩器出口油温上升到一定值后，再将液力变矩器换入液力耦合器工况，以观察油温下降程度。若油温下降速度很慢，则可能是由于自由轮卡死而使导轮闭锁，应拆解液力变矩器进行检查。

2. 供油压力过低

现象：当发动机油门全开时，变矩器进口油压仍小于标准值。

主要有以下几种原因：

①供油量少，油位低于吸油口平面。

②油管泄漏或堵塞。

③流到变速器的油过多。

④进油管或滤油网堵塞。

⑤液压泵磨损严重或损坏。

⑥吸油滤网安装不当。

⑦油液起泡沫。

⑧进出口压力阀不能关闭或弹簧刚度减小。

出现供油压力过低的诊断和排除方法如下：

应首先检查油位：若油位低于最低刻度，应补充油液；若油位正常，应检查进、出油管有无泄漏，若有漏油，应予以排除。若进、出管密封良好，应检查进、出口压力阀的工作情况，若进、出口压力阀不能关闭，应将其拆下，检查其上零件有无裂纹或伤痕，油路和油孔是否畅通，以及弹簧刚度是否变小，发现问题应及时解决。如果压力阀正常，应拆下油管或滤网进行检查。若有堵塞，应进行清洗并清除沉积物；若油管畅通，则需检查液压泵，必要时更换液压泵。如果液压油起泡沫，应检查回油管的安装情况，如回油管的油位低于油池的油位，应重新安装回油管。

3. 漏油

变矩器漏油的主要原因有：变矩器后盖与泵轮平面连接面、泵轮与轮毂连接处的连接螺栓松动或密封件老化或损坏。

漏油故障的诊断和排除方法如下：

发现漏油，应起动发动机，并检查漏油部位。如果从变矩器与发动机的连接处漏油，说明泵轮与泵轮罩的连接螺栓松动或密封圈老化，应紧固连接螺栓或更换 O 形密封圈；如果从变矩器与变速器连接处甩油，说明泵轮与泵轮毂的连接螺栓松动或密封圈损坏，应紧固螺栓或检查密封圈；如果漏油部位在加油口或放油口位置，应检查螺栓连接的松紧度，以及是否有裂纹等。

4. 机器行驶速度过低或行驶无力

若从液力变矩器的观察孔观察到液力变矩器不工作，应首先检查液力变矩器的进油及回油情况。如没有回油，说明液压油没有进入液力变矩器中，应视情况作下列检查：

①如果车辆冷车行驶正常而热车行驶困难，则故障原因有：油泵上键磨损松旷、主动齿轮和从动齿轮磨损严重或油泵损坏。

②如果液力变矩器无动力输出，或时而工作时而不工作，则故障原因有：液压油路堵塞，油泵故障，导轮座内的锥形套滚动、定位销断裂或导轮座的螺母松动等。

发动机刚起动时，行走装置、工作装置、转向装置均正常，过段时间，行走装置、工作装置、转向工作装置均无力，则故障原因有：液力传动系统进油管内胶皮脱落，发动机起动时，液力传动油温低，脱落胶皮没翘起，进油流量正常；当发动机工作一段时间后，液力传动油温增高，脱落胶皮变软翘起，堵住内通道，使进油流量急剧下降，导致变矩器失去增大扭矩作用而产生故障。

排除方法：换掉此管即可，但检查故障却很难。油管质量原因造成检查故障困难。另外，液力变矩器使用的泵轮、涡轮、导轮大多为铝质，定期放油检查时，若发现有铝末或铝渣则说明三轮中已有磨损，应及时打开变矩器检修或更换，以避免造成更大的损坏。

故障案例：近年购进的一台 50C 装载机，在施工过程中出现液力变矩器油温过高，变矩器油压降至 0.8~1.0 MPa，且伴有泄漏，工作无力。在检查散热系统正常后，对变矩器进行拆检，发现第一导轮与止推挡圈接触面及第二导轮与自由轮座圈接触面有磨损，泄漏从涡轮轴骨架式橡胶油封处出来。在更换两导向轮、变矩器各部位密封圈及清洗更换变速箱传动油后，试机检查，装载机工作不到半个班时，又出现变矩器油温偏高、油压下降、工作无力等现象。从变速箱检查孔检查传动油，发现变速箱油底壳中又有白色悬浮颗粒，证明仍有磨损的铝质合金粉末进入传动油。重新吊拆变矩器检查，发现仍是两导向轮有磨损，检查其他各部位均正常。将变矩器总成送该机生产厂家检修，返修后试机，上述问题仍然存在。后又经厂家技术人员到现场检修，仍无法解决此问题。在此情况下，决定自行对该变矩器两导轮结构进行技术改进。

造成上述故障的原因有：

①定位环应力过大，造成不正常磨损。由于耦合工况时，涡轮给予导轮的轴向作用力通过自由轮外挡圈作用在定位环上，使第一导轮旋转时与止推挡圈接触面之间产生摩擦。同样，第二导轮也受到第一导轮传过来的压力油的反作用力矩，致使第二导轮在轴向挤压力作用下与自由轮座圈之间产生摩擦，发生过度磨损，致使油液发热。

②第二导轮铆钉受力不当，松动。在导轮轴向力的反复作用下，自由轮外圈与导轮等之间的铆钉难免会产生松动，使导轮摆动与泵轮接触磨损；另外，两导轮与自由轮座圈、止推挡圈接触面偏小，在高速旋转时无法很好的润滑，从而使两轮磨损加大。

③轴向力过大。资料表明，变矩器内部各腔的油液压力是有差别的，因而泵轮、导轮和涡轮所受的轴向力是不同的，其中泵轮所受的轴向力最大。过大的轴向力易使泵轮轴承轴向磨损，使导轮座螺母松动、滑扣，导致泵轮与涡轮相接触，变矩器严重发热、损坏及造成异响。

5. 液力变矩器工作时内部发出异常响声

这种故障的主要原因有：轴承损坏、工作轮连接松动或与发动机连接松动等。

这种故障的诊断与排除方法如下：

出现这种情况，应首先检查各连接部位是否松动，然后检查各轴承，如有松旷应进行调整或更换新轴承。此外，还应检查液压油的油量和质量，必要时添加或更换新油。

三、液力变矩器损坏的常见原因

液力变矩器损坏的常见原因有 3 个：一是检查油面不及时，液力变矩器因 ATF 泄漏、蒸发而长时间缺油运转，以致因“热负荷”加大，油质变坏而损坏；二是更换 ATF 不及时，液力变矩器因油质变坏（磨料微粒污染和 ATF 高温氧化、结胶）而损坏；三是液力变矩器因使用了非规定牌号的 ATF 或劣质 ATF 而损坏。

应该说明：多数 ATF 的更换周期为 40 000~50 000 km，换油时有 1/4~1/3 的 ATF 残存于液力变矩器中（个别车例外），残存 ATF 中的杂质和磨料微粒往往是液力变矩器损坏的主要原因。

四、安装液力变矩器

安装液力变矩器的步骤如下：

①用游标卡尺和直尺测量发动机传动桥安装零件和驱动板转化器安装零件之间的尺寸 *A*（#1），如图 2-31 所示。

图 2-31　测量变矩器与发动机安装面尺寸

② 将前机油泵主动齿轮的键设置到顶部，并在壳体上标上标记，如图 2-32 所示。

③在变矩器离合器上标上标记，将其凹槽明确标出，如图 2-33 所示。

④对准传动桥壳体和变矩器离合器上的两个标记，并将输入轴的花键部分安装到涡轮运行器的花键部分，如图 2-34 所示。

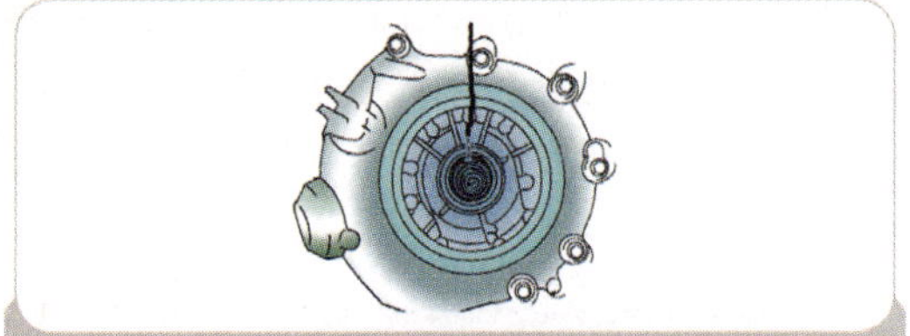

图 2-32 标记安装机油泵标注位置

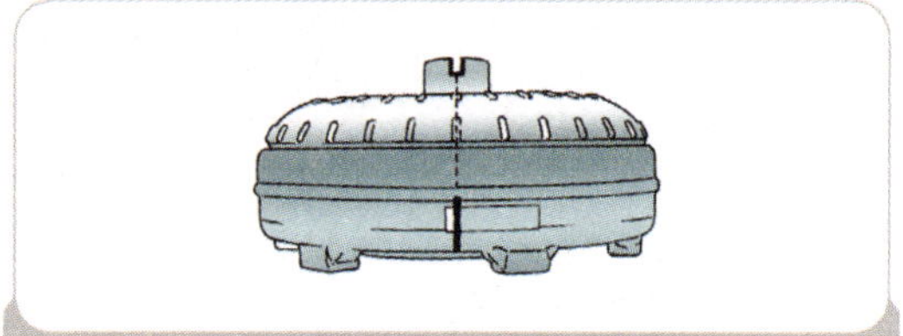

图 2-33 标记变矩器凹槽位置

⑤旋转变矩器离合器，将定轮轴的花键部分安装到定子的花键部分，如图 2-35 所示。

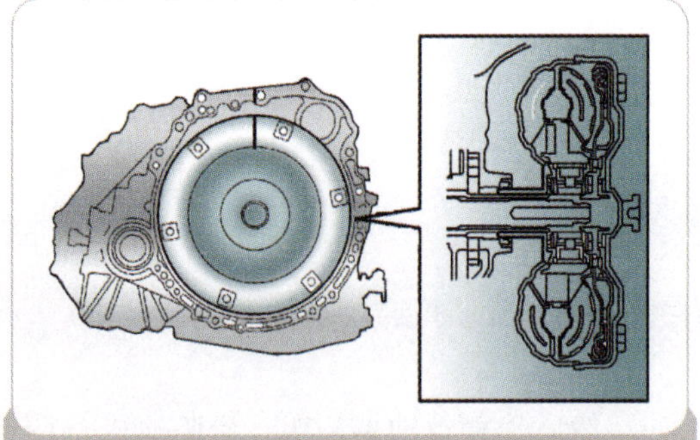

图 2-34 变矩器输入轴的安装

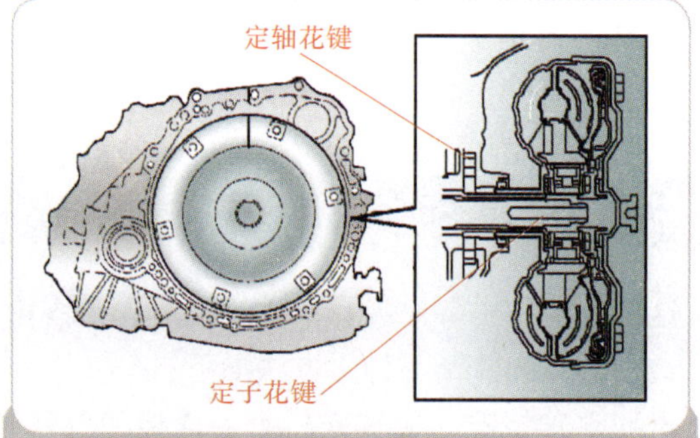

图 2-35 定轮轴花键与定子花键的安装

建议：

将变矩器离合器旋转约 180°。

⑥旋转变矩器离合器，再次对准壳体和变矩器离合器上的两个标记，并将机油泵主动齿轮的键安装到变矩器离合器的键槽中，如图 2-36 所示。

注意事项：

旋转变矩器离合器时不得用力推动。

⑦使用游标卡尺和直尺，测量图中的尺寸 B，并检查 B 是否大于 A（在步骤（#1）中测量），如图 2-37 所示。

标准： $A+1$（0.04 in[①]）mm 或更长。

注意事项：

记住要减去直尺厚度。

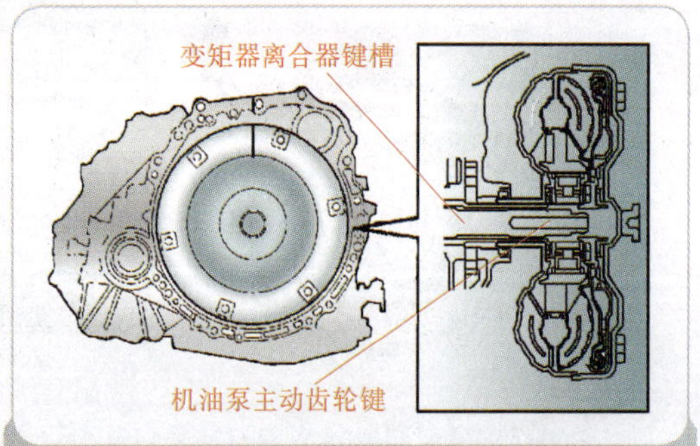

图 2-36 机油泵主动齿轮键的安装

图 2-37 变矩器装入变矩器壳深度的测量

① 1 in=25.4 mm。

思考与练习

一、填空题

1. 锁止离合器由________、________和________三部分组成。
2. 液力自动变速器是利用________作为工作介质来传递动力的。
3. 当涡轮转速与泵轮转速相同时，液力变矩器失去________的功能。
4. 目前，在装用自动变速器的汽车上使用的变矩器大多是________变矩器。
5. 常用液力变矩器的型式有__________、__________和__________。
6. 液力耦合器是一种液力传动装置，又称________。
7. 液力变矩器的工作特性有________、________、________特性。
8. 自动变速器油液冷却器一般安装在_______________的附近。
9. 电子控制系统由________、________和________三部分组成。

二、判断题

1. 液力耦合器和液力变矩器均属于静液传动装置。（　）
2. 液力变矩器在一定范围内，能自动、无级地改变传动比和转矩比。（　）
3. 液力耦合器在正常工作时，泵轮转速总是小于涡轮转速。（　）
4. 只有当泵轮与涡轮的转速相等时，液力耦合器才能起传动作用。（　）
5. 对于同一台液力耦合器来说，发动机的转速越高，作用于涡轮上的力矩也越大。（　）
6. 液力耦合器既可以传递转矩，又可以改变转矩。（　）
7. 汽车在运行中，液力耦合器可以使发动机与传动系统彻底分离。（　）
8. 液力变速器的变矩作用主要是通过导轮实现的。（　）
9. 一般来说，综合式液力变矩器比普通液力变矩器的传动效率低。（　）
10. 四元件综合式液力变矩器的特性是两个变矩器特性与一个耦合器特性的综合。（　）

三、选择题

1. 液力耦合器中的导轮有（　）运动状态。

A. 一种　B. 两种　C. 三种　D. 四种

2. 液力耦合器中的液体不存在的运动是（　）。

A. 紊流运动　B. 涡流运动　C. 环流运动　D. 螺旋运动

3. 电子控制锁止离合器有（　）工作状态。

A. 一种　B. 两种　C. 三种　D. 四种

4. 从三元件液力变矩器的外特性曲线可以看出，随着涡轮转速的提高，其力矩逐渐减少，当涡轮转速等于零时，涡轮力矩为（　　），效率为零。

A. 最大　　B. 最小　　C. 零　　D. 中偏大

课题三
机械传动系统

学习任务

1. 掌握行星齿轮变速机构的作用和分类；
2. 了解平行轴式齿轮机构传动原理；
3. 掌握行星排的检修；
4. 掌握离合器的组成与工作原理；
5. 掌握片式制动器的组成与工作原理；
6. 了解辛普森式自动变速器的结构与工作原理；
7. 了解拉威娜式自动变速器的结构与工作原理。

技能要求

1. 学会离合器的拆装与检修方法；
2. 学会制动器的拆装与检修方法；
3. 能够正确描述行星齿轮变速机构的传动原理。

任务一 齿轮传动机构

液力变矩器虽能在一定范围内自动、无级地改变转矩比和转速比，但存在传动效率低的缺点，且变矩范围最多只能达到2~4倍，为满足汽车使用要求，在液力传动装置后面设置了齿轮变速机构。

液力自动变速器齿轮变速机构主要有行星齿轮式和平行轴式两种，其中行星齿轮式应用较广泛。

一、行星齿轮式变速机构

1. 行星齿轮式变速机构的组成

行星齿轮变速器属于一种齿轮箱，它是由行星齿圈、太阳轮、行星齿轮（又称卫星轮）和行星齿轮架组成，称为一个行星排，如图 3–1 所示。

图 3–1 行星齿轮机构

根据行星齿圈、太阳轮和行星齿轮的运动关系，行星齿轮变速器可以实现输入轴与输出轴脱离刚性传动关系、输入轴与输出轴同向或反向传动和输入与输出轴传动比变化，在陆用、航海、航空等交通运输工具中得到了广泛的应用。

行星齿轮式变速机构具有三个彼此可以相对旋转的运动件：太阳轮、行星齿轮架和齿圈。它可以实现 4 种不同组合的挡位：

①低挡——太阳轮主动，行星齿轮架被动，齿圈不动。

②中挡——太阳轮不动，行星齿轮架被动，齿圈主动。

③高挡（超速挡）——太阳轮不动，行星齿轮架主动，齿圈被动。

④倒挡——太阳轮主动，行星齿轮架不动，齿圈被动。

所有运动件都不受约束时，变速器处于空挡。

行星齿轮变速器通常由两组到三组行星齿轮式变速机构组成，并用多片离合器控制上述运动件的组合，实现不同的挡位。

2. 行星齿轮式变速机构的作用

（1）改变传动比

满足不同行驶条件对牵引力的需要，使发动机尽量工作在有利的工况下，满足可能的行驶速度要求。 在较大范围内改变汽车行驶速度的大小和汽车驱动轮上扭矩的大小。由于汽车行驶条件不同，要求汽车行驶速度和驱动扭矩能在很大范围内变化。例如，在高速路上车速应能达到 100 km/h；而在市区，车速常在 50 km/h 左右。空车在平直的公路上行驶时，行驶阻力很小；而当满载上坡时，行驶阻力便很大。而汽车发动机的特性是转速变化范围较小，而转矩变化范围更不能满足实际路况需要。

（2）实现倒车行驶

用来满足汽车倒退行驶的需要。发动机曲轴一般只能向一个方向转动，而汽车有时需要倒退行驶，其往往需要通过变速箱中设置的倒挡来实现。

（3）中断动力传递

在发动机起动、怠速运转、汽车换挡或需要停车进行动力输出时，中断向驱动轮的动力传递。

（4）实现空挡

当离合器接合时，变速箱可以不输出动力。例如，可以保证驾驶员在发动机不熄火时松开离合器踏板，离开驾驶员座位。

3. 行星齿轮式变速机构的分类

（1）按齿轮的啮合方式分类

根据齿轮的啮合方式不同，可分为内啮合和外啮合两种。内啮合式行星齿轮变速机构结构紧凑，传动效率高，因而在自动变速器中基本上都采用这种结构。行星齿轮式变速机构的啮合方式如图 3-2 所示。

（a）　　　　（b）

图 3-2 行星齿轮式变速机构的啮合方式

（a）外啮合；（b）内啮合

（2）按齿轮的排数分类

根据齿轮的排数不同，可分为单排和多排两种，如图 3-3 所示。多排行星齿轮机构是由几个单排行星齿轮机构组成的。在汽车自动变速器中通常采用由 2 个或 3 个单排行星齿轮机构组成的多排行星齿轮机构。

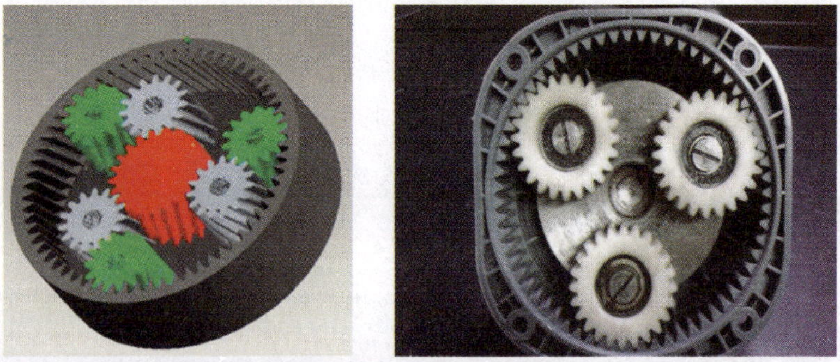

（a）　　　　（b）

图 3-3 双排行星齿轮和单排行星齿轮

（a）双排行星齿轮；（b）单排行星齿轮

（3）按太阳轮和齿圈之间的行星齿轮组数分类

根据太阳轮和齿圈之间行星齿轮组数的不同，可分为单行星齿轮式和双行星齿轮式两种。双行星齿轮机构在太阳轮和齿圈之间有两组互相啮合的行星齿轮，其中外面一组行星齿轮和齿圈啮合，里面一组行星齿轮和太阳轮啮合。它与单行星齿轮机构在其他条件相同的情况下相比，齿圈可以得到反向传动。图 3-4 所示为双行星齿轮。

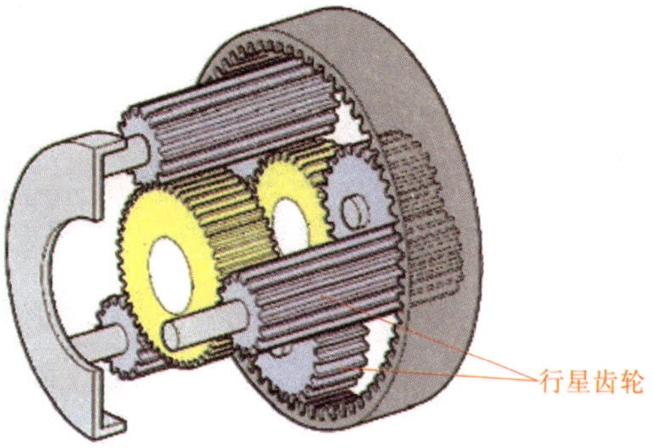

图 3-4　双行行星齿轮

4. 行星齿轮式变速机构的特点

行星齿轮式变速机构在结构方面具有下列特点：

①太阳轮、行星齿轮架和行星齿圈都是同心的，即围绕公共轴线旋转。这能够取消诸如手动变速器所使用的中间轴和中间齿轮。

②所有齿轮始终相互啮合，换挡时无须滑移齿轮，因此，摩擦磨损小，寿命较长。

③结构简单、紧凑，其载荷被分配到数量众多的齿上，强度大。

④可获得多个传动比。

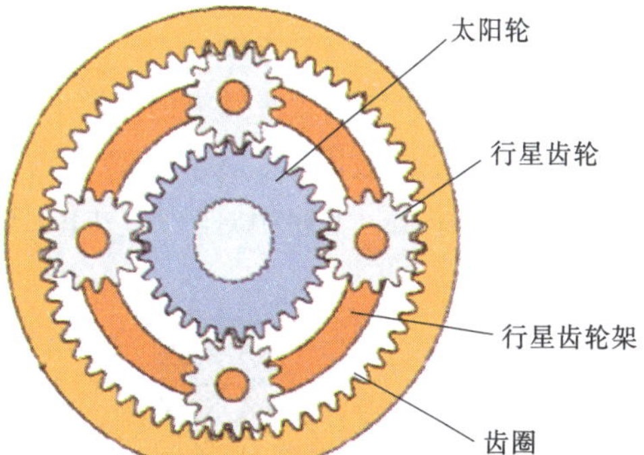

图 3-5　行星齿轮示意图

5. 行星齿轮式变速机构的传动原理

以单排行星齿轮式变速机构为例来说明其传动原理。如图 3-5 所示，行星齿轮式变速机构工作时将太阳轮、齿圈和行星架这三者中的任一元件作为主动件，使它与输入轴连接，将另一元件作为被动件与输出轴连接，再将第三个元件加以约束制动。这样整个行星齿轮机构即以一定的传动比传递动力。

行星齿轮的传动方式与挡位的关系：行星式齿轮变速机构按不同的组合形式可有 8 种传动方式。

（1）固定内齿圈

固定内齿圈后，可以有两种传动方式：一是以太阳轮为主动、行星齿轮架为从动；二是以行星齿轮架为主动、太阳轮为从动。

当太阳轮按顺时针方向旋转时，行星齿轮则按逆时针方向旋转，并试图使内齿圈也按逆时针方向旋转，但因内齿圈已被固定，故使得行星齿轮架以较慢的速度按顺时针方向旋转。此时为前进降速挡，减速相对较大，如图 3-6（a）所示。

当行星齿轮架按顺时针方向旋转时，行星齿轮试图带动内齿圈和太阳轮一起做顺时针转动，但由于内齿圈已被固定，所以，行星齿轮开始逆时针旋转，结果使得太阳轮按顺时针方向旋转。此时为前进超速挡，增速相对较大，如图 3-6（b）所示。

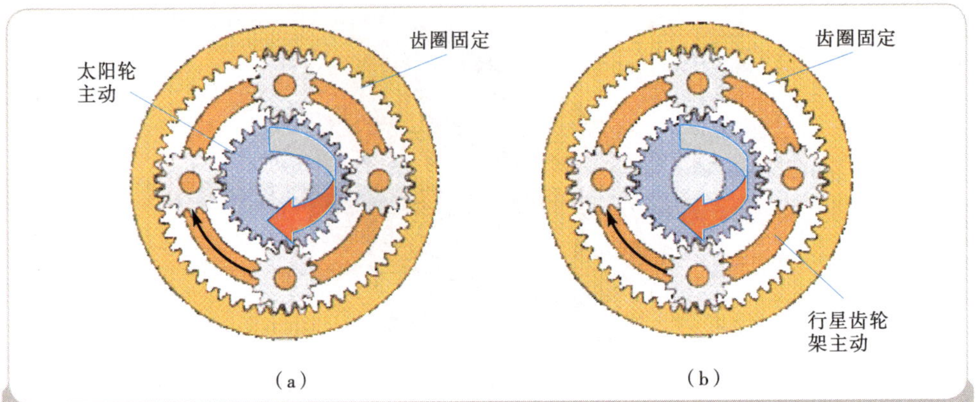

图 3-6 固定内齿圈时的传动方式

(2) 固定太阳轮

固定太阳轮后，也可以有两种传动方式：一是以内齿圈为主动、行星齿轮架为从动；二是以行星齿轮架为主动、内齿圈为从动。

当内齿圈按顺时针方向旋转时，行星齿轮也按顺时针方向转动，并试图使太阳轮按逆时针方向转动，但因太阳轮已被固定，故使得行星齿轮架按顺时针方向旋转。此时为前进降速挡，减速相对较小，如图 3-7（a）所示。

当行星齿轮架按顺时针方向旋转时，行星齿轮试图带动内齿圈和太阳轮一起做顺时针转动，但由于太阳轮已被固定，所以，行星齿轮顺时针旋转，结果使内齿圈也按顺时针方向旋转。此时为前进超速挡，增速相对较小，如图 3-7（b）所示。

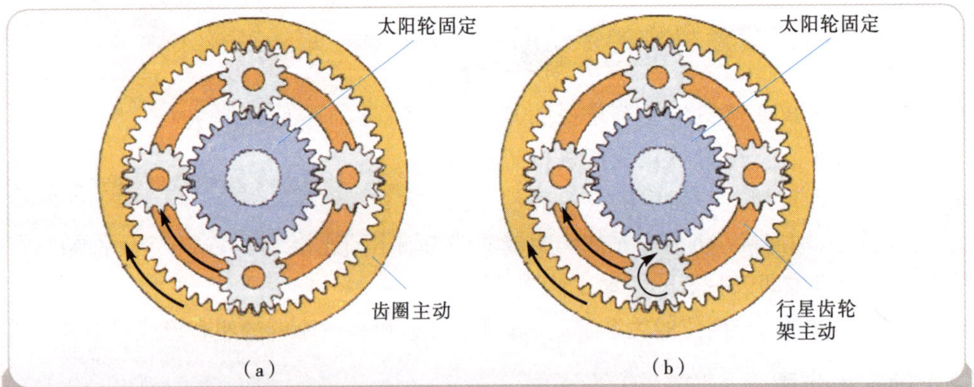

图 3-7 固定太阳轮时的传动方式

(3) 固定行星齿轮架

固定行星齿轮架后，同样可以有两种传动方式：一是太阳轮为主动、内齿圈为从动；二是以内齿圈为主动、太阳轮为从动。

当太阳轮按顺时针方向转动时，因行星齿轮架被固定，行星齿轮逆时针旋转，进而带动内齿圈也逆时针转动。此时为倒挡、减速挡，如图 3-8（a）所示。

当内齿圈按顺时针方向旋转时，因行星齿轮架固定，行星齿轮按顺时针方向转动，并带动太阳轮逆时针方向旋转。此时为倒挡、超速挡，如图 3-8（b）所示。

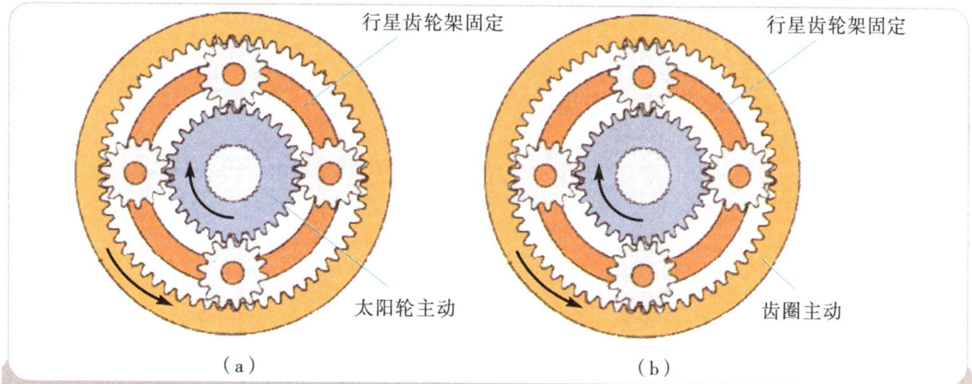

图 3–8　固定行星齿轮架时的传动方式

（4）将任意两元件连接一起

若三元件中的任意两元件被连接在一起，则第三元件必然与这两者以相同的转速、相同的方向转动，即为直接挡传动。

例如，将太阳轮与内齿圈连接在一起成为一体，并作为主动件，按顺时针方向转动，此时因行星齿轮上下两边受到相同方向的力，所以不能转动。因而就带动行星齿轮架一起按顺时针方向转动，传动比 i=1，且同方向，如图 3–9 所示。

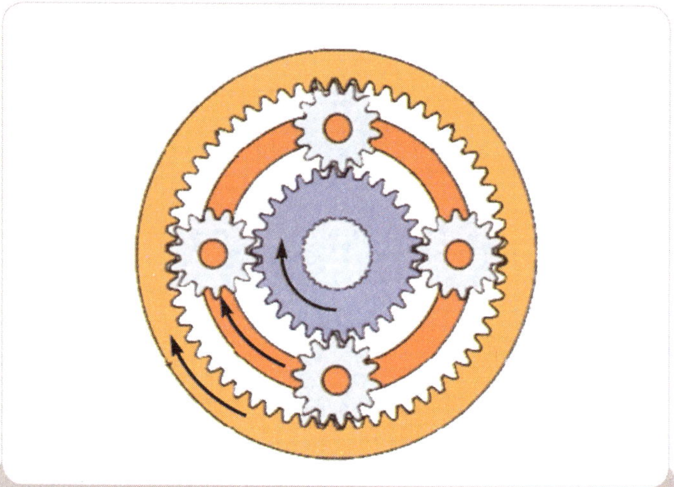

图 3–9　任意两元件连接在一起

（5）不固定任何元件

不固定任何元件时，三元件可以随意转动，则行星齿轮机构失去传动作用，此时为空挡，如图 3–10 所示。

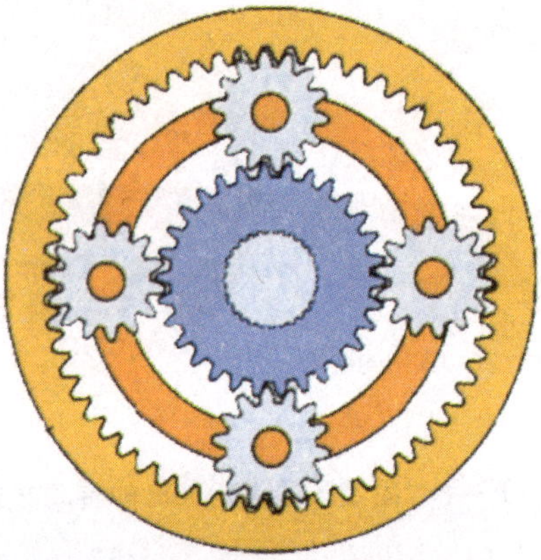

图 3-10 不固定任何元件时的传动

综上所述，单排单级行星齿轮机构的工作情况见表 3-1。

表 3-1 单排单级行星齿轮机构的工作情况

状态	挡位	固定部件	输入部件	输出部件	旋转方向
1	降速挡	齿圈	太阳轮	行星齿轮架	相同方向
2	超速挡	齿圈	行星齿轮架	太阳轮	相同方向
3	降速挡	太阳轮	齿圈	行星齿轮架	相同方向
4	超速挡	太阳轮	行星齿轮架	齿圈	相同方向
5	倒挡位（降速）	行星齿轮架	太阳轮	齿圈	相反方向
6	倒挡位（超速）	行星齿轮架	齿圈	太阳轮	相反方向
7	直接挡	没有	任意两个	第三元件	同向同速
8	空挡位	没有	不定	不定	不转动

6. 行星排的检修

①检查太阳轮、行星齿轮、齿圈的齿面，如有磨损或疲劳剥落，应更换整个行星排。

②检查行星齿轮与行星齿轮架之间的间隙，如图 3-11 所示，其标准间隙为 0.2~0.6 mm，最大不得超过 1.0 mm，否则应更换止推垫片或行星架和行星轮组件。

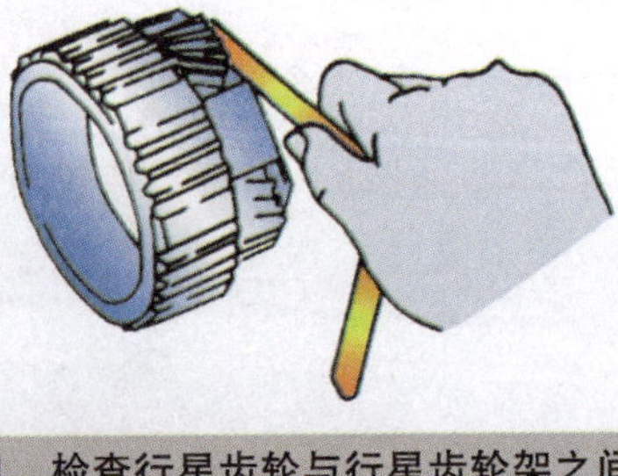

图 3-11 检查行星齿轮与行星齿轮架之间的间隙

③检查太阳轮、行星齿轮架、齿圈等零件的轴颈或滑动轴承处有无磨损，如有异常，应更换新件。

二、平行轴式变速机构

1. 平行轴式变速机构的结构特点

本田汽车有一种独特的自动变速器，其传动齿轮机构采用平行轴式，与手动变速器的常啮合齿轮相似，但能实现自动换挡。当其齿轮通过不同的离合器啮合形成一定的组合时，就能实现不同的传动比，从而产生不同的挡位来适应各种行驶条件和路面的要求。本田前驱自动变速器的结构特点有许多与众不同的地方，具体如下所述：

①机械部分的传动齿轮使用与手动变速器一样的圆柱形斜齿轮，变速器内离合器的作用类似手动变速器中的换挡接合套。因此，平行轴式自动变速器又称为斜齿轮式自动变速器。

②变速器内有一个倒挡拨叉和与之配套使用的接合套，而其他自动变速器内没有。

③由于和本田前驱自动变速器配套的发动机曲轴是逆时针旋转的，所以，本田前驱自动变速器内的单向离合器是逆转顺不转，因此，在维修装配时应特别注意安装方向。

④变速器内没有制动器。此外，本田前驱自动变速器有欧款和美款两种，二者在结构上没有明显的区别，只是美款的体积比较小，液力变矩器略有不同。广州本田所采用的自动变速器都属于欧款。

2. 平行轴式变速机构的系统组成

以 BCLA / MCLA 自动变速器为例介绍平行轴式自动变速器。该自动变速器是三元件变速器，由三轴电子控制单元组成，能提供 5 个前进挡和 1 个倒挡。整个装置与发动机串联。

(1) 液力变矩器、齿轮和离合器

液力变矩器由泵轮、涡轮和导轮总成组成一个独立单元。变矩器壳体（泵轮）与发动机曲轴相连，并随着发动机一起转动。环绕变矩器外部的是一个齿圈。当发动机起动时，该齿圈与起动机行星轮啮合，将动力传送到变速器主轴的同时，整个变矩器总成起着飞轮的作用。

变速器有三条平行轴：主轴、副轴和第二轴。主轴与发动机曲轴串联。主轴包括 4 挡和 5 挡离合器以及 5 挡、4 挡、倒挡和惰轮齿轮。主轴倒挡齿轮和主轴 4 挡齿轮集成在一起。副轴包括 1 挡、2 挡、3 挡、4 挡、5 挡、倒挡、驻车挡和主减速器齿轮。主减速器齿轮与副轴集成在一起。副轴 4 挡齿轮和倒挡齿轮可以锁定在副轴上，根据接合套的移动方向，提供 4 挡位或倒挡位。第二轴包括 1 挡、2 挡和 3 挡离合器以及 1 挡、2 挡、3 挡和惰轮齿轮。惰轮轴位于主轴和第二轴中间，惰轮在主轴和第二轴之间传递动力。主轴和第二轴上的齿轮与副轴上的齿轮恒定啮合。变速器中的齿轮通过与离合器啮合而形成特定组合方式，这样就可以将动力从主轴传递到第二轴或副轴上，从而提供驱动力。

（2）电子控制系统

电子控制系统由动力系统控制模块（PCM）、传感器和电磁阀组成。换挡和锁止由电子方式控制，满足各种条件下的驾驶舒适性。PCM在仪表板下方，位于中央控制台后面的前下板下面。

（3）液压控制系统

液压阀体包括主阀体、调节器阀体和伺服阀体。主阀体包括手动阀、换挡阀A、换挡阀B、换挡阀C和换挡阀E、安全阀、锁止控制阀、冷却器单向阀、伺服控制阀和ATF泵齿轮。调节器阀体包括调节器阀、变矩器单向阀、锁止换挡阀、1挡及3挡蓄能器。伺服阀体包括伺服阀，换挡阀D，2挡、4挡和5挡蓄能器，以及换挡电磁阀A、B、C、D和E。油液从调节器流出，经手动阀流向各个控制阀。1挡、3挡和5挡离合器从它们各自的输油管中获取油液。2挡和4挡离合器从内部液压回路中获取油液。

（4）换挡控制机构

PCM通过换挡电磁阀A、B、C、D和E以及A/T离合器压力控制电磁阀A、B和C来控制换挡，并接受来自整个车辆的各种传感器和开关的输入信号。换挡电磁阀改变换挡阀的位置，切换向离合器传递液压的端口。A/T离合器压力控制电磁阀A、B和C调节各自的液压，使离合器与其相应的齿轮进行啮合。A/T离合器压力控制电磁阀的压力也作用在换挡阀上，用于切换端口。

（5）变矩器锁止机构

锁止机构工作在D位和D3位。压力油通过液压油道从变矩器的后部排出，从而使变矩器离合器活塞紧靠在变矩器盖上。此时，主轴与发动机曲轴以相同的转速旋转。PCM与液压控制系统一起对变矩器锁止机构的正时和容积进行优化。当PCM向换挡电磁阀E通电时，该电磁阀的压力将控制锁止换挡阀（ON和OFF）。A/T离合器压力控制电磁阀A，锁止控制电磁阀控制变矩器的锁止容积。

（6）变速杆

变速杆有7个位置：P、R、N、D、D3、2和1。由于滑动型空挡安全开关的作用，车辆只能在P位和N位起动。

（7）A/T挡位指示器

仪表板上的A/T挡位指示器能够显示选中的挡位，因而操作时无须低头看变速杆。

3. 平行轴式变速机构的挡位传递原理

（1）P 挡的传递原理

如图 3-12 所示，液压没有作用于离合器；动力没有传递到副轴；驻车棘爪锁住驻车挡齿轮，使副轴锁定。

（2）N 挡的传递原理

如图 3-12 所示，发动机的动力传递给液力变矩器，液力变矩器经过增压将动力传递给驱动主轴惰轮、惰轮轴惰轮和第二轴惰轮，但液压没有作用于离合器。动力未传递到副轴。在此位置，若从 D 位换挡，则倒挡接合套与副轴 4 挡齿轮和倒挡接合套轴套啮合，使 4 挡齿轮与副轴啮合；若从 R 位换挡，则倒挡接合套与副轴倒挡齿轮和倒挡接合套轴套啮合，使倒挡齿轮与副轴啮合。

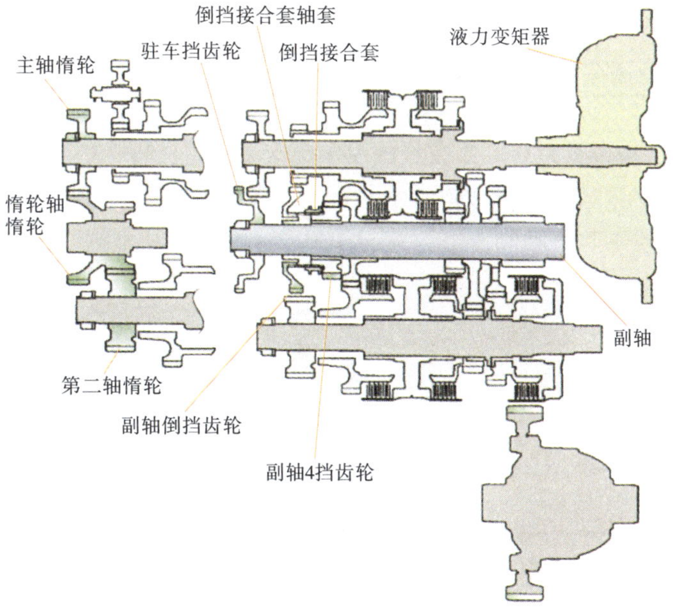

图 3-12　P、N 挡传递原理

（3）1 挡动力传递原理

如图 3-13 所示，来自液力变矩器的液压油作用于 1 挡离合器，1 挡离合器使第二轴 1 挡齿轮与第二轴啮合。主轴惰轮通过惰轮轴惰轮和第二轴惰轮驱动第二轴。第二轴 1 挡齿轮驱动副轴 1 挡齿轮和副轴。动力被传递到主减速器主动齿轮，从而驱动主减速器从动齿轮，完成 1 挡动力传递。

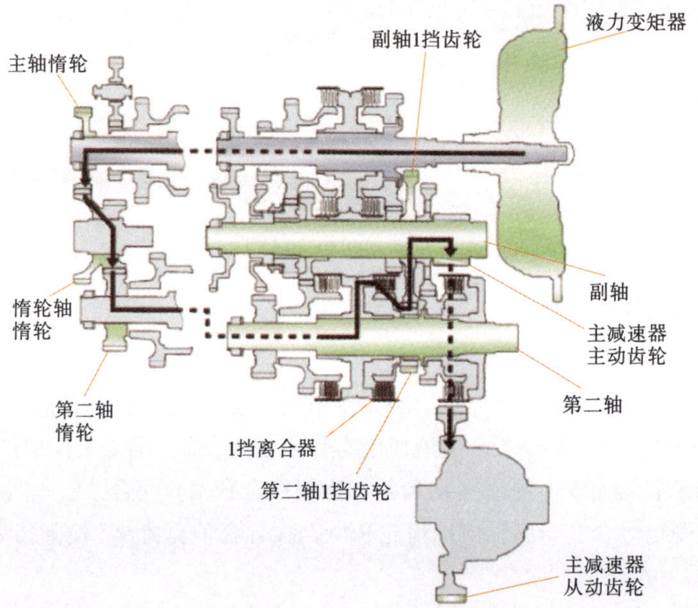

图 3-13 1 挡动力传递原理

（4）2 挡动力传递原理

如图 3-14 所示，来自液力变矩器的液压油作用于 2 挡离合器。2 挡离合器使第二轴 2 挡齿轮与第二轴啮合。主轴惰轮通过惰轮轴惰轮和第二轴惰轮驱动第二轴。第二轴 2 挡齿轮驱动副轴 2 挡齿轮和副轴。动力被传递到主减速器主动齿轮，从而驱动主减速器从动齿轮，完成 2 挡动力传递。

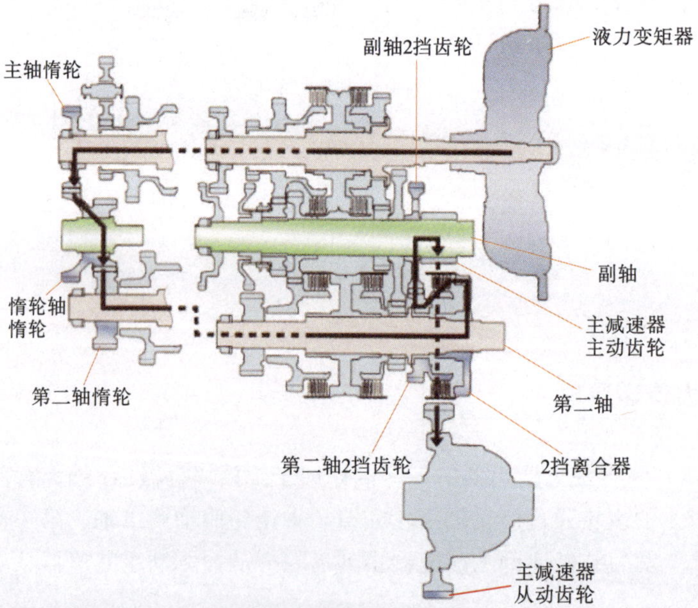

图 3-14 2 挡动力传递原理

(5) 3 挡动力传递原理

如图 3-15 所示，来自液力变矩器的液压油作用于 3 挡离合器。3 挡离合器使第二轴 3 挡离合器与第二轴啮合。主轴惰轮通过惰轮轴惰轮和第二轴惰轮驱动第二轴。第二轴 3 挡齿轮驱动副轴 3 挡齿轮和副轴。动力被传递到主减速器主动齿轮，从而驱动主减速器从动齿轮，完成 3 挡动力传递。

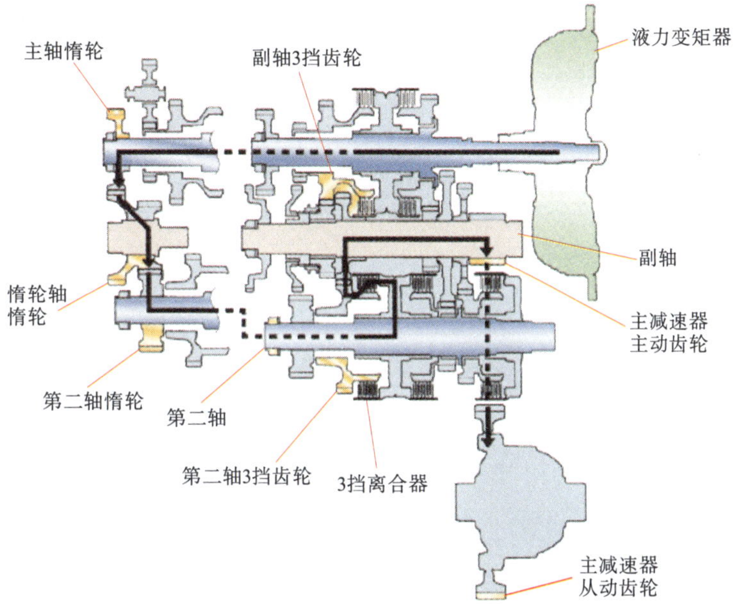

图 3-15　3 挡动力传递原理

(6) 4 挡动力传递原理

如图 3-16 所示，当变速杆位于前进挡（D、3、2 和 1）时，液压作用于伺服阀，使倒挡接合套与副轴 4 挡齿轮和倒挡接合套轴套啮合。液压也作用于 4 挡离合器，4 挡离合器使主轴 4 挡齿轮与主轴啮合。主轴 4 挡齿轮驱动副轴 4 挡齿轮和副轴。动力被传递到主减速器主动齿轮，从而驱动主减速器从动齿轮，完成 4 挡动力传递。

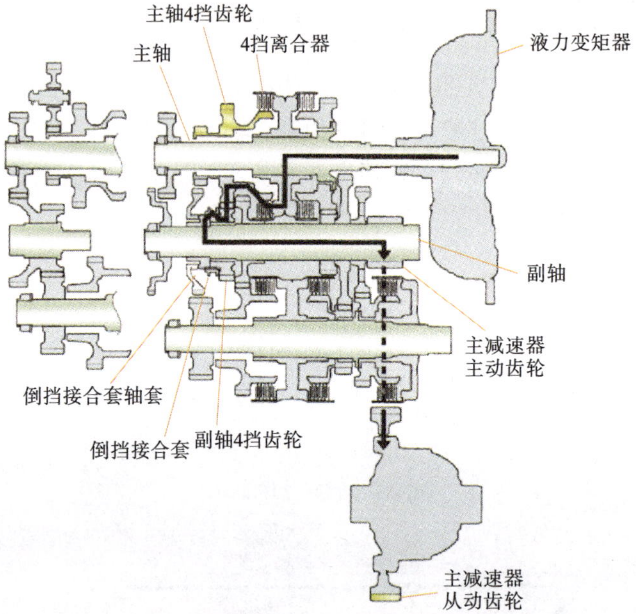

图 3-16 4 挡动力传递原理

(7) 5 挡动力传递原理

如图 3-17 所示，来自液力变矩器的液压油作用于 5 挡离合器。5 挡离合器使主轴 5 挡齿轮与主轴啮合。主轴 5 挡齿轮驱动副轴 5 挡齿轮和副轴。动力被传递到主减速器主动齿轮，从而驱动主减速器从动齿轮，完成 5 挡动力传递。

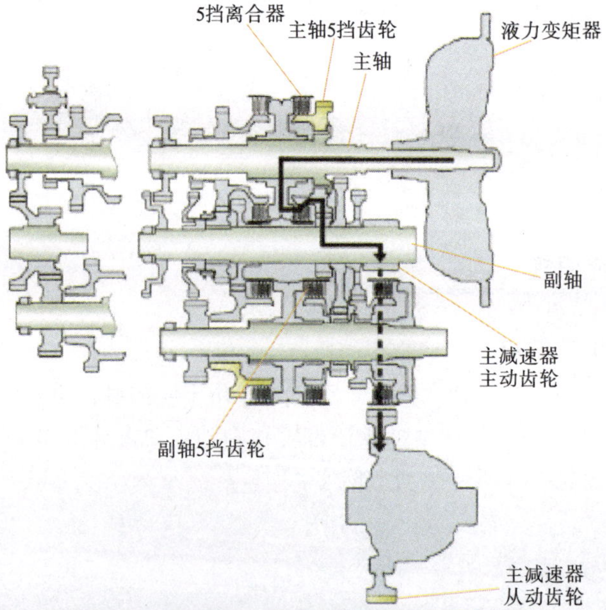

图 3-17 5 挡动力传递原理

（8）R 挡动力传递原理

当变速杆位于 R 位时，液压作用于伺服阀，使倒挡接合套与副轴倒挡齿轮和倒挡接合套轴套啮合。如图 3-18 所示，来自液力变矩器的液压油作用于 4 挡离合器，4 挡离合器使主轴倒挡齿轮与主轴啮合。主轴倒挡齿轮通过倒挡惰轮驱动副轴倒挡齿轮。倒挡惰轮使副轴倒挡齿轮的旋转反向。副轴倒挡齿轮通过驱动倒挡接合套轴套的倒挡接合套来驱动副轴。动力被传递到主减速器主动齿轮，从而驱动主减速器从动齿轮，实现 R 挡（倒挡）动力传递。

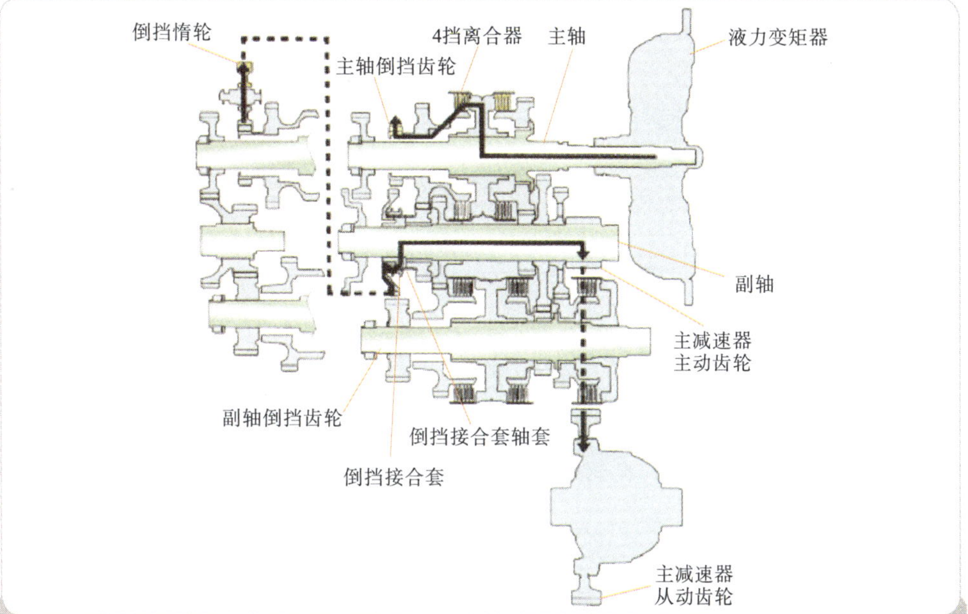

图 3-18　R 挡动力传递原理

三、双离合自动变速器

双离合式自动变速器是基于手动变速器发展而来的，其工作原理是通过将变速器挡位按奇、偶数位分开布置，分别与两个离合器连接，通过离合器的交替切换完成变挡，以实现动力换挡。它综合了 AMT 的优势和 AT 动力换挡的优点，具有很好的换挡品质和车辆动力性、经济性。

1．双离合自动变速器的由来及特点

（1）双离合变速器的由来

德国大众汽车公司旗下的奥迪汽车公司一直都是汽车变速器技术领域的先驱，1994 年的 Tiptronic 手动 / 自动一体变速器和 1999 年的 Multitronic 无级变速器都是奥迪杰出的代表作。

近年来，汽车自动变速器主要有三种型式：电控机械自动变速器（Automated Mechanical Transmission, AMT）、无级自动变速器（CVT）和液力机械自动变速器（AT）。在电控机械式

自动变速器领域，近年来又出现了一种新的变速传动方式，即双离合器式自动变速传动，由于它继承了 AMT 和手动变速器结构简单、安装空间紧凑、质量小、传动效率高、制造成本低等许多优点，又融合了 AT 不间断动力、迅速平稳换挡的良好特点，很快便成了业界研究开发的新热点。

双离合器自动变速器（Dual Clutch Transmission, DCT）将会在一定程度上改变现有的变速器市场格局。DSG（Direct Shift Gearbox）意为直接换挡变速器，属于双离合变速器 DCT 的一种，它最早在 1985 年应用于奥迪赛车上面，而直到 20 世纪 90 年代末，大众公司才和博格华纳联手生产出适用于大批量生产的双离合变速器，并在 2002 年率先应用在大众高尔夫 R32 上。2003 年，奥迪公司将最新一代 DSG 变速器装在 3.2L 的奥迪 TT 和高尔夫 R32 上，开创了奥迪变速器技术的又一个新的里程碑。双离合自动变速器的结构如图 3-19 所示。

图 3-19 双离合自动变速器

（2）技术特点

DSG 变速器是目前世界上最先进的、具有革命性的变速器系统，德国人在沃尔夫斯堡首次向世界展示了这一技术创新。DSG 可以手动换挡也可以自动换挡，它比传统的自动变速器易于控制，也能传递更多功率，但又比手动变速器反应更快。 DSG 是从连续手动挡变速器 SMT（Sequential Manual Transmission）发展而来的，从本质上来说，SMT 是一款全自动电控离合的手动变速器。

SMT 拥有手动挡的操控、自动挡的便捷。虽然 SMT 也在少数轿车上出现，但它主要应用于赛车以及法拉利（Ferrari）Enzo 超级跑车上。配备 SMT 的车辆都没有离合器踏板，离合器是自动离合的。大多数 SMT 都可以自动和手动换挡，手动换挡由换挡杆或位于方向盘上的换挡拨片实现。SMT 的优点在于它采用固力连接而非传统自动、手自一体变速器所采用的液力连接（液力变矩）。当作为手动变速器时，SMT 使发动机和传动系统直接相连，从而保证动力百分之百地传递到车轮上。SMT 以其更快的响应来保证在驾驶员松开油门踏板的瞬间发动机转速不会像自动变速器那样马上掉下来，从而实现更精确的动力控制。

SMT 还可以进行降挡转速匹配。当驾驶员降挡时，SMT 自动摘掉离合进入空挡，随后松开离合。其间 SMT 会根据当前的车速计算低挡时的发动机转速，将发动机调整到相应的转速。然后离合再次摘掉换入低挡，随后离合器啮合，降挡换挡成功。整个换挡过程平滑顺和，没有猛推和突然加速的现象。但 SMT 也像其他手动变速器一样有个很大的缺点，即整个换挡过程中动力会中断。

DSG 就是没有中断的 SMT，也就是说它是基于手动而非自动的变速器，DSG 或 T-Tronic 消除了 SMT 固有的滞后缺点。DSG 实质上就是两个离合器连接的两个 3 挡变速器，当车辆发动时

1 号变速器处于 1 挡而 2 号变速器处于 2 挡，离合器啮合 1 号变速器接入 1 挡起动车辆。当需要换挡时 DSG 运用离合交换变速器，啮合 2 号变速器并松开 1 号变速器，这个过程中两个离合器的动作是同时进行的，没有动力中断的感觉。此时 2 号变速器工作而 1 号变速器则迅速进入 3 挡，如果还有换挡，那么 1 号变速器工作而 2 号变速器马上进入 4 挡，两者交替换挡。DSG 用智能控制器来计算下一个可能要换入的挡位，从而将空闲的变速器拨到相应的挡位，可根据驾驶员的驾驶习惯进行换挡。其优势在于换挡的速度：相比法拉利 Enzo 的 SMT 150 ms 的加挡时间，DSG 可以在大约 8 ms 的时间内完成加挡，这也意味着其比手动换挡更快。以奥迪 A3 从 0 到 60 mi①的加速时间为例，6 速手动挡要 6.9 s，而 6 速 DSG 则是 6.7 s。像 SMT 一样，DSG 可以进行双离合减挡和跳跃减挡，如从 6 挡直接换到 4 挡、3 挡等。

DSG 采用传统的 P-R-N-D-S 挡位设置，可以自动切入 D 挡常规模式或者 S 挡运动模式。在常规模式下，DSG 会提前加挡以减小发动机噪声、提高燃油经济性。而在运动模式下变速器在低速挡会停留较长时间以保证有足够的动力。而这特别适用于有涡轮增压装置的车辆，如奥迪 A3、大众 GTI 以及大众速腾 GLI，因为涡轮增压机都工作在较高的转速下。在运动模式下，只要轻点油门就可以迅速减挡。

2. 大众 DSG6 速机械自动变速器结构

（1）多片湿式双离合器

DSG 变速器的多片湿式双离合器变速器结构如图 3-20 所示，多片湿式双离合器由离合器 K1 和离合器 K2 组成。纵观 DSG 变速器的工作原理，多片湿式双离合器的作用等同于普通手动变速器中机械式离合器的作用，针对于有级的液力机械式自动变速器来讲，其作用相当于液力变矩器的作用，多片湿式双离合器即为一个自动离合器。

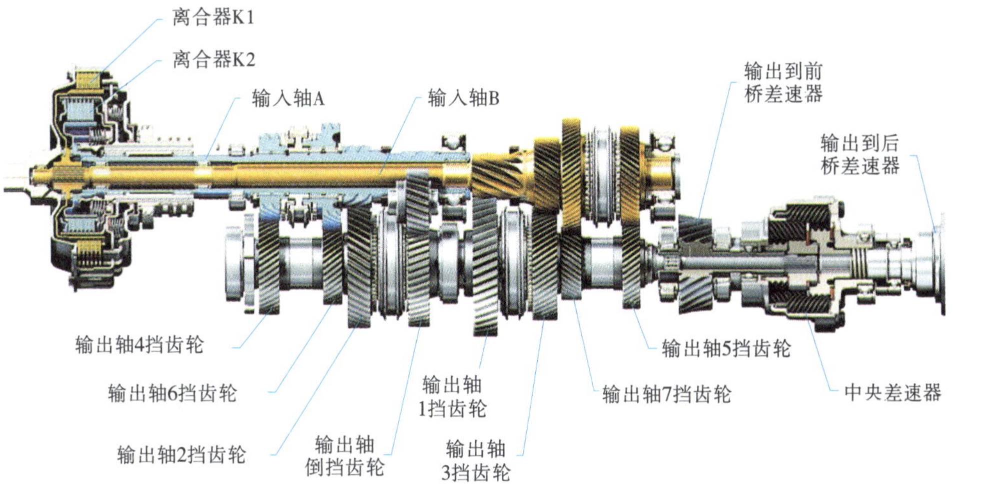

图 3-20　多片湿式双离合器变速器结构

① 1mi=1.609344km。

①离合器 K1。离合器 K1 如图 3-21 所示，主要由离合器内鼓、离合器外鼓、驱动活塞、驱动活塞密封圈、活塞缸、碟形弹簧等元件组成。

离合器 K1 的内鼓和变速器输入轴花键配合连接在一起，其外鼓是双离合器外壳，而外壳则是和与发动机曲轴相连接的双质量飞轮通过螺栓连接为一体。由此得知离合器 K1 的主要作用是：其工作以后，可以让曲轴与变速器输入轴实现连接或分离。

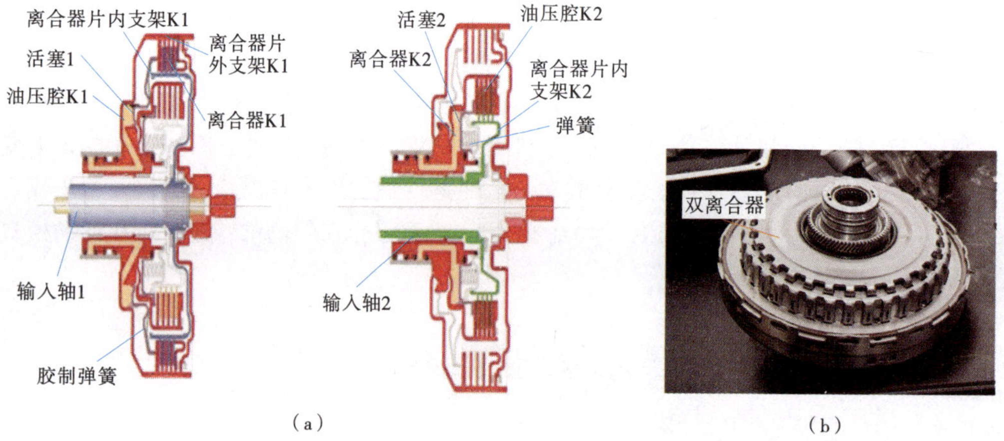

图 3-21　离合器 K1 与离合器 K2

（a）示意图；（b）实物图

②离合器 K2。离合器 K2 如图 3-21 所示。其结构与离合器 K1 基本相似，同样由离合器内鼓、离合器外鼓、驱动活塞、驱动活塞密封圈、活塞缸、碟形弹簧等元件组成。离合器 K2 与离合器 K1 的结构不同的是：离合器 K2 内鼓和变速器输入轴 2 通过花键配合连接在一起。离合器 K2 的主要作用是：其工作以后，可以让曲轴与变速器输入轴 2 实现连接或分离。

离合器 K1 和离合器 K2 的实质作用：离合器 K1 主要负责 1 挡、3 挡、5 挡和倒挡，在汽车行驶中一旦用到上述挡位中任何一挡，离合器 K1 接合；离合器 K2 主要负责 2 挡、4 挡和 6 挡，当使用 2、4、6 挡中的任一挡时，离合器 K2 接合。DSG 变速器的多片湿式双离合器的结构和液压式自动变速器中的离合器相似，但是尺寸要大很多，通常利用液压缸内的油压和活塞压紧离合器。油压的建立是由变速器控制单元 ECT 接收与汽车行驶工况有关传感器的信号，按照设定好的换挡程序指令电磁阀来控制的，两个离合器的工作状态是相反的，不会发生两个离合器同时接合的情形。

（2）平行轴式齿轮箱

平行轴式齿轮箱实质上是整个变速器的齿轮变速机构，通过分析变速器的结构得知，该变速器的齿轮变速机构为普通斜齿轮式。整个齿轮箱有两根同轴心的输入轴、两根输出轴、一根中间轴（也称倒挡惰轮轴），在每根轴上都适当安装有齿轮，相应的在齿轮和齿轮之间还适当地安装有换挡执行机构——同步器。具体结构介绍如下。

①输入轴。输入轴共有两根，如图 3-22 所示。输入轴 1 和输入轴 2 可分别通过双离合器中的离合器 K1 和 K2 得到发动机输出的转矩。

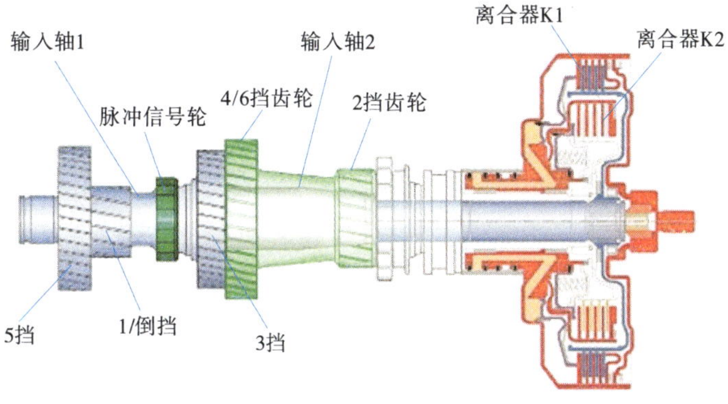

图 3-22　输入轴 1 与输入轴 2

输入轴 1 在空心的输入轴 2 的内部，通过花键与离合器 K1 相连。输入轴 1 上有 1/ 倒挡主动齿轮、3 挡主动齿轮及 5 挡主动齿轮；在 1/ 倒挡和 3 挡主动齿轮之间还有输入轴 1 的转速传感器 G50 的脉冲信号轮，如图 3-22 所示。

输入轴 2 为空心，套在输入轴 1 的外部，通过花键和离合器 K2 相连，输入轴 2 上安装有 2 挡、4/6 挡齿轮，在 2 挡齿轮附近还有输入轴 2 的转速传感器 G50 的脉冲信号轮，如图 3-22 所示。

②输出轴。输出轴也有两根：输出轴 1 和输出轴 2。输出轴 1 如图 3-23 所示。

输出轴 1 上有如下元件：1 挡和 3 挡同步器（三件式），2 挡和 4 挡同步器（单件式），1、2、3、4 挡从动换挡齿轮，与差速器相连的输出齿轮。位于输出轴 1 上的 1、2、3、4 挡从动齿轮分别与位于输入轴上的 1、2、3、4 挡主动齿轮常啮合，形成若干对常啮合的齿轮副。当同步器处于中立位置时，输出轴 1 上的所有从动换挡齿轮处于空转状态，不对外输出动力。

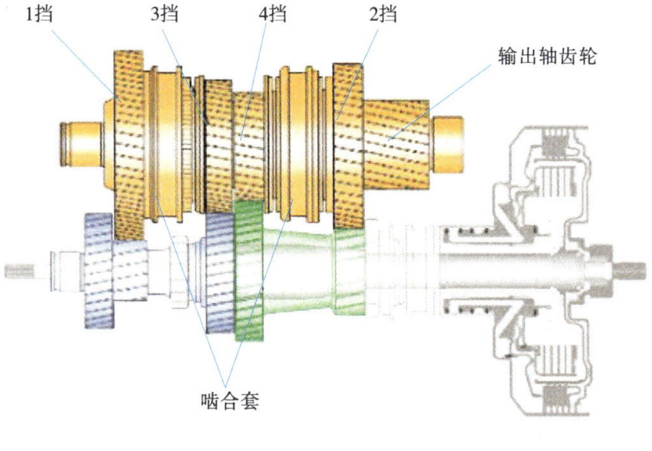

图 3-23　输出轴 1

输出轴 2 如图 3-24 所示，其上有如下元件：变速器输出轴输出转速传感器脉冲轮、6 挡和倒挡的同步器、5 挡从动换挡齿轮、6 挡从动换挡齿轮、倒挡从动换挡齿轮和与差速器相连的输出齿轮。位于输出轴 2 上的 5、6 挡从动齿轮分别与位于输入轴上的 5、6 挡主动齿轮常啮合，倒挡从动齿轮则是与位于后述的中间轴上的倒挡惰轮常啮合。当 5 挡、6 挡和倒挡的同步器处于中立位置时，输出轴 2 上的所有从动换挡齿轮均处于空转状态，不对外输出动力。

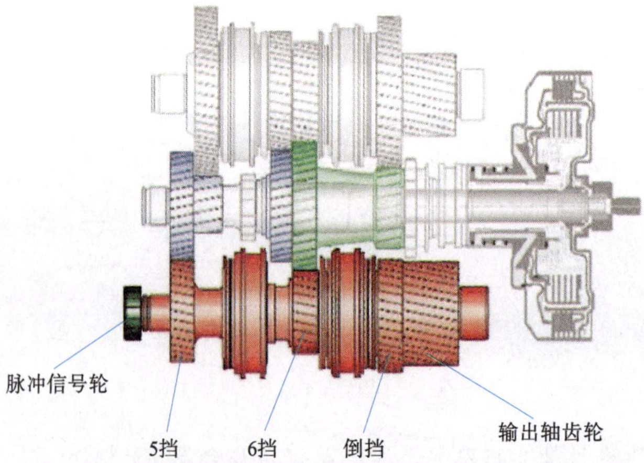

图 3-24 输出轴 2

③中间轴 / 倒挡轴。如图 3-25 所示，倒挡轴上安装有倒挡惰轮 1 和倒挡惰轮 2。倒挡惰轮 1 和倒挡惰轮 2 随倒挡轴旋转而旋转，倒挡惰轮 1 和倒挡惰轮 2 分别与位于输入轴 1 上的 1/ 倒挡主动齿轮、输出轴 2 上的倒挡从动齿轮常啮合。

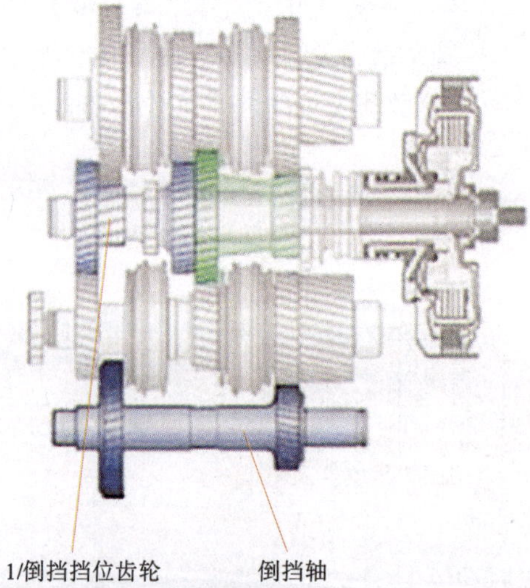

图 3-25 中间轴 / 倒挡轴

3. 双离合自动变速器的分类及工作原理

（1）双离合自动变速器的分类

DSG 有两种形式，即俗称的“湿式”和“干式”。

“湿式”双离合器，其离合器为一大一小两组同轴安装在一起的多片式离合器，分别连接 1、3、5 挡以及倒挡和 2、4、6 挡齿轮。“湿式”是指双离合器安装于一个充满液压油的封闭油腔里。这种“湿式”结构具有更好的调节能力和优异的热容性，因此，能够传递比较大的扭矩。6 挡 DSG 可匹配最大扭矩 350 N·m 的发动机。在中国市场，帕萨特 2.0 TSI、迈腾 2.0 TSI 两款国产车型以及大众汽车 CC、R36、EOS、Scirocco、迈腾 3.2 FSI 等大众汽车进口车型都装备了 6 挡 DSG。

“干式”双离合器，其双离合器由 3 个尺寸相近的离合器片同轴相叠安装组成。位于两侧的 2 个离合器片分别连接 1、3、5、7 挡和 2、4、6 挡以及倒挡齿轮，中间盘在其间移动，分别与 2 个离合器片“结合”或“分离”，通过切换来进行换挡。因为它的“双离合器”不是像 6 挡 DSG 那样安装于封闭油腔里，所以，被称为“干式”双离合器。“干式”双离合器结构简单，但是“干式”离合器自身结构的固有特性使它能够承受的最大扭矩比“湿式”离合器要低。7 挡 DSG 可匹配最大扭矩为 250 N·m 的“较小”的发动机。由于生产成本更低，“干式”较“湿式”更为“先进”。

简单概括两者的优点是：“干式”双离合器结构简单，易于操作；“湿式”动力更为强劲。两者的缺点是：“干式”故障率高；“湿式”结构复杂，制造成本高。虽然两者的原理是一样的，但实现的方式却相差甚远。

（2）双离合自动变速器的工作原理

如图 3-26 所示，离合器 K1 负责 1 挡、3 挡、5 挡和倒挡，离合器 K2 负责 2 挡、4 挡和 6 挡；挂上奇数挡时，离合器 K1 结合，输入轴 1 工作，离合器 K2 分离，输入轴 2 不工作，即在 DSG 变速器的工作过程中总是有 2 个挡位是结合的，一个正在工作，另一个则为下一步做好准备。手动模式下可以进行跳跃降挡：如果起始挡位和最终挡位属于同一个离合器控制，则会通过另一离合器控制的挡位转换一下；如果起始挡位和最终挡位不属于同一个离合器控制，则可以直接跳跃降至所定挡位。

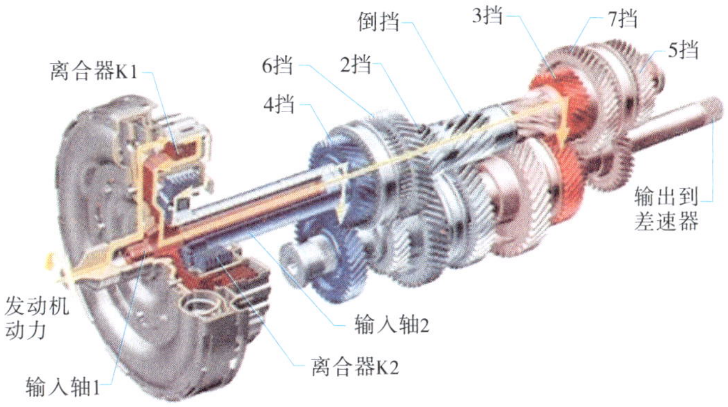

图 3-26　双离合变速器工作原理

AMT的结构较自动变速器效率更高，而DSG除了拥有手动变速器的灵活及自动变速器的舒适外，它更能提供无间断的动力输出，这完全有别于两台自动控制的离合器。

DSG基本由几个大项组成：两个基本3轴的6速变速器、一个内含两套多瓣式离合片的电子液压离合器机构、一套变速器ECU。不同于普通的双轴变速器，或者单输入轴系统，DSG变速器除了具有双离合器外，更具备同轴的双输入轴系统，而且将6个前进挡分别置于两边各自的从动轴上。传统的手动变速器使用一台离合器，当换挡时驾驶员须踩下离合器踏板，使不同挡的齿轮做出啮合动作，而动力就是在换挡期间出现间断，使输出表现有所断续。DSG则可以想象为将两台手动变速器的功能合二为一，并建立在单一的系统内。DSG内含有两台自动控制的离合器，由电子控制及液压推动，能同时控制两组离合器的运作。当变速箱运作时，一组齿轮被啮合，而接近换挡之时，下一组挡段的齿轮已被预选，但离合器仍处于分离状态；当换挡时一组离合器将工作中的齿轮分离，同时另一组离合器啮合已被预选的齿轮，在整个换挡期间能确保最少有一组齿轮在输出动力，令动力不会出现间断的状况。要配合以上运作，DSG的传动轴被分为两条，一条是放于内里实心的传动轴，而另一条则是在外面套着的空心传动轴；内里实心的传动轴连接了1、3、5及R挡，而外面空心的传动轴则连接2、4及6挡，两组离合器各自负责一条传动轴的啮合动作，发动机动力便会由其中一条传动轴做出无间断的传送。考虑到零件使用寿命，设计人员选择了油槽膜片式离合器，离合器动作由液压系统来控制。

由于使用两套离合器并且在换挡之前下一挡位已被预选啮合，因此，DSG的换挡速度非常迅速，只需不到0.2 s。

在实际驾驶中，DSG给人的感觉是在整个换挡过程几乎感觉不到顿挫或推拉，仅仅从转速表上可以反映出挡位在变动，并且油门踩到底时，DSG变速箱不进行换挡操作，一直到6 000 r才进行换挡，可提供更高的驾驶安全性和乐趣。此外，DSG还有多种驾驶模式，如运动模式，在电子程序的帮助下该模式的加挡明显迟缓，而减挡则有了很大的改进，换挡时间也调得更短。有些车型，驾驶员还可以通过拨动换挡杆或利用方向盘上拨片随时切换自动模式或者手动模式，提供富有动感激情的驾驶方式。

任务二　换挡执行机构

行星齿轮变速器中的所有齿轮都处于常啮合状态，挡位变换必须通过不同方式对行星齿轮机构的基本元件进行约束（即固定或连接某些基本元件）来实现。能对这些基本元件实施约束的机构，就是行星齿轮变速器的换挡执行机构。

换挡执行机构主要由离合器、制动器和单向离合器三种执行元件组成，离合器和制动器是以液压方式控制行星齿轮机构元件的旋转，而单向离合器则是以机械方式对行星齿轮机构的元件进行锁止。

一、离合器

1. 离合器的结构

离合器在液力自动变速器中主要起连接和连锁作用。连接是将行星齿轮机构中某一元件与主动部分相连，使该元件成为主动部件。连锁是将行星齿轮机构中任意二个元件连锁为一体，使第三个元件具有相同转速，这时行星齿轮机构作为一个刚性整体，实现直接传动。

在自动变速器中主要使用湿式多片离合器，它主要是由离合器毂、活塞回位弹簧、弹簧座圈、钢片、摩擦片、止推轴承、卡环和密封环组成，如图 3-27 所示。功能不同的离合器具体而言也会略有差别，视具体情况具体分析。

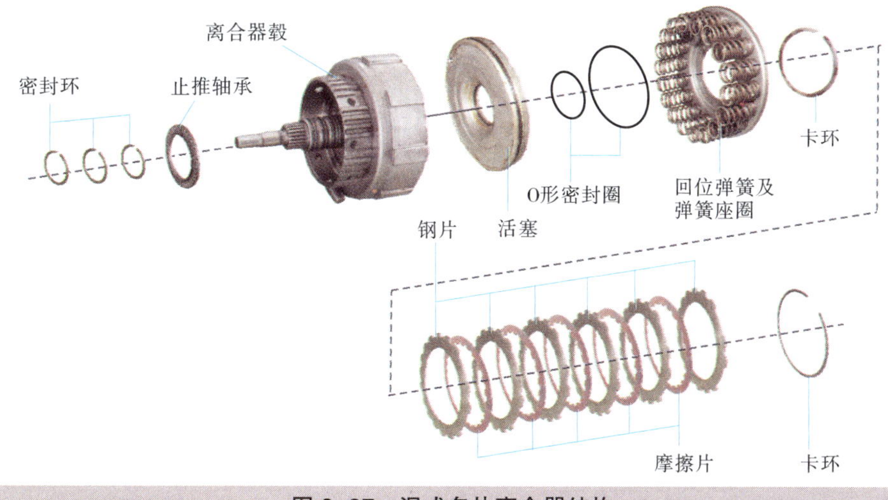

图 3-27　湿式多片离合器结构

2. 离合器的工作原理

当活塞左侧无液体压力时，活塞在回位弹簧作用下左移，放松对离合器盘和片的压紧力，离合器处于分离状态，如图 3–28（a）所示。

当活塞在液压的作用下右移时，压紧离合器盘和片，使得与离合器盘相接的离合器鼓与离合器片相接的离合器壳接合，离合器处于接合状态，如图 3–28（b）所示。

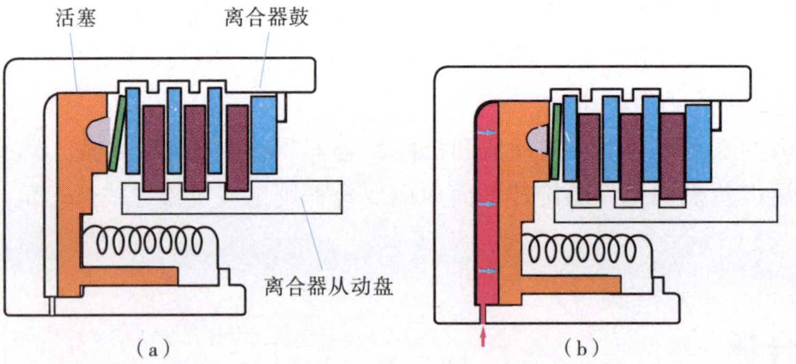

图 3–28 离合器的工作原理

（a）分离；（b）接合

3. 离合器单向阀

当离合器处于分离状态时，离合器液压缸内会残存少量的油液。当液压缸和离合器壳体一起旋转时，残存的油液也会随之旋转。油液受到离心力的作用，被甩到液压缸的边缘，并产生一定的压力。该压力将会使离合器结合，造成离合器分离不彻底，由此给离合器片带来不正常的摩擦。摩擦使离合器片过量磨损，会缩短它们的使用寿命。

为了避免上述不利影响，就需要将残存油液压力泄掉，因此，在离合器壳体上增加一个单向球阀，如图 3–29 所示。当离合器接合时，钢球会在油压的作用下密封阀口。当离合器分离时，钢球也会受到离心力的作用，且钢球受到的离心力大于残存油液的压力，因此，钢球打开阀口，残存油液经阀口向外排出。

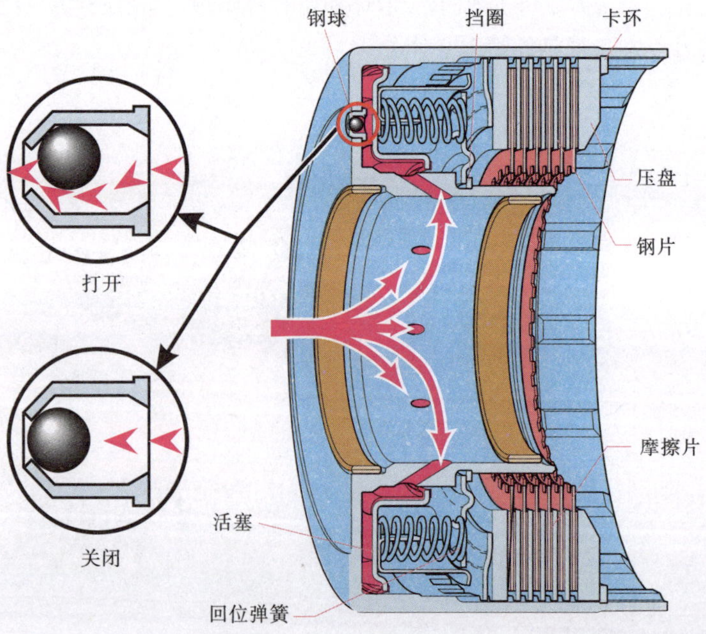

图 3–29 单向球阀的工作原理

4. 离合器压紧力的控制

油路控制和双活塞控制是控制离合器压紧力的两种方法。

双油路离合器压力控制方式如图 3-30 所示，它是由两条油路供油给同一个活塞的方法。一条油路有液压时，离合器的压紧力较小，两条油路同时供油加压时，离合器的压紧力就会增大，这样能够传递更大的扭矩。

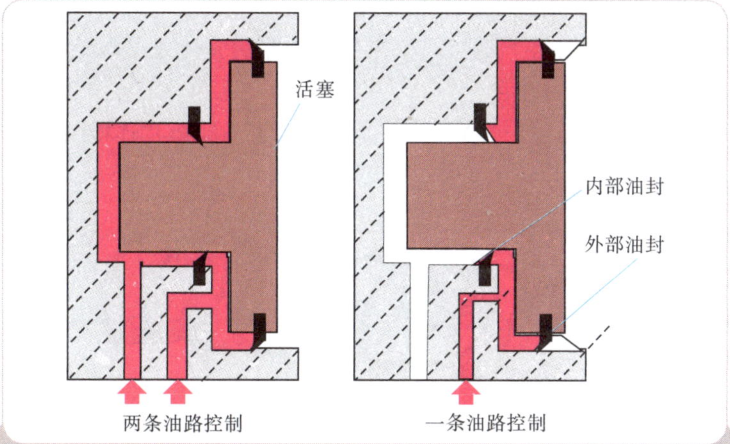

图 3-30　双油路离合器压力控制方式

双活塞控制是两个大小不一的活塞串联在一起向离合器施加力，使离合器压紧，两个活塞由不同的油路供油，工作原理如图 3-31~ 图 3-33 所示。

当小活塞的油路单独供油时，离合器受到的压紧力最小，如图 3-31 所示。

当大活塞的油路单独供油时，离合器所受的压紧力居中，如图 3-32 所示。

当大小活塞两条油路同时供油时，离合器所受的压紧力最大，如图 3-33 所示。

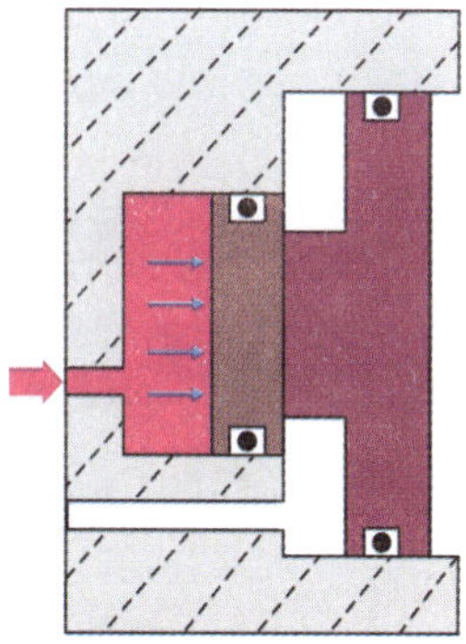

图 3-31　双活塞式离合器压力控制原理（1）

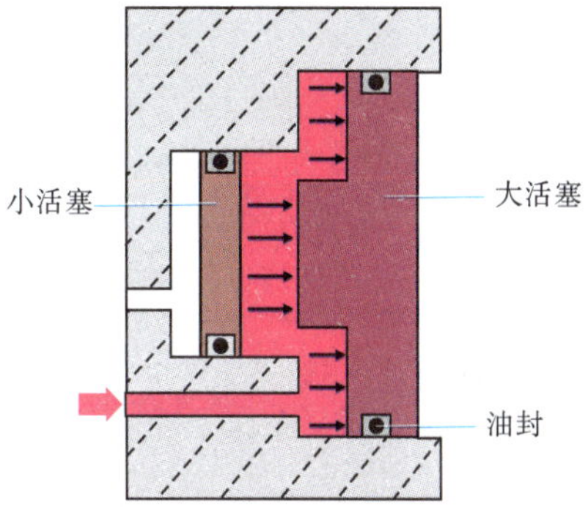

图 3-32　双活塞式离合器压力控制原理（2）

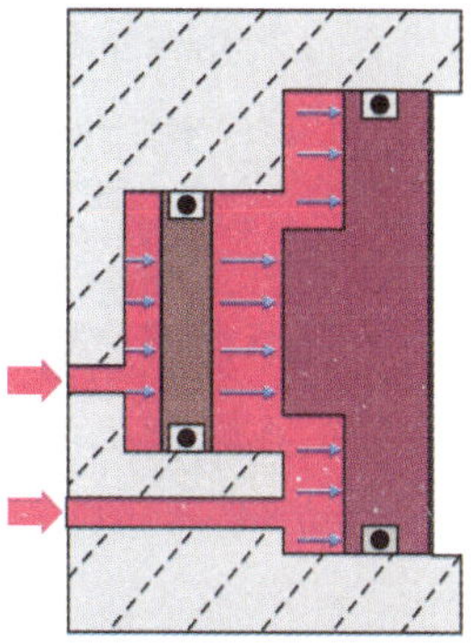

图 3-33　双活塞式离合器压力控制原理（3）

二、制动器

制动器在自动变速器中起约束作用，是用来制动和锁定旋转元件的。常见的制动器有湿式多片制动器和带式制动器。

1. 湿式多片制动器

图 3–34 所示为湿式多片制动器的分解元件图。从图中可知，湿式多片制动器实际上与湿式多片离合器的结构基本相同。它们的主要区别就在于离合器的壳体是可以旋转的部件，而制动器的壳体和油缸是被固定在变速器壳体上的。

当多片制动器的钢片和摩擦片处于结合状态时，能约束与摩擦片连接的元件。

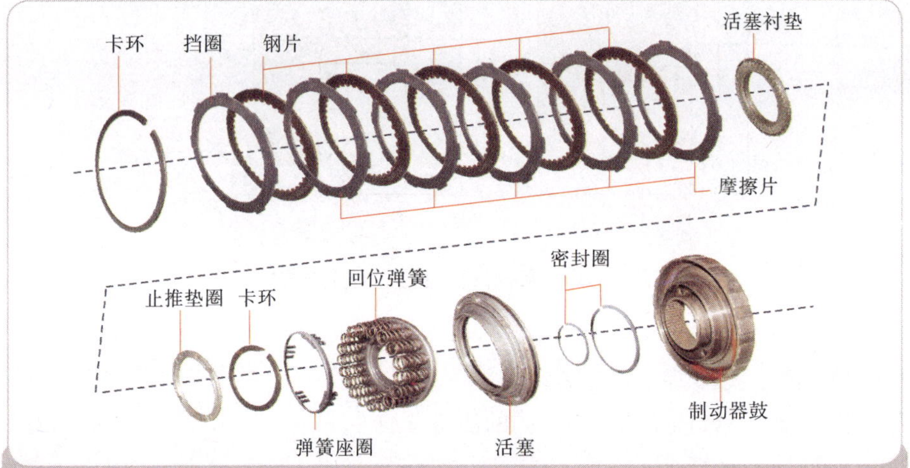

图 3–34 湿式多片制动器的分解元件（2 挡制动器）

2. 带式制动器

带式制动器主要由制动鼓、制动带、制动器液压伺服机构等组成，如图 3–35 所示。

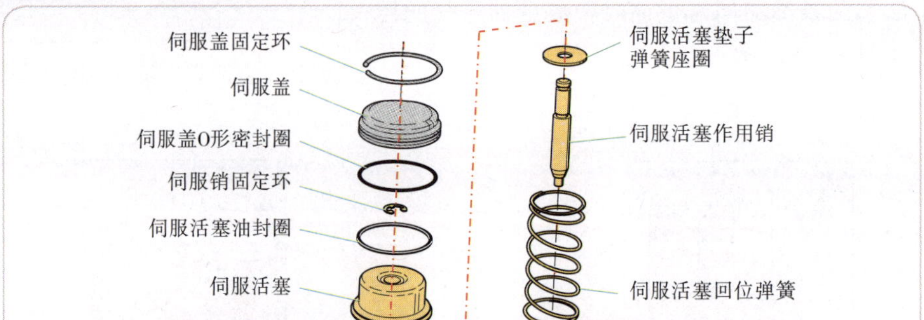

图 3–35 带式制动器的结构

（1）带式制动器的工作原理

当油液从输油管注入伺服机构油缸时，油液压力克服回位弹簧弹力推动活塞和顶杆。通过顶杆使制动带抱紧制动鼓外壳，起制动作用。当泄掉油缸油液时，油液作用在活塞上的压力小于回位弹簧的弹力，活塞和顶杆都向油缸底部运动，制动带释放。其工作原理如图 3-36 所示。

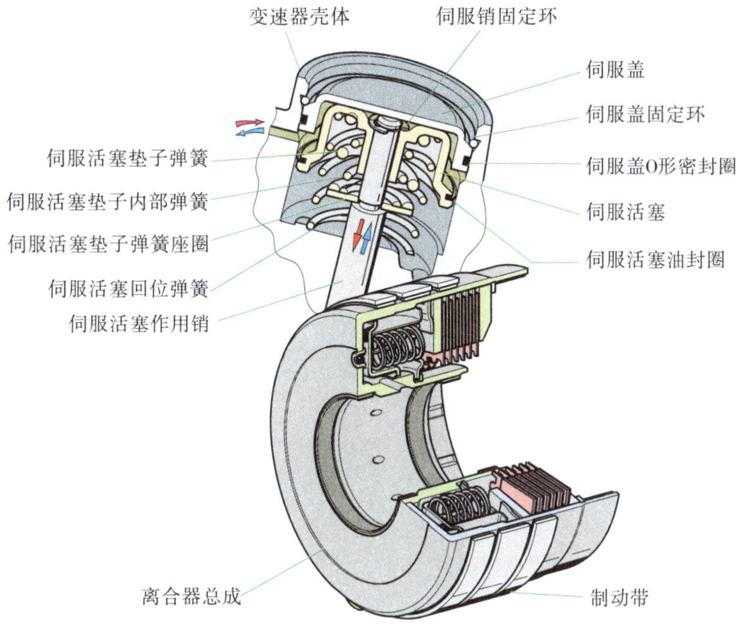

图 3-36　带式制动器的工作原理

（2）制动带

带式制动器的制动带驱动装置有直杆式、杠杆式和钳形杆式三种。

①直杆式。直杆式驱动装置由活塞推动直杆，直杆带动顶杆夹紧制动带，如图 3-37 所示。

②杠杆式。杠杆式驱动装置由活塞推动杠杆，杠杆带动顶杆夹紧制动带，如图 3-38 所示。

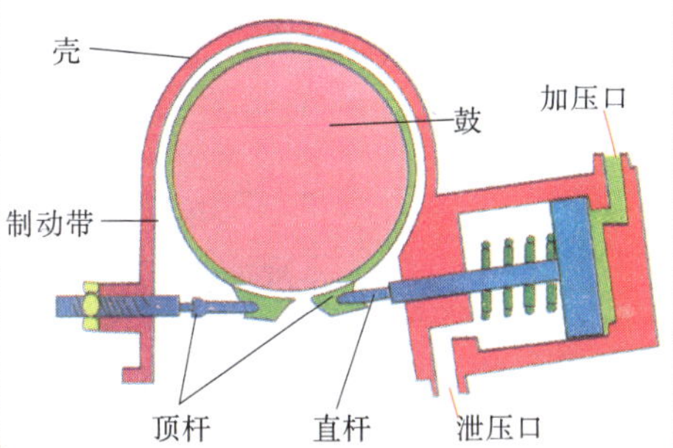

图 3-37　直杆式驱动带式制动器

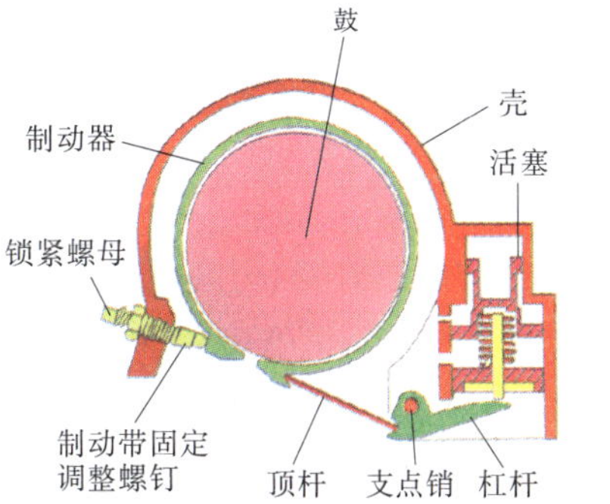

图 3-38　杠杆式驱动带式制动器

③钳形杆式。钳形杆式驱动装置由活塞推动顶杆，顶杆向下压摇臂，摇臂带动推杆，推杆带动钳形杆，钳形杆弯曲收紧制动带的两个活动端夹住鼓，如图 3-39 所示。

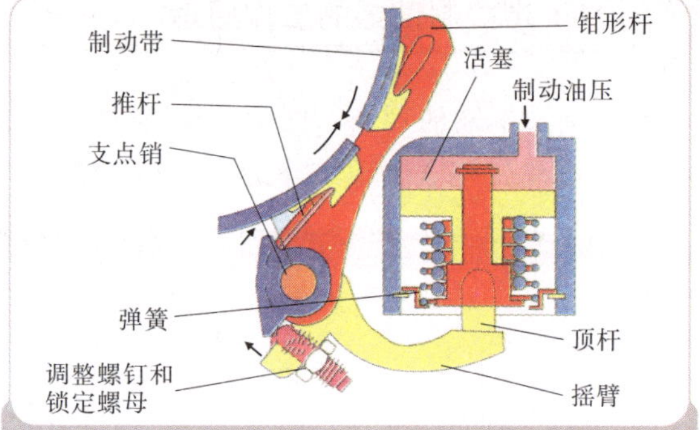

图 3-39 钳形杆式驱动带式制动器

3. 伺服机构

（1）单向作用伺服机构

单向作用伺服机构是一种只能从单方向（加压方向）推动活塞的机构。单向作用伺服机构由活塞、弹簧、顶杆和一个液压缸组成。

向液压缸内供油后，油压上升，当缸内压力大于弹簧作用力时，活塞右移推动顶杆，制动带收紧制动，如图 3-40（a）所示。

在伺服机构泄压，缸内压力减小，活塞在弹簧作用下推动活塞左移，顶杆收回，制动带释放，如图 3-40（b）所示。

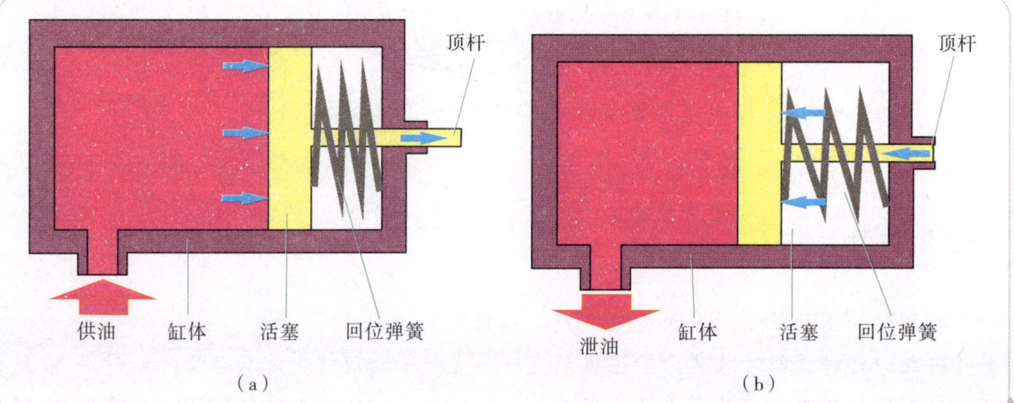

图 3-40 单向作用伺服机构的工作原理

（a）制动；（b）释放

（2）双向作用伺服机构

双向作用伺服机构的结构与单向作用伺服机构很相似，区别在于活塞两侧均是一个液压缸。其液压可以分别施加在活塞的左右两侧，由活塞两边的合力来决定制动带的制动和释放。如图 3-41 所示，即左液压缸加压，右液压缸释压，活塞进入预压状态；若左液压缸释压，右液压缸加压则活塞进入放松状态。

双向作用伺服机构由缸体、活塞、弹簧和顶杆组成，如图 3-41 所示。

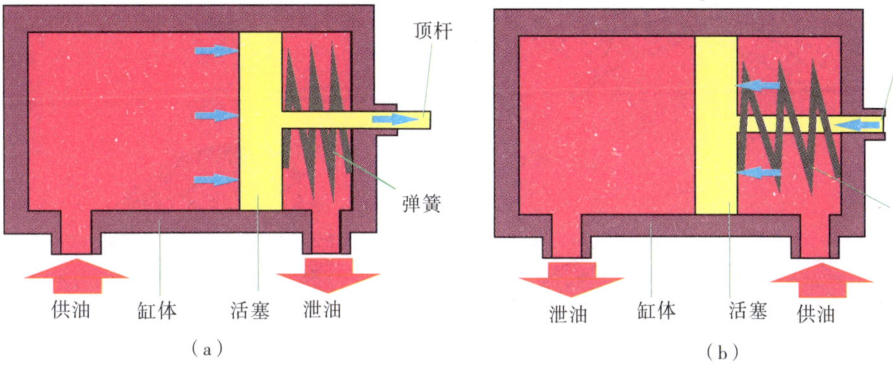

图 3-41　双向作用伺服机构的工作原理

（a）制动；（b）释放

三、单向离合器

对于单向离合器我们并不陌生，日常生活中，最常见的单向离合器就是自行车后轮上的链齿轮，只不过很多人不知道它就是单向离合器罢了。前面在介绍液力变矩器的时候，也曾简单地介绍过单向离合器。

单向离合器是自动变速器的换挡机构之一，其也作为约束机构使用。在行星排中，它用来锁止某一个元件的某种转动。它同时还具有固连作用，当与之相连元件的受力方向与锁止方向相同时，该元件即被固定（或锁止）；当受力方向与锁止方向相反时，该元件即被释放。与离合器和制动器不同，单向离合器不受液压系统的控制，单向离合器的锁止和释放完全由与之相连元件的受力方向来控制。单向离合器有两种，分别是滚柱式和楔块式。

1. 滚柱式单向离合器

滚柱式单向离合器由滚柱、弹簧、外圈、支架和内圈组成，如图 3-42 所示。

滚柱式单向离合器处于工作状态时，如果单向离合器的外圈相对于内圈做逆时针方向转动，那么，滚柱就会在开口槽中向大端移动并压缩弹簧，这时，单向离合器不会出现锁止现象。而允许外圈转动，也就是单向离合器在此时允许其外圈相对于内圈做逆时针转动。这就是滚柱式单向离合器的自由状态。

与自由状态相对的就是滚柱式单向离合器的锁止状态。当工作时，如果单向离合器的外圈相对于内圈沿顺时针方向旋转，那么，滚柱就会在外圈的带动下向开口槽窄处移动。由于在窄处的宽度小于滚柱的直径，于是将内、外圈一起锁住。锁住内、外圈的目的是要在它们之间传递扭矩。

单向离合器中的弹簧作用是改善滚柱最初的楔入，滚柱一旦楔入开口槽的小端，单向离合器处于锁止状态，这就避免了其外圈相对于内圈做顺时针转动，或内圈相对于外圈做逆时针转动。

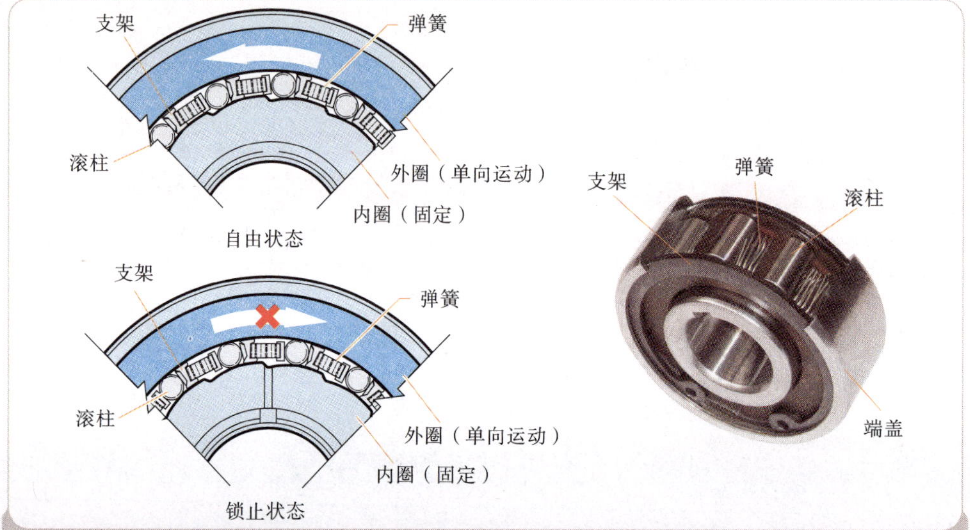

图 3-42 滚柱式单向离合器的结构与工作原理

2. 楔块式单向离合器

楔块式单向离合器由内圈、外圈、支架、楔形块和保持弹簧组成，如图 3-43 所示。

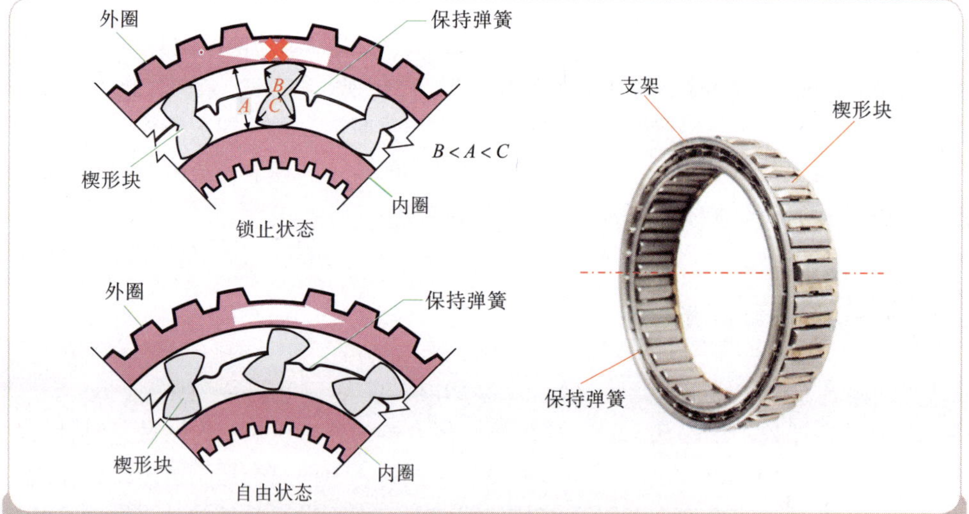

图 3-43 楔块式单向离合器的结构与工作原理

楔块式单向离合器与滚柱式单向离合器中滚子的工作原理类似。外圈在外力的作用下相对于内圈沿逆时针方向转动，楔块又被外圈推动发生倾斜。此时，在内、外圈和楔块之间有了一定的空隙，故而离合器不会锁止。也就是楔块式单向离合器允许其外圈相对于内圈沿逆时针方向转动，或允许其内圈相对于外圈沿顺时针方向转动。

但是，如果在外力的作用下外圈试图相对于内圈沿顺时针旋转，楔块受到几何尺寸的限制而卡在内、外圈之间，内、外圈就会锁死在一起。换而言之，内、外圈一旦被楔块卡住，单向离合器就会被锁止，使得内、外圈无法相对运动，以便于两者间力矩的传递。

为保证楔块能够顺利地锁住内、外圈，在楔块式单向离合器中装有一根保持弹簧，使楔块倾斜一定的角度。

四、离合器的检修

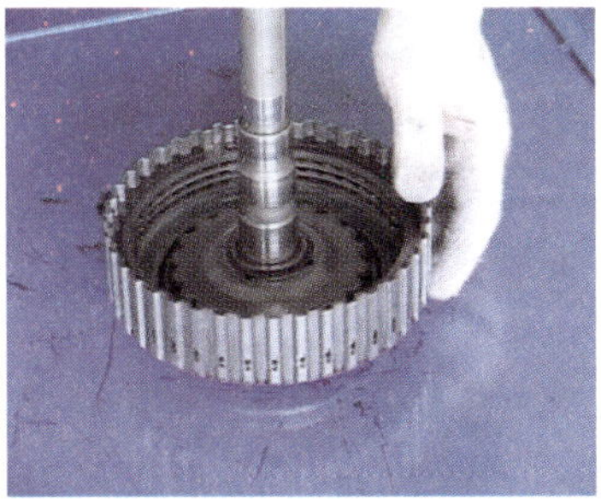

图 3-44　U240E 自动变速器前进挡离合器总成

1. 离合器的分解

以检修丰田佳美轿车自动变速器 U240E 前进挡离合器为例，说明离合器的分解过程。

U240E 自动变速器前进挡离合器总成，如图 3-44 所示。

步骤 1

用旋具拆下卡环，如图 3-45 所示。

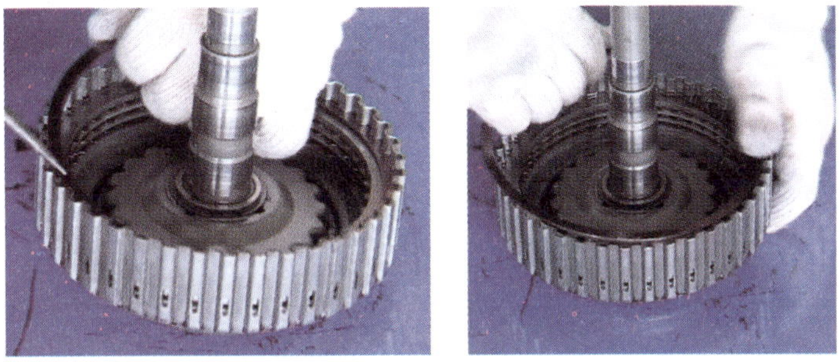

图 3-45　用旋具拆下卡环

步骤 2

取出前进挡离合器鼓内的钢片和摩擦片组，如图 3-46 所示。

步骤 3

用专用工具拆下卡环，如图 3-47 所示。

图 3-46　取出前进挡离合器鼓内的钢片和摩擦片组

图 3-47　用专用工具拆下卡环

步骤 4

取出弹簧座，如图 3-48 所示。

步骤 5

取出直接挡活塞回位弹簧，如图 3-49 所示。

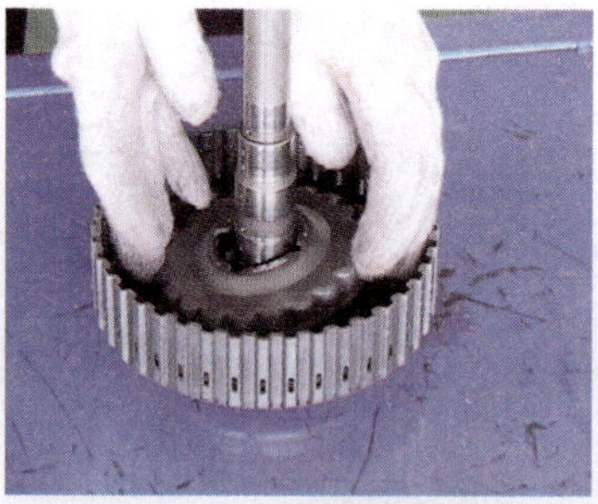

图 3-48 取出弹簧座

图 3-49 取出直接挡活塞回位弹簧

步骤 6

用压缩空气吹入油孔，取出活塞，如图 3-50 所示。

步骤 7

前进挡离合器拆解完毕，如图 3-51 所示。

图 3-50 取出活塞

图 3-51 前进挡离合器拆解完毕

2. 离合器的检测

(1) 离合器活塞、活塞单向阀及回位弹簧的检测

检测离合器活塞和离合器活塞单向阀。

如果离合器活塞单向阀松动或损坏，应更换离合器活塞。

使用游标卡尺检查离合器回位弹簧总成，检测回位弹簧在自由状态下的长度，如图 3-52 所示，将测量值与维修手册的标准值对照。

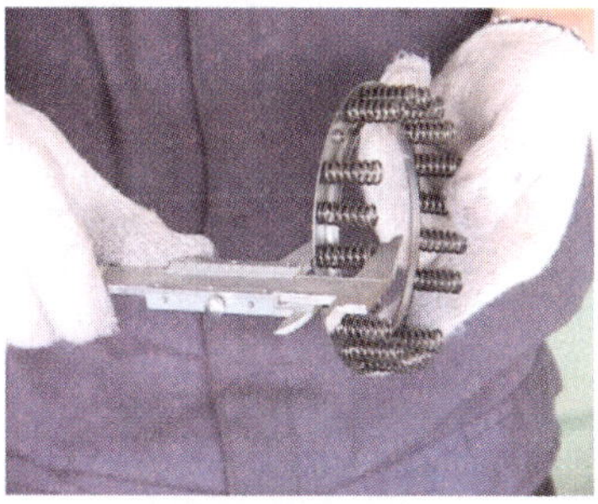

图 3-52　检测离合器回位弹簧的自由长度

注意：

如果自由长度小于标准自由长度，则更换离合器回位弹簧总成。

检测离合器盘、离合器片和离合器压板是否磨损、损坏或掉色。

注意：

如果离合器盘磨损、损坏或掉色，则应成套更换。离合器盘更换后，应检测离合器压板与前端离合器盘的间隙。

（2）离合器波纹板检测

在多数离合器和片式制动器中都有波纹板，所以，这里介绍波纹板的检测方法。

①将离合器波纹板 A 安放在划线台上，然后在波纹板上放置百分表 B，如图 3-53 所示。

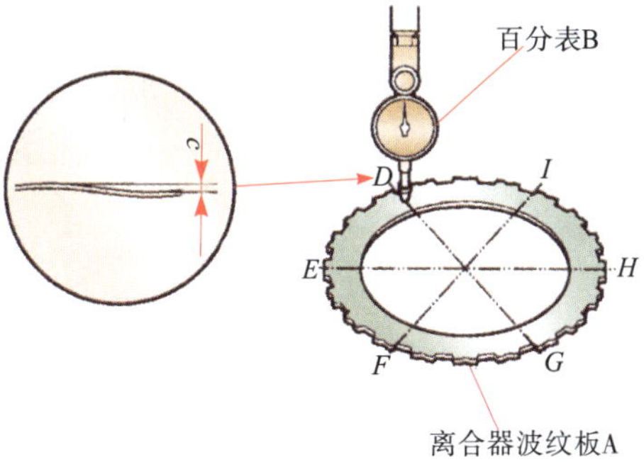

图 3-53　离合器波纹板检测

②找出波纹板相差的最低点 D，使百分表归零，并在波纹板的最低点作参考标记。

③抓住波纹板的外围，使波纹板转离最低点约 60°。百分表应处在相差的最高点 E。不要抓住波纹板表面来转动波纹板，务必抓住波纹板外围来转动波纹板。

④读取百分表数值。百分表数值为波纹板最低点与最高点的相差 c。

⑤转动波纹板约 60°，百分表应处在相差的最低点 F 和 H，然后使百分表归零。

按照第③ ~ ⑤步，测量波纹板其他的两个最高点 G 和 I 的相差。

如果三次测量结果中，两次结果在标准范围内，则波纹板正常。否则，应更换波纹板。

（3）前端离合器盘与卡环间隙检测

在离合器组装好后需要对前端离合器盘与卡环间间隙进行检测。

所需专用工具：离合器压缩装置附件 07ZAE-PRP0100。

在离合器压板放置百分表，如图 3-54（a）所示。

向上提离合器压板，使其与卡环平齐，将百分表归零。

放下离合器压板，使其回位，然后在离合器压板上安放专用工具，如图 3-54（b）所示。

借助测力计，用 150~160 N（15~16 kgf，33~35 lbf）的力下压专用工具，读取百分表数值。百分表数值为离合器压板与前端离合器盘之间的间隙 c。至少测量三个位置，取平均值作为实际间隙。

如果间隙超出维修极限，根据维修手册标准数据选择新的离合器压板。

安装新的离合器压板，然后重新检测间隙。

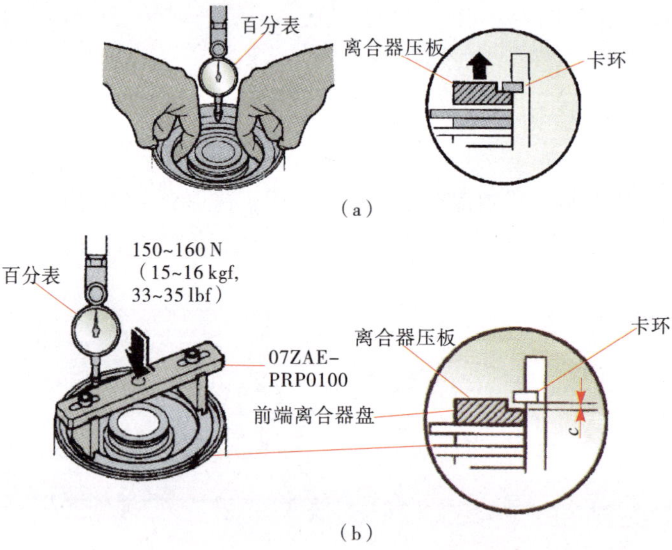

图 3-54 前端离合器盘与卡环间隙检测

注意：

如果已经安装了最厚的离合器压板，但间隙仍然超出维修极限，则应更换离合器盘和离合器片。

3. 离合器的组装

离合器的组装与离合器的分解过程相反，这里不再赘述。在组装离合器的过程中要给活塞涂上变速器油，将钢片、摩擦片、压板和波纹板等放进变速器油中浸过再安装。

自动变速器换挡执行机构的结构、工作原理及离合器的检修方法已介绍完毕，接下来回到前面所提的2.2 L本田雅阁的案例中来，看看技师是怎样对该故障进行维修的？通过了解故障排除的方法，读者可从中得到一些启示和经验。

故障诊断与排除过程：

首先试车验证故障现象，发现在各前进挡位起步都正常，发动机加速良好，驱动有力。

将变速杆置于D4（前进挡4挡）位行驶，当车速达到30 km/h，发动机转速为1 800 r/min时自动变速器进行了1次换挡，再继续加速行驶也正常，但当车速达到50 km/h左右时就出现挂不上挡位的现象。因为只感觉到升了1次挡，怀疑自动变速器3挡存在打滑现象。

为了验证该判断的正确性，将变速杆置于2挡，当车速达到80 km/h时放松加速踏板使节气门处于小开度状态，同时将变速杆推到D4位，跳过3挡，然后继续让轿车加速行驶，发现轿车的车速能达到120 km/h以上，接着让轿车减速，当车速降到50 km/h左右时，再重新让发动机加速，自动变速器又出现了打滑现象，证明3挡确实打滑。

对该车自动变速器3挡打滑的原因进行分析，认为可能的原因有：油压低；3挡油路泄压；3挡离合器摩擦片间隙太大；自动变速器阀体有故障；换挡电磁阀或其线路有故障。

首先对主油道压力进行测试，油压为820 kPa，正常。

↓

检查自动变速器电磁阀和车速传感器线路，未发现问题。

↓

将自动变速器拆下来检查，因为3挡打滑，决定对3挡离合器油道进行加压试验。

↓

当向4挡离合器通入压缩空气后，4挡离合器与4挡齿轮连接为一个整体；再向3挡离合器通入压缩空气后，发现3挡齿轮和主轴能相对转动。

↓

经仔细观察，发现3挡离合器摩擦片根本没有压紧，但同时发现该离合器并不漏气，说明3挡离合器活塞及密封圈完好无损，可能在装配方面有问题。

↓

根据该车型自动变速器装配图对照实物检查，终于发现问题：原来3挡齿轮轴环位置装反了。

正常情况下，当3挡离合器工作时，在油压的作用下离合器活塞运动，压紧3挡离合器摩擦片，使3挡齿轮实现传动。当3挡齿轮轴环位置装反后，3挡齿轮毂就紧靠3挡离合器活塞，当3挡离合器工作时不能压紧3挡离合器摩擦片，反而压紧了3挡齿轮毂，造成离合器摩擦片打滑。

↓

更换离合器摩擦片，并按照要求装配好自动变速器后试车，上述故障现象消失。

任务三 组合行星齿轮系统机构

一、辛普森式自动变速器

以一汽奔腾 FS5A-EL 自动变速器为例，介绍各个挡位的工作原理和动力传递线路。

FS5A-EL 自动变速器是一款辛普森式自动变速器，主要由四个离合器、两个单向离合器、三个制动器和三个单排单级行星齿轮机构组成，如图 3-55~ 图 3-57 所示。它具有 5 个前进挡、倒挡、P 挡和 N 挡。

三个单排单级行星齿轮机构分别为：前排行星齿轮机构、后排行星齿轮机构和副行星齿轮机构。

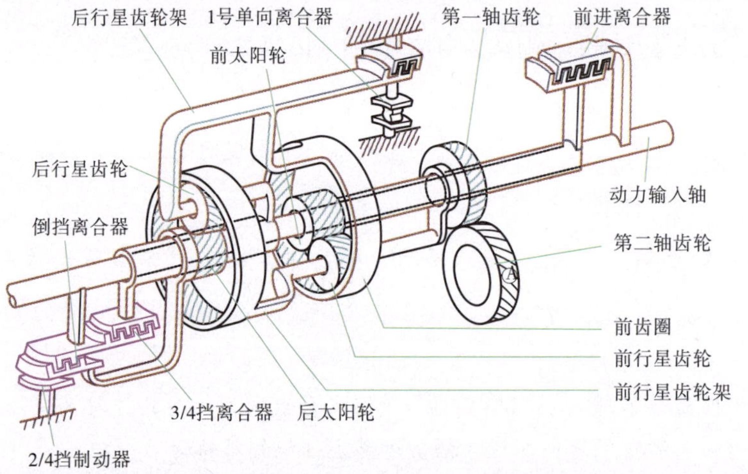

图 3-55 FS5A-EL 自动变速器结构简图（一）

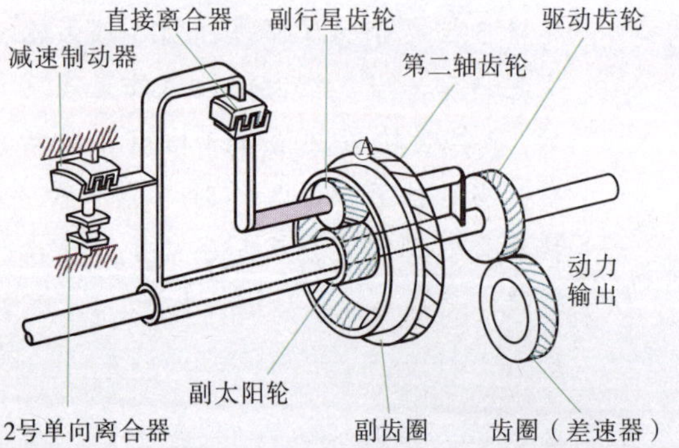

图 3-56 FS5A-EL 自动变速器结构简图（二）

图 3-57 FS5A-EL 自动变速器实物

其中前排行星齿轮机构和后排行星齿轮机构构成辛普森式结构：前排行星齿轮架与后排齿圈连为一体，且作为动力的输出端；前排齿圈与后排行星齿轮架连为一体。前进离合器工作，则前排太阳轮作为动力输入端；3/4 挡离合器工作，则后排太阳轮作为动力输入端；前、后排太阳轮可同时作为动力的输入端。

1. 1 挡（1GR）

1 挡有两种情况，分别是 D1 挡和 M1 挡。

在 D1 挡工作时，前进挡离合器结合，将动力传给前排太阳轮，和输入轴一起顺时针转动。1 号单向离合器锁止前排齿圈，前排行星齿轮架受到力的作用顺时针转动，且将动力传递给第一轴齿轮。

（1）D1 挡

D1 挡动力传递线路如图 3-58 所示，换挡执行机构的工作状况见表 3-2。

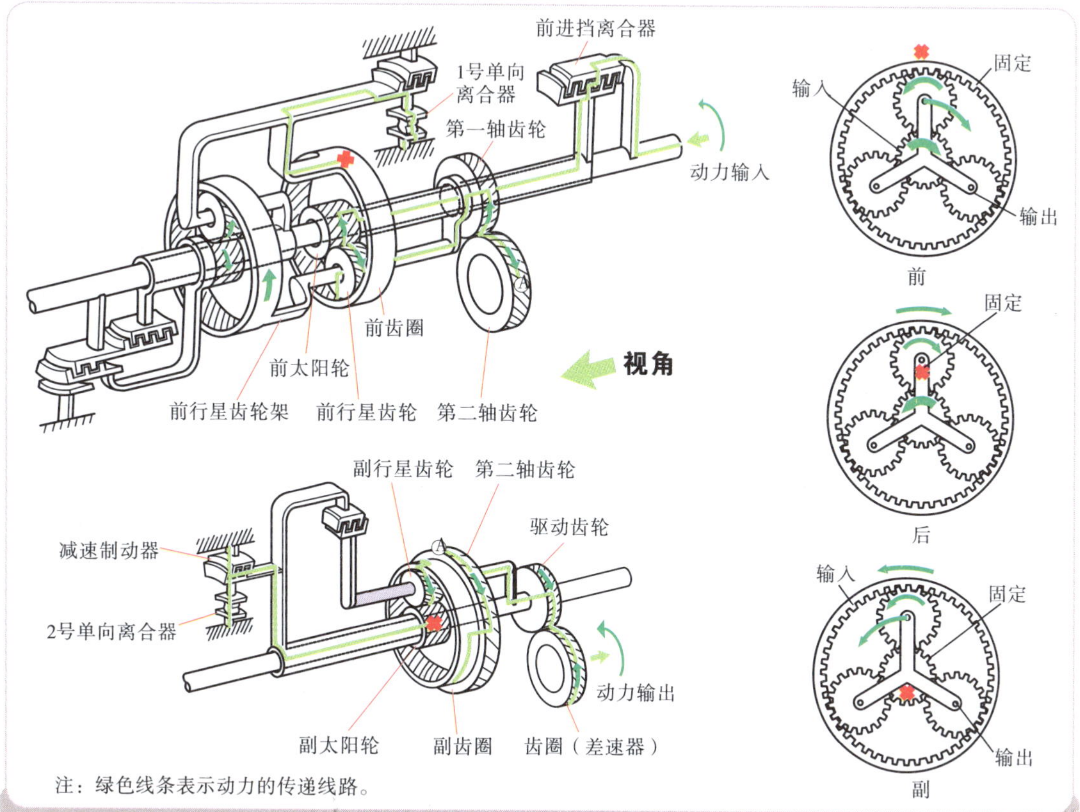

图 3-58　D1 挡动力传递示意图

表 3-2　换挡执行机构的工作状况

前进挡离合器	3/4 挡离合器	倒挡离合器	直接挡离合器	2/4 挡制动器	低速挡和倒挡制动器	减速制动器	1 号单向离合器	2 号单向离合器
●						●	●	●

D1 挡动力传递线路如下：

输入（顺）→（前进挡离合器 接合）→ 前太阳轮（顺）→（1号离合器 前齿圈）→ 前行星齿轮（逆）前行星齿轮架（顺）→ 第一轴齿轮（顺）→ 第二轴齿轮（逆）→ 副齿圈（逆）→（减速制动器 副太阳轮；2号单向离合器 副太阳轮）→ 副行星齿轮（逆）副行星齿轮架（逆）→ 驱动齿轮（逆）→ 差速器齿圈（顺）→ 输出（顺）

（2）M1 挡

M1 挡动力传递线路如图 3-59 所示，换挡执行机构的工作状况见表 3-3。

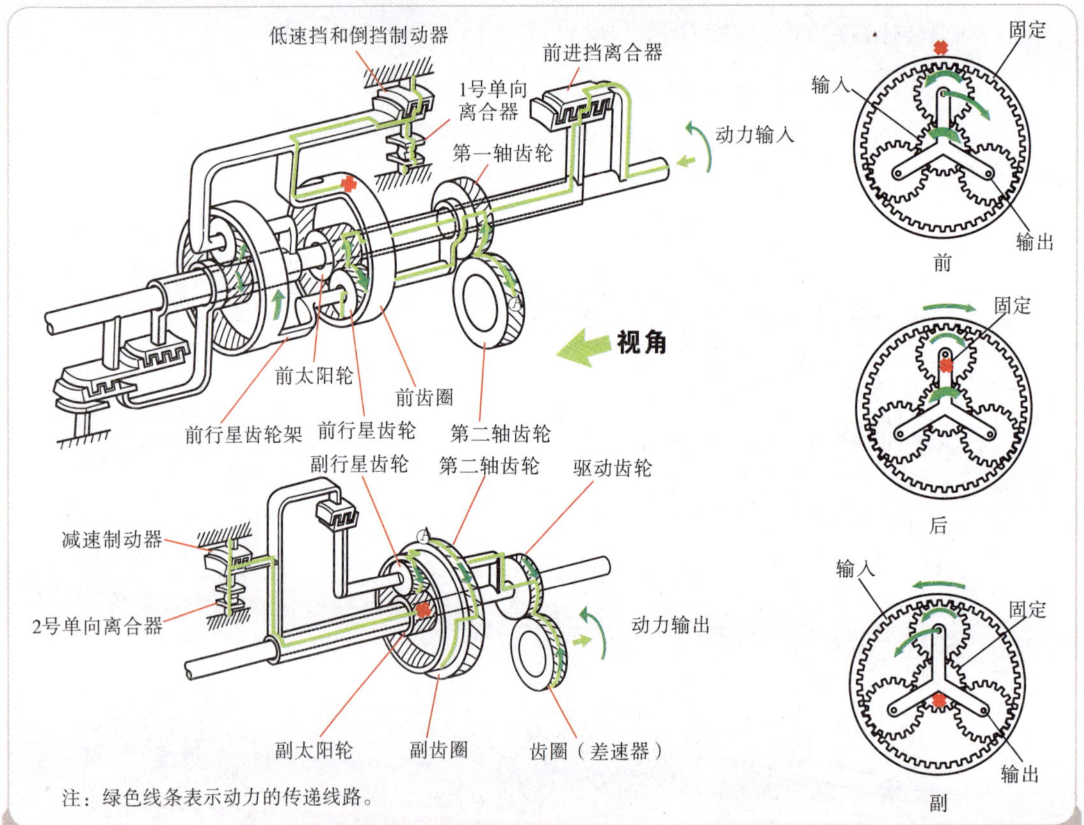

图 3-59 M1 挡动力传递示意图

表 3-3 换挡执行机构的工作状况

前进挡离合器	3/4 挡离合器	倒挡离合器	直接挡离合器	2/4 挡制动器	低速挡和倒挡制动器	减速制动器	1 号单向离合器	2 号单向离合器
●					●	●	●	●

M1 挡动力传递线路如下：

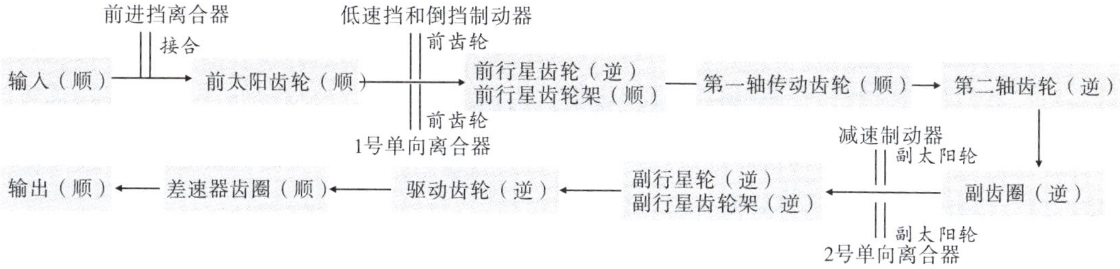

2. 2 挡（2GR）

2 挡动力传递线路如图 3-60 所示，换挡执行机构的工作状况见表 3-4。

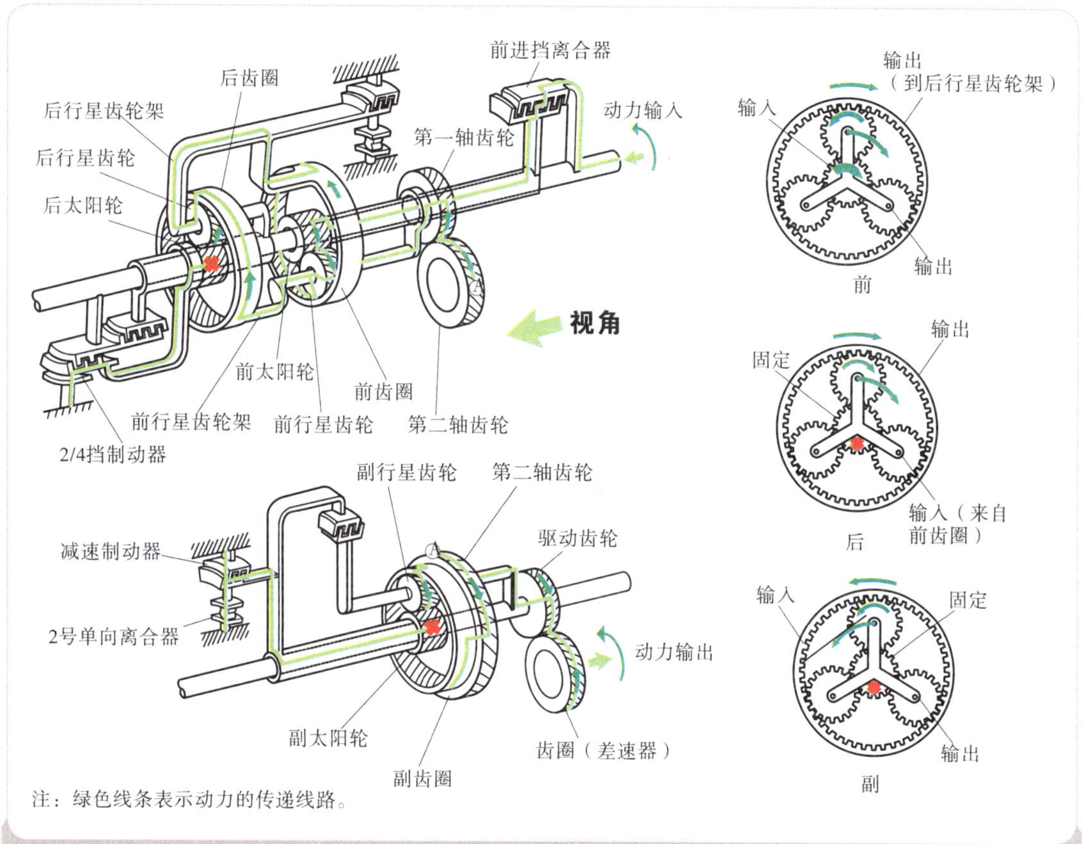

图 3-60　2 挡动力传递示意图

表 3-4　换挡执行机构的工作状况

前进挡离合器	3/4 挡离合器	倒挡离合器	直接挡离合器	2/4 挡制动器	低速挡和倒挡制动器	减速制动器	1 号单向离合器	2 号单向离合器
●				●		●		●

2 挡动力传递线路如下：

输入(顺) →（前进挡离合器 接合）→ 前太阳轮(顺) → 前行星齿轮(逆) → 前齿圈(顺) →（2/4挡制动器 后太阳轮）→ 后行星齿轮(顺) → 后齿圈(顺) → 前行星齿轮架(顺) → 第一轴齿轮(顺) → 第二轴齿轮(逆) → 副齿圈(逆) →（减速制动器 副太阳轮；副太阳轮 2号单向离合器）→ 副行星齿轮(逆) 副行星齿轮架(逆) → 驱动齿轮(逆) → 差速器齿圈(顺) → 输出(顺)

3. 3 挡（3GR）

3 挡动力传递线路如图 3-61 所示，换挡执行机构的工作状况见表 3-5。

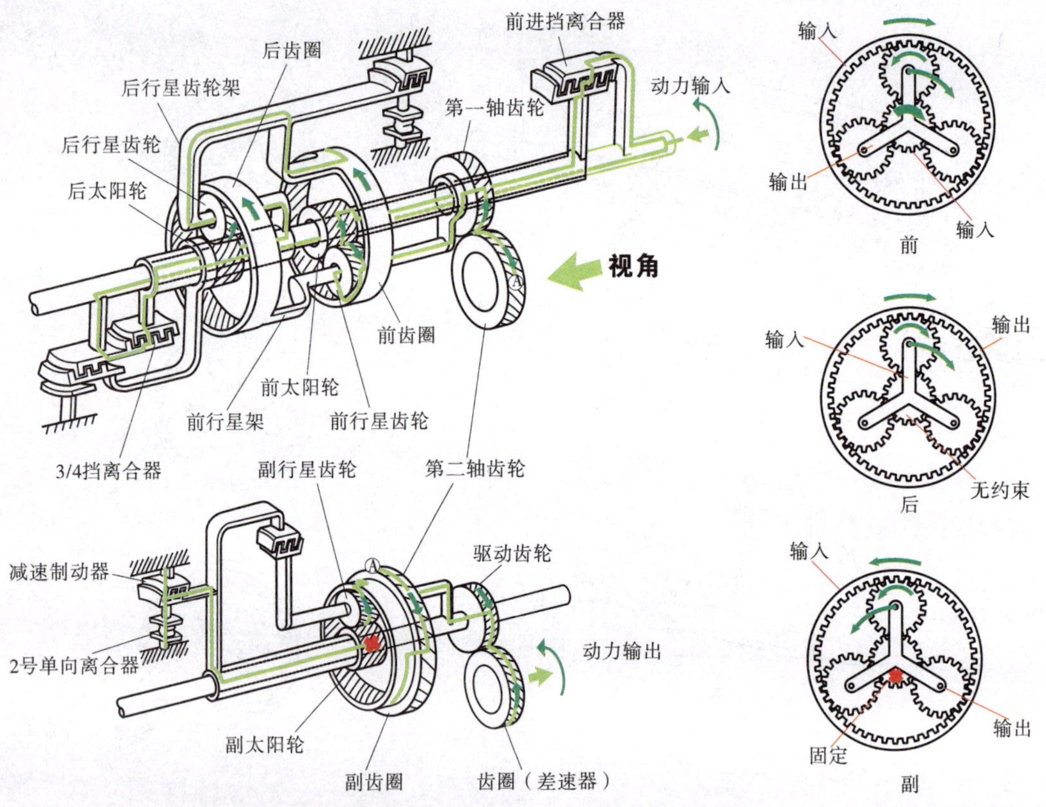

注：绿色线条表示动力的传递线路。

图 3-61　3 挡动力传递示意图

表 3-5　换挡执行机构的工作状况

前进挡离合器	3/4 挡离合器	倒挡离合器	直接挡离合器	2/4 挡制动器	低速挡和倒挡制动器	减速制动器	1 号单向离合器	2 号单向离合器
●	●					●		

3 挡动力传递线路如下：

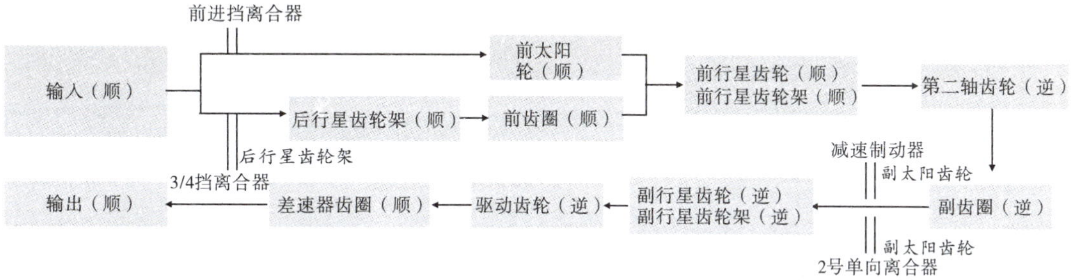

4. 4 挡（4GR）

4 挡动力传递线路如图 3-62 所示，换挡执行机构的工作状况见表 3-6。

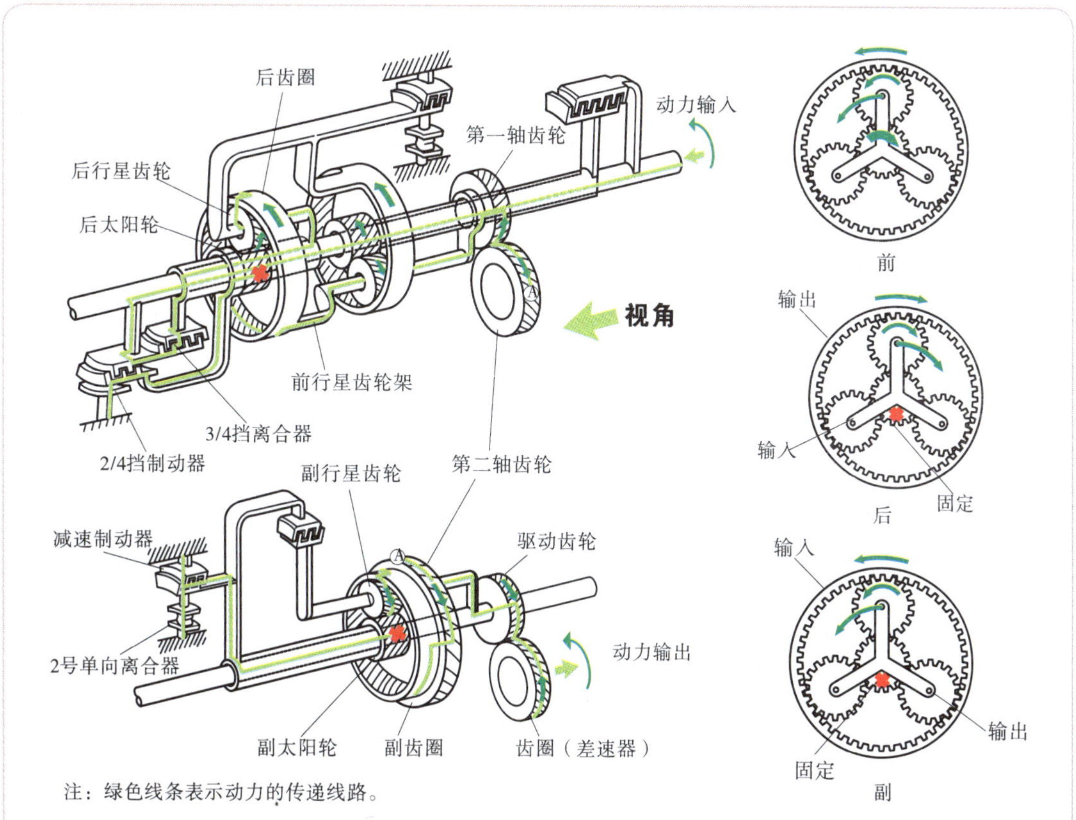

图 3-62　4 挡动力传递示意图

表 3-6　换挡执行机构的工作状况

前进挡离合器	3/4 挡离合器	倒挡离合器	直接挡离合器	2/4 挡制动器	低速挡和倒挡制动器	减速制动器	1 号单向离合器	2 号单向离合器
	●			●		●		●

4 挡动力传递线路如下：

输入（顺）—— 3/4挡离合器 ‖ 后行星架 / ‖ 后太阳轮 2/4挡制动器 → 后行星齿轮架（顺）后行星齿轮（顺）→ 后齿圈（顺）→ 前行星齿轮架（顺）→ 第二轴齿轮（逆）→ 副齿圈（逆）—— 减速制动器 ‖ 副太阳轮 / ‖ 副太阳轮 → 副行星齿轮（逆）副行星齿轮架（逆）→ 驱动齿轮（逆）→ 差速器齿圈（顺）→ 输出（顺）

5. 5 挡（5GR）

5 挡动力传递线路如图 3-63 所示，换挡执行机构的工作状况见表 3-7。

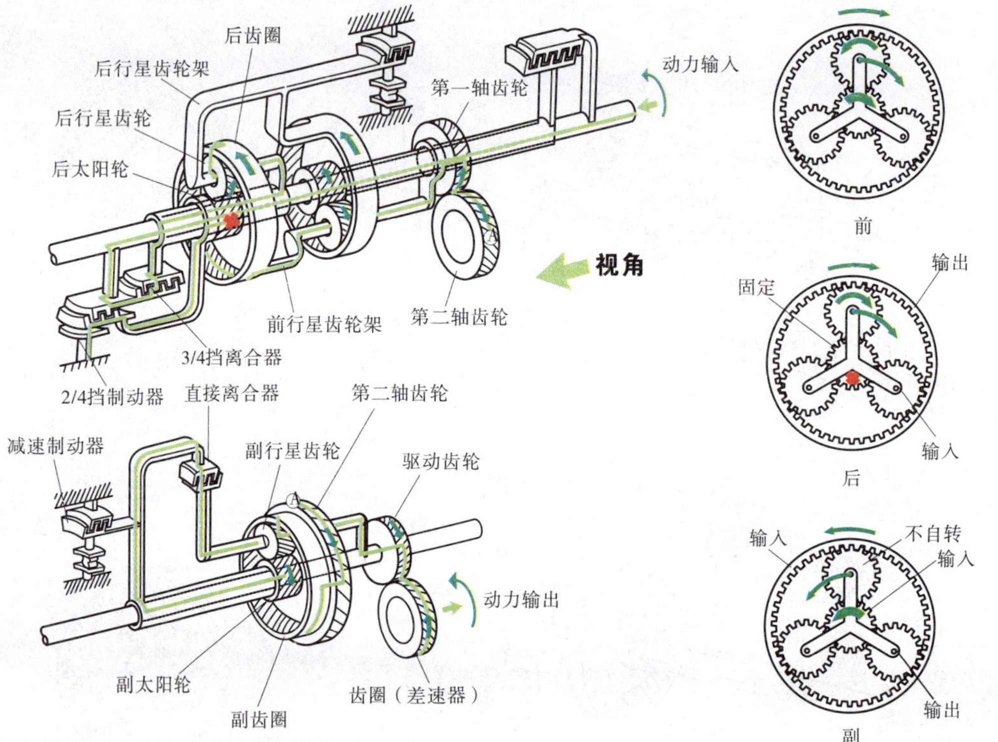

注：绿色线条表示动力的传递线路。

图 3-63 5 挡动力传递示意图

表 3-7 换挡执行机构的工作状况

前进挡离合器	3/4 挡离合器	倒挡离合器	直接挡离合器	2/4 挡制动器	低速挡和倒挡制动器	减速制动器	1 号单向离合器	2 号单向离合器
	●		●	●				

5 挡动力传递线路如下：

输入（顺）—[3/4挡离合器：后行星齿轮架 ‖ 后太阳轮；2/4挡制动器]→ 后行星齿轮架（顺）后行星齿轮（顺）→ 后齿圈（顺）→ 前行星齿轮架（顺）→ 第一轴齿轮（顺）→ 第二轴齿轮（逆）→ 副齿圈（逆）→[副太阳轮 ‖ 减速制动器]→ 副行星齿轮（逆）副行星齿轮架（逆）→ 差速器齿圈（顺）→ 输出（顺）

6. R 挡

R 挡动力传递线路如图 3-64 所示，换挡执行机构的工作状况见表 3-8。

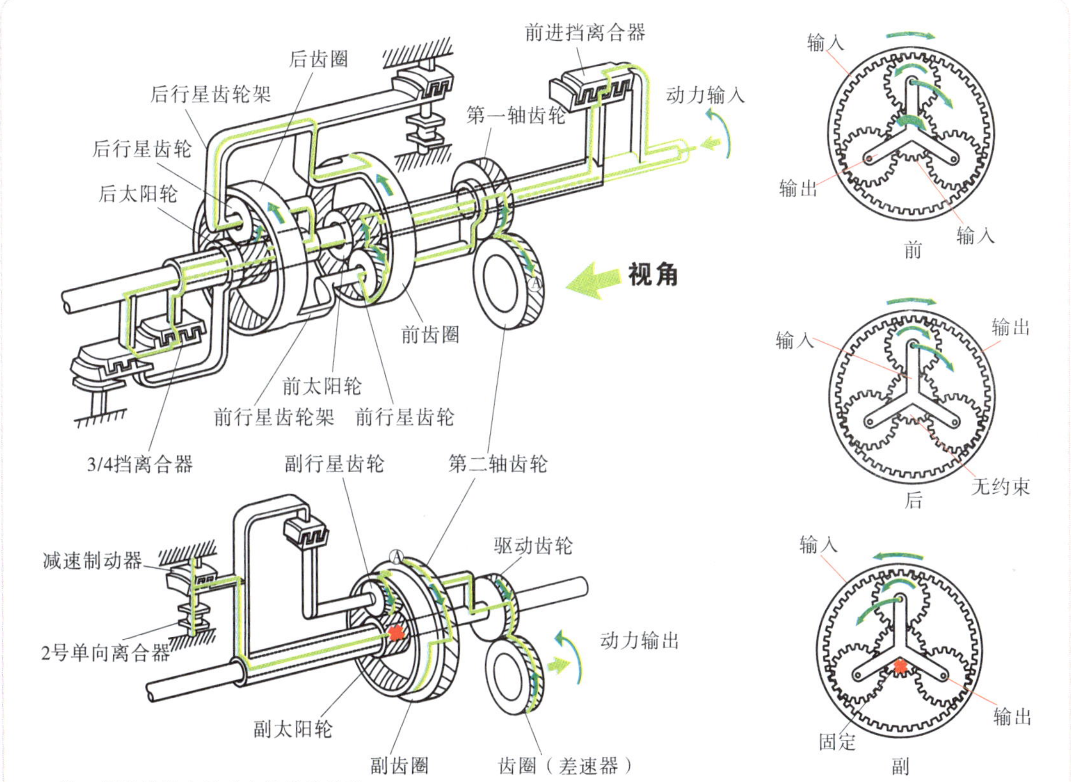

注：绿色线条表示动力的传递线路。

图 3-64　R 挡动力传递示意图

表 3-8　换挡执行机构的工作状况

前进挡离合器	3/4 挡离合器	倒挡离合器	直接挡离合器	2/4 挡制动器	低速挡和倒挡制动器	减速制动器	1 号单向离合器	2 号单向离合器
		●			●	●		

R 挡动力传递线路如下：

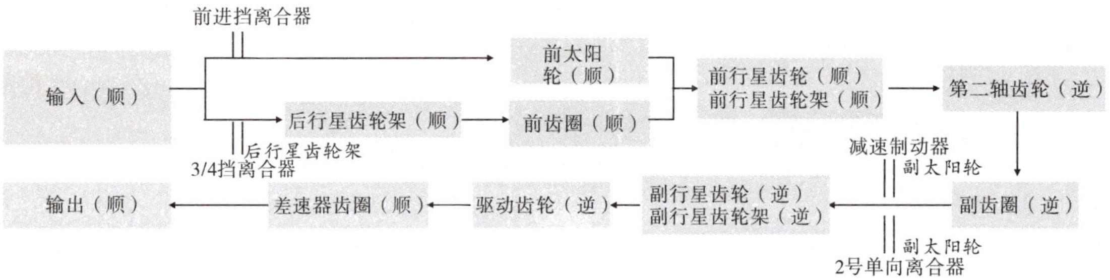

二、拉威娜式自动变速器

图 3-65 所示为双龙爱腾轿车上的 ION（BTRA）自动变速器，它是一款 4 挡手自一体的拉威娜式自动变速器。其变速机构主要包括拉威娜式行星齿轮组、两个单向离合器、四个多片离合器 C1~C4 和两个制动带 B1~B2 等，图 3-66 所示为其结构简图。这款变速器是手自一体的自动变速器，共有 6 个挡位，分别是：1 挡、2 挡、3 挡、4 挡、倒挡和 P 挡 /N 挡，如图 3-67 所示。

图 3-65 ION（BTRA）自动变速器

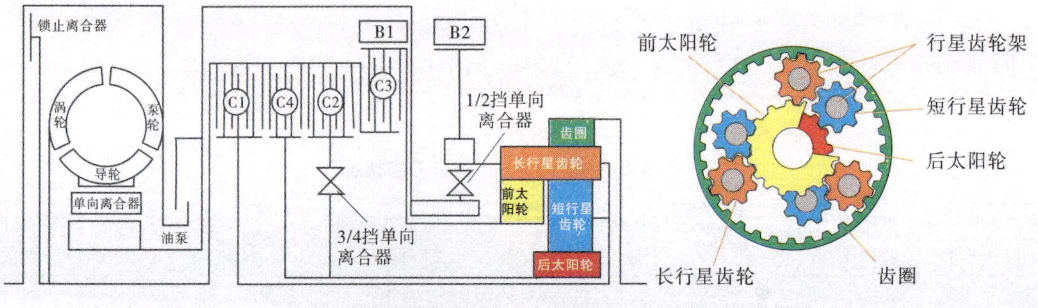

图 3-66 ION（BTRA）自动变速器结构简图

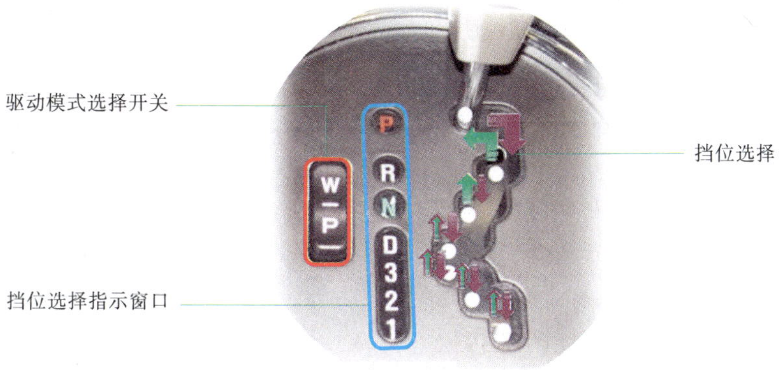

图 3-67　挡位选择

1. P 挡 /N 挡

驻车（P）挡 / 空（N）挡时，变速器各部件的工作状态见表 3-9。

表 3-9　驻车 / 空挡变速器各部件的工作状况

挡位状态	啮合元件								
	C1	C2	C3	C4	B1	B2	1/2 挡单向离合器	3/4 挡单向离合器	锁止离合器
驻车挡和空挡	—	—	—	—	—	●	—	—	—

无驱动力作用在行星齿轮组上，齿轮组元件可以自由转动；后制动带（B2）啮合，这样可以提高 4WD 应用下的低范围啮合；其他离合器或制动带不工作。

在驻车（P）挡 / 空（N）挡时的动力传递示意图如图 3-68 所示。

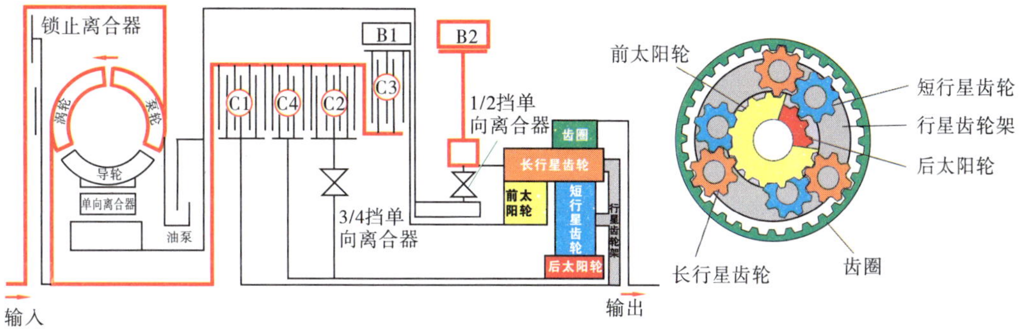

图 3-68　P 挡 /N 挡动力传递示意图

在驻车挡时，通过输出轴齿圈上的齿与驻车棘爪上的壳啮合机械锁止变速器，如图 3-69 所示。

2. R挡

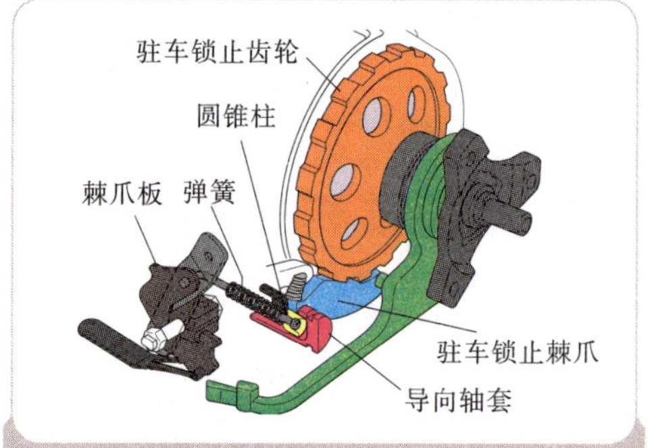

图 3-69 驻车锁止机构

在倒挡（R）时，变速器驱动通过输入轴和前进挡离合器缸到达 C3 离合器的毂。变速器各部件的工作状态如下：

· C3 啮合并顺时针方向驱动前太阳轮。

· B2 制动带啮合并且使行星齿轮架固定，使长行星齿轮围绕轴逆时针旋转。

· 长行星齿轮驱动齿圈逆时针旋转。

· 齿圈花键接合到输出轴，输出轴逆时针输出驱动力。

· 短行星齿轮自由旋转，后太阳轮固定不动。

倒挡变速器各部件的工作状态见表 3-10。

表 3-10 倒挡变速器各部件的工作状况

挡位状态	啮合元件								
	C1	C2	C3	C4	B1	B2	1/2 挡单向离合器	3/4 挡单向离合器	锁止离合器
倒挡	—	—	●	—	—	●	—	—	—

倒挡（R）时的动力传递示意图如图 3-70 所示。

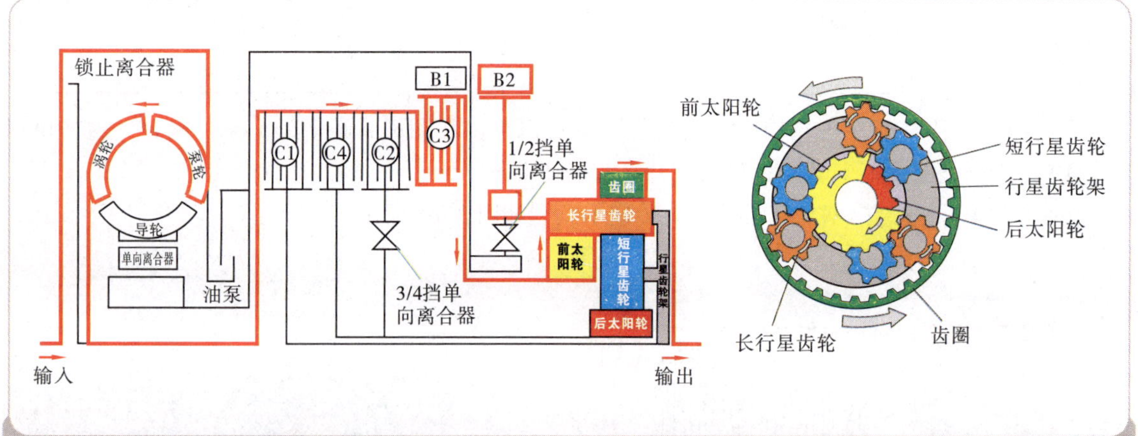

图 3-70 R 挡动力传递示意图

R 挡时的动力传递线路如下：

输入（顺） → 液力变矩器（顺） →（C3 前太阳轮）→ 前太阳轮（顺） →（B2 行星齿轮架）→ 长行星齿轮（逆） → 齿圈（逆） → 输出（逆）

3. 手动 1 挡

在手动 1 挡时，变速器各部件的工作状态如下：

· C2 离合器啮合，通过 3/4 挡单向离合器驱动后太阳轮顺时针旋转。
· B2 制动带啮合，把行星齿轮架固定平稳。
· 后太阳轮驱动短行星齿轮逆时针旋转。
· 短行星齿轮驱动长行星齿轮顺时针旋转。
· 长行星齿轮绕轴自转，驱动齿圈和输出轴一起顺时针旋转。
· 超速时，C4 离合器通过 3/4 挡单向离合器提供发动机制动。
· 前太阳轮固定不动。

手动 1 挡时，变速器各部件的工作状态见表 3-11。

表 3-11　手动 1 挡变速器各部件的工作状态

啮合元件									
挡位状态	C1	C2	C3	C4	B1	B2	1/2 挡单向离合器	3/4 挡单向离合器	锁止离合器
手动 1 挡	—	●	—	●	—	●	—	●	—

在手动 1 挡时，动力传递示意图如图 3-71 所示。

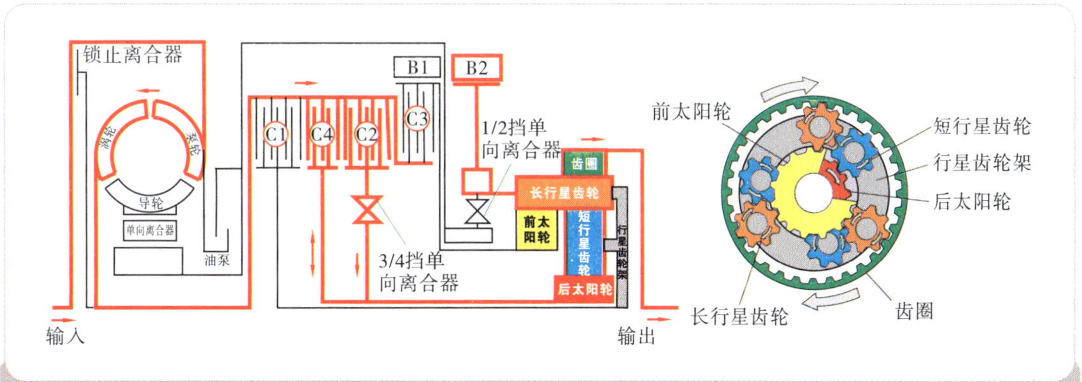

图 3-71　手动 1 挡动力传递示意图

手动 1 挡时的动力传递流程：

输入（顺）→ 液力变矩器（顺）→（C2、3/4 挡单向离合器 ‖ 后太阳轮）→ 后太阳轮（顺）→（B2 ‖ 行星齿轮架）→ 短行星齿轮（逆）

→（行星齿轮架 ═ B2）→ 长行星齿轮（顺）→ 齿圈（顺）→ 输出（顺）

4. 驱动 1 挡

在驱动 1 挡时，变速器各部件的工作状态如下：

· C2 离合器啮合，通过 3/4 挡单向离合器驱动后太阳轮顺时针旋转。

· 后太阳轮驱动短行星齿轮逆时针旋转。

· 短行星齿轮驱动长行星齿轮顺时针旋转。

· 1/2 挡单向离合器锁止行星齿轮架，阻止其转动，长行星齿轮绕轴转动并驱动齿圈和输出轴一起顺时针旋转。

· 超速时，无发动机制动。

· 前太阳轮固定不动。

驱动 1 挡时，变速器各部件的工作状态见表 3-12。

表 3-12 驱动 1 挡变速器各部件的工作状态

啮合元件									
挡位状态	C1	C2	C3	C4	B1	B2	1/2 挡单向离合器	3/4 挡单向离合器	锁止离合器
驱动 1 挡	—	●	—	—	—	—	●	●	—

驱动 1 挡时，动力传递示意图如图 3-72 所示。

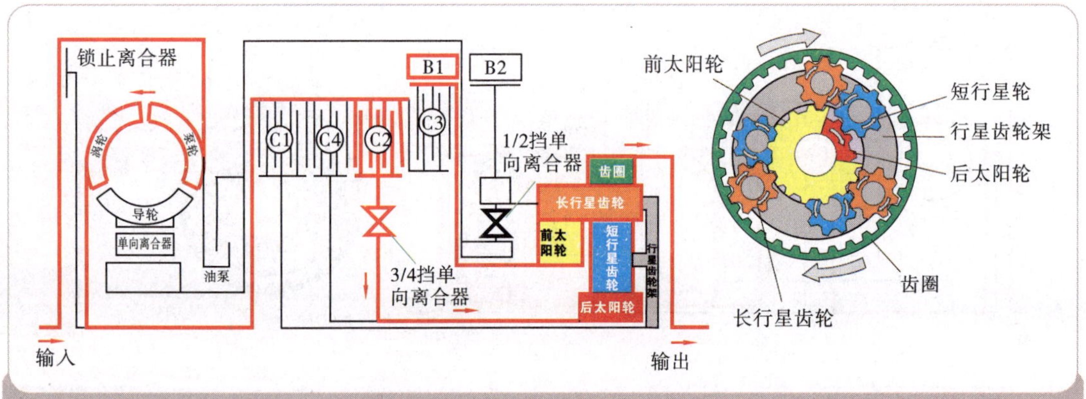

图 3-72 驱动 1 挡动力传递示意图

驱动 1 挡时的动力传递线路如下：

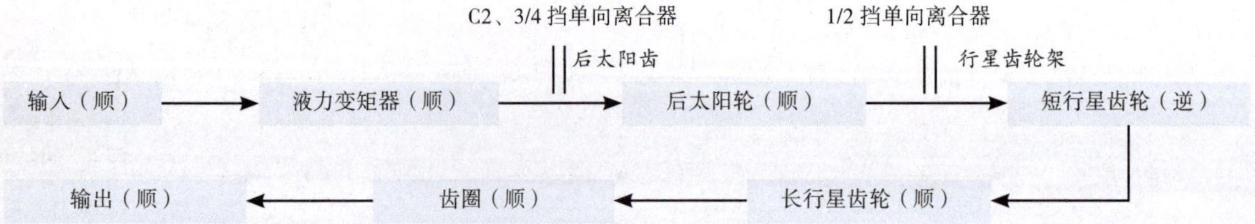

5. 驱动 2 挡 / 手动 2 挡

在驱动 2 挡 / 手动 2 挡时，变速器各部件的工作状态如下：

- C2 离合器工作驱动后太阳轮顺时针旋转。
- 后太阳轮驱动短行星齿轮逆时针旋转。
- 短行星齿轮驱动长行星齿轮顺时针旋转。
- B1 制动带工作，固定前太阳轮。长行星齿轮绕前太阳轮顺时针驱动内部齿圈和输出轴。
- C4 离合器工作，连接 3/4 挡单向离合器并在超速时提供发动机制动。

驱动 2 挡 / 手动 2 挡时，变速器各部件的工作状态见表 3–13。

表 3–13　驱动 2 挡 / 手动 2 挡变速器各部件的工作状态

啮合元件									
挡位状态	C1	C2	C3	C4	B1	B2	1/2 挡单向离合器	3/4 挡单向离合器	锁止离合器
驱动 2 挡 / 手动 2 挡	—	●	—	●	●	—	—	●	—

在驱动 2 挡 / 手动 2 挡时，动力传递示意图如图 3–73 所示。

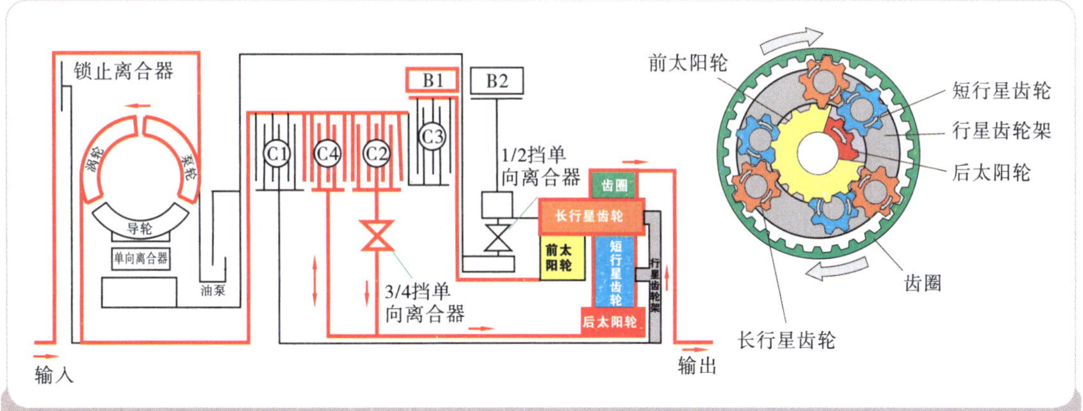

图 3–73　驱动 2 挡 / 手动 2 挡时动力传递示意图

驱动 2 挡 / 手动 2 挡时的动力传递线路如下：

输入（顺）→ 液力变矩器（顺）→（C2、3/4 挡单向离合器；后太阳轮）→ 后太阳轮（顺）→ 短行星齿轮（逆）→（前太阳轮；1/2 挡单向离合器）→ 长行星齿轮（顺）→ 齿圈（顺）→ 输出（顺）

6. 驱动 3 挡 / 手动 3 挡

在驱动 3 挡 / 手动 3 挡时，变速器各部件的工作状态如下：

- C2 离合器啮合，3/4 挡单向离合器锁止驱动后太阳轮顺时针旋转。
- C1 离合器啮合，驱动行星齿轮架顺时针旋转。
- 短行星齿轮和长行星齿轮随行星架公转，无自转，所以，两者无相对运动。
- 后太阳轮、行星齿轮架和齿圈之间没有相对运动，传动比为 1。
- 后太阳轮和行星齿轮架连接在一起， 以输入轴速度驱动齿圈和输出轴顺时针旋转。
- C4 离合器工作，连接 3/4 挡单向离合器并在超速时提供发动机制动。
- 前太阳轮固定不动。

驱动 3 挡 / 手动 3 挡时，变速器各部件的工作状态见表 3–14。

表 3–14 驱动 3 挡 / 手动 3 挡变速器各部件的工作状态

	啮合元件								
挡位状态	C1	C2	C3	C4	B1	B2	1/2 挡单向离合器	3/4 挡单向离合器	锁止离合器
驱动 3 挡 / 手动 3 挡	●	●	—	●	—	—	—	●	—

在驱动 3 挡 / 手动 3 挡时，动力传递示意图如图 3–74 所示。

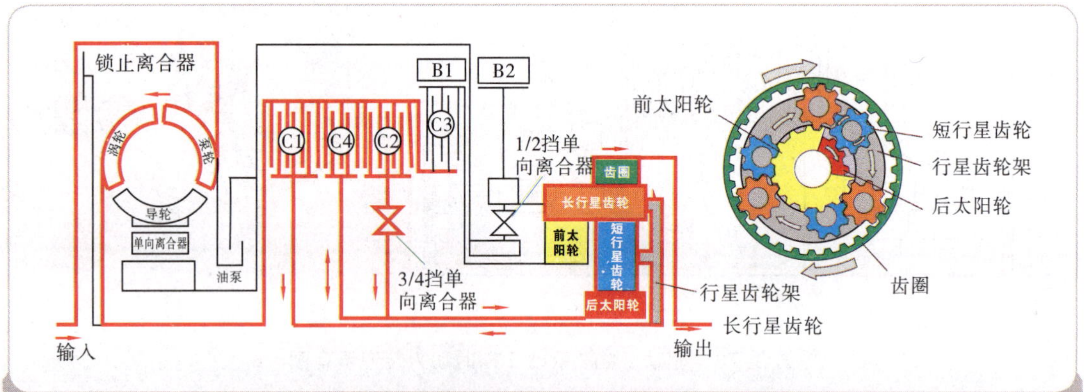

图 3–74 驱动 3 挡 / 手动 3 挡动力传递示意图

驱动 3 挡 / 手动 3 挡时的动力传递线路如下：

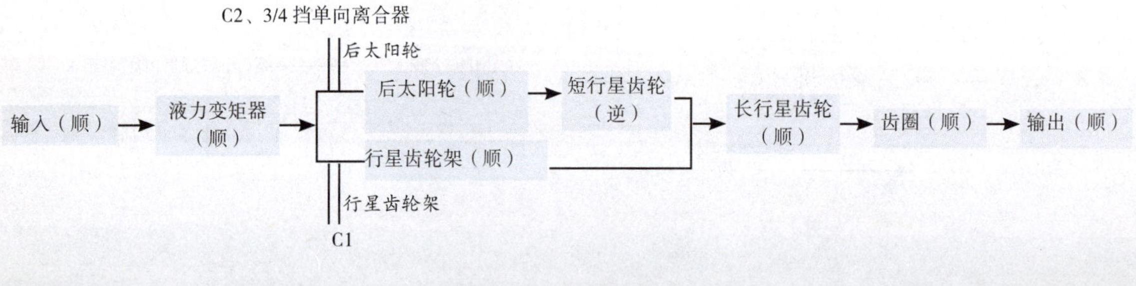

7. 驱动 3 锁止挡 / 手动 3 锁止挡

在驱动 3 锁止挡 / 手动 3 锁止挡时，变速器各部件的工作状态与驱动 3 挡 / 手动 3 挡相同，见表 3-15，但变矩器锁止离合器工作提供正的防滑变矩器驱动。

表 3-15　驱动 3 锁止挡 / 手动 3 锁止挡变速器各部件的工作状态

	啮合元件								
挡位状态	C1	C2	C3	C4	B1	B2	1/2 挡单向离合器	3/4 挡单向离合器	锁止离合器
驱动 3 锁止挡 / 手动 3 锁止挡	●	●	—	●	—	—	—	●	●

在驱动 3 锁止挡 / 手动 3 锁止挡时，动力传递示意图如图 3-75 所示。

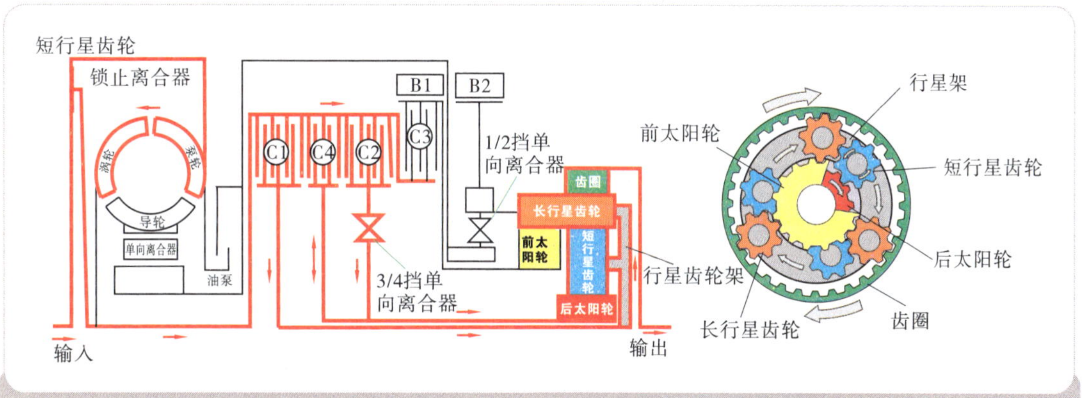

图 3-75　驱动 3 锁止挡 / 手动 3 锁止挡动力传递示意图

驱动 3 锁止挡 / 手动 3 锁止挡时的动力传递线路如下：

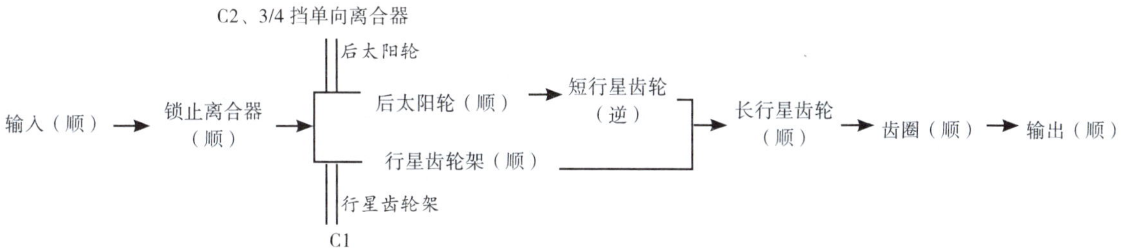

8. 驱动 4 挡

在驱动 4 挡时，变速器各部件的工作状态如下：

· C1 离合器工作，驱动行星齿轮架顺时针旋转。

· B1 制动带工作，把前太阳轮固定平稳。

· 行星齿轮架旋转时，长行星齿轮绕固定的前太阳齿轮旋转，并且绕轴以大于传动比 1 的速度驱动齿圈和输出轴一起顺时针旋转。

· 后太阳轮以超过输入轴的速度驱动 3/4 挡单向离合器，锁止状态下的 3/4 挡单向离合器超速旋转。

· C2 离合器啮合，减小通过 3/4 挡单向离合器的速度差。

在驱动 4 挡时，变速器各部件的工作状态见表 3-16。

表 3-16 驱动 4 挡变速器各部件的工作状态

挡位状态	啮合元件								
	C1	C2	C3	C4	B1	B2	1/2 挡单向离合器	3/4 挡单向离合器	锁止离合器
驱动 4 挡	●	●	—	—	●	—	—	—	—

在驱动 4 挡时，动力传递示意图如图 3-76 所示。

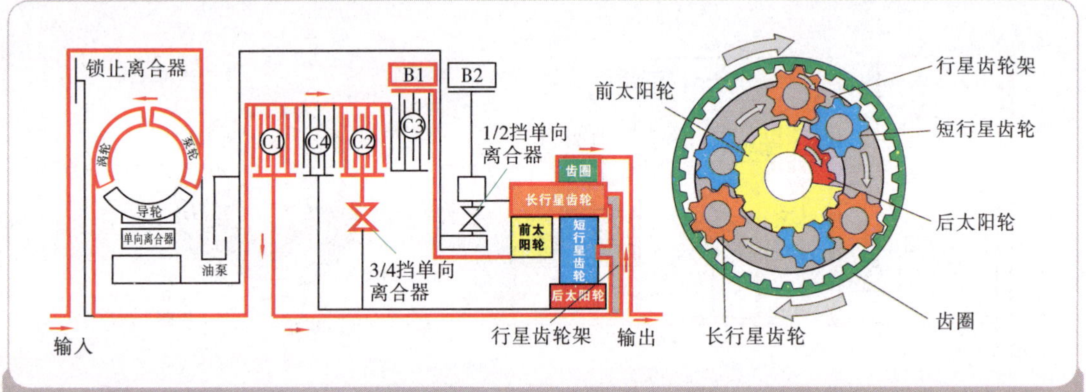

图 3-76 驱动 4 挡动力传递示意图

驱动 4 挡时的动力传递线路如下：

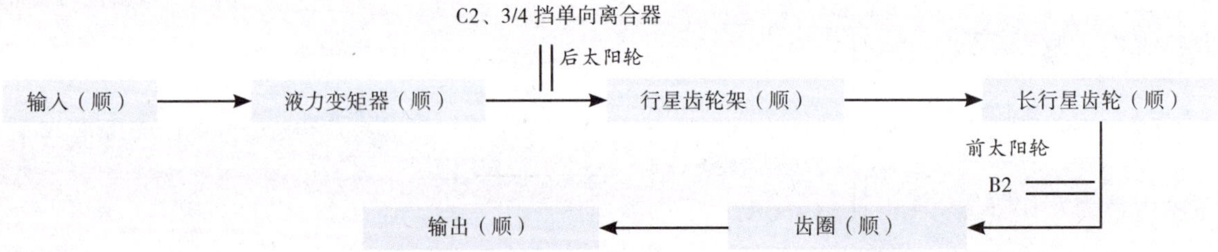

9. 驱动 4 锁止挡

在驱动 4 锁止挡时，变速器各部件的工作状态与驱动 4 挡相同，见表 3-17，但变矩器锁止离合器工作，提供正的防滑变矩器驱动。

表 3-17　驱动 4 锁止挡变速器各部件的工作状态

挡位状态	啮合元件								
	C1	C2	C3	C4	B1	B2	1/2 挡单向离合器	3/4 挡单向离合器	锁止离合器
驱动 4 锁止挡	●	●	—	—	●	—	—	—	●

在驱动 4 锁止挡时，动力传递示意图如图 3-77 所示。

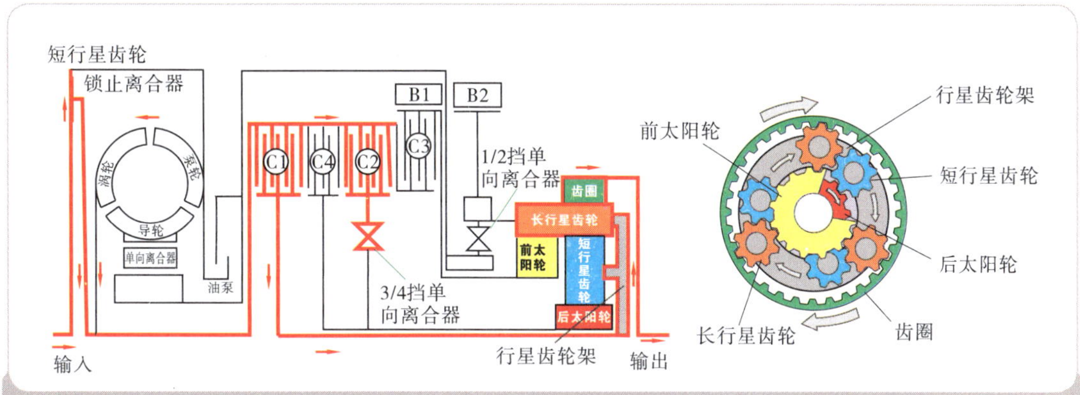

图 3-77　驱动 4 锁止挡示意图

驱动 4 锁止挡时的动力传递线路如下：

C2、3/4 挡单向离合器

输入（顺）⟶ 锁止离合器（顺）⟶ 行星齿轮架（顺）⟶ 长行星齿轮（顺）

前太阳轮

B2

齿圈（顺）⟶ 输出（顺）

思考与练习

一、填空题

1. 行星齿轮变速器由________、________、________和________组成。

2. 行星齿轮变速器根据齿轮的排数不同，可分为________和________两种。

3. 液力变矩器由________、________和________总成组成一个独立单元。

4. 当发动机起动时，________与起动机行星轮啮合，将动力传送到________的同时，整个变矩器总成起着________的作用。

5. 电子控制系统由________、________和________组成。

6. 多片湿式双离合器内部主要由两个________组成，分别是________和________。

7. 湿式多片离合器主要由________、________、________、________、________、________、________和________组成。

8. 单向作用伺服机构由________、________、________和________组成。

9. 滚柱式单向离合器由________、________、________、________和________组成。

10. 楔块式单向离合器由________、________、________和________组成。

11. 滚柱式单向离合器锁住内、外圈的目的是________________。

二、判断题

1. 太阳齿轮、齿圈和行星齿轮三者的旋转轴线是重合的。 (　　)

2. 根据换挡工况的需要，自动变速器中的单向离合器由液压系统控制其自由或锁止。 (　　)

3. 在自动变速器中使用数个多片湿式制动器，为使其停止运作时油缸排油迅速，其油缸内设置有单向阀钢珠。 (　　)

4. 辛普森齿系的特点是有共用太阳齿，前、后行星架也组成一体。 (　　)

5. 通用的单向离合器均采用圆形多片湿式结构。 (　　)

三、选择题

1. 在行星齿系机构中，只有当(　　)时，才能获得倒挡。

A. 行星架制动，齿圈主动　　B. 行星架主动，太阳齿制动

C. 齿圈制动，太阳齿主动　　D. 太阳齿主动，行星架制动

2. 技师甲说：单排行星齿轮机构只能提供一个倒挡；技师乙说：单排行星齿轮机构只能提供一个前进降速挡。谁正确？(　　)

A. 甲正确　　B. 乙正确　　C. 两人均正确　　D. 两人均不正确

3. 技师甲说：辛普森行星齿轮机构是两组行星齿轮共用一个太阳轮；技师乙说：拉威娜式行星齿轮机构有两个太阳轮、两组行星齿轮架和一个共用齿圈。谁正确？（　　）

A. 甲正确　　B. 乙正确　　C. 两人均正确　　D. 两人均不正确

4. 技师甲说：单向离合器有滚柱式和楔块式两种；技师乙说：滚柱式离合器利用内外座圈的斜槽进行工作。谁正确？（　　）

A. 甲正确　　B. 乙正确　　C. 两人均正确　　D. 两人均不正确

5. 技师甲说：辛普森齿轮机构是两排齿轮机构共用一个太阳轮，有四个独立的元件；技师乙说：双行星排串联齿系亦有四个独立元件。谁正确？（　　）

A. 甲正确　　B. 乙正确　　C. 两人均正确　　D. 两人均不正确

课题四

液压控制系统

学习任务

1. 了解液压控制系统的组成；
2. 掌握液压控制系统的工作原理。

技能要求

能对液压油泵进行检修。

任务一　液压控制系统的组成

自动变速器的自动控制是靠液压控制系统来完成的，液压控制系统由动力源、执行机构和控制机构三部分组成。

动力源是由液力变矩器泵轮驱动的油泵，它除了向控制机构、执行机构供给压力油以实现换挡外，还给液力变矩器提供冷却补偿油，并向行星齿轮变速器供给润滑油。

执行机构包括各离合器、制动器和液压缸。

控制机构大体包括主油路系统、换挡信号系统、换挡阀系统和缓冲安全系统。根据其换挡信号系统和换挡阀系统采用的是全液压元件还是电子控制元件，又可将控制机构分为液控式和电控式两种。

这里主要介绍控制机构部分包含的几个系统。

一、主油路系统

因油泵由发动机直接驱动，故其理论泵油量与发动机转速成正比，液压油由油泵输出后进入主油路系统，从而使主油路系统压力发生变化。发动机高速时，泵油量多，主油路压力高，引起换挡冲击及泵油消耗功率增大；发动机低速时，泵油量少，主油路压力低，引起制动器、离合器打滑。

为防止上述两种现象发生，油泵的泵油量应在发动机处于怠速时即可满足自动变速器各部分的所需，而在发动机转速增加时利用主油路系统中的主油路调压阀来调节压力，让多余的液压油返回油底壳，使主油路系统的压力稳定在一定的范围内。同时，主油路调压阀应能满足主油路系统在不同工况、不同挡位时，具有不同油压的要求：

①油门开度较小时，自动变速器所传递的扭矩较小，离合器、制动器不易打滑，主油路压力可以降低。而当油门开度较大时，因传递的扭矩较大，为防止离合器、制动器打滑，主油路压力要升高。

②汽车低速挡行驶时，所传递的扭矩较大，主油路压力要高。而在高速挡行驶时，所传递的扭矩较小，可降低主油路油压，以减小油泵运行阻力。

③倒挡的使用时间较少，为减小自动变速器的尺寸，倒挡执行机构做得较小（摩擦片数少），为防止打滑，主油路压力要比前进挡时有所提高。主油路调压阀通常采用阶梯型滑阀。它由上部的阀芯、下部的柱塞套筒及调压弹簧组成。

如图 4-1 所示，在阀门的上端 A 处，受来自油泵的液压力的作用；下端则受到柱塞下部 C 处的来自发动机油门所控制的节气门阀的液压力的作用（该液压力与油门开度成正比关系），以及调压弹簧的作用力。柱塞上下两端的力的平衡，决定阀体所处的位置。

若油泵泵油量增大，油压升高，作用在 A 处向下的液压力增大，推动阀体下移，出油口打开，液压泵输出的部分油液排回油底壳，使主油路压力调整到规定值。

当油门开大时，发动机转速增加，油泵产生液压力也升高，A 处向下的液压力增大，但此时受油门控制的节气门阀油压也增大，使得在 C 处向上的作用力也增大，于是，主油路调压阀继续保持平衡，满足了油门开度大时对主油路油压增大的要求。

倒挡时，手动阀打开另一条油路，将压力油引入主油路调压阀柱塞的 B 腔，使作用在下端向上的油压力增大，阀芯上移，出油口变小，主油路压力增高，从而满足了倒挡时油压较前进挡有所增大的要求。

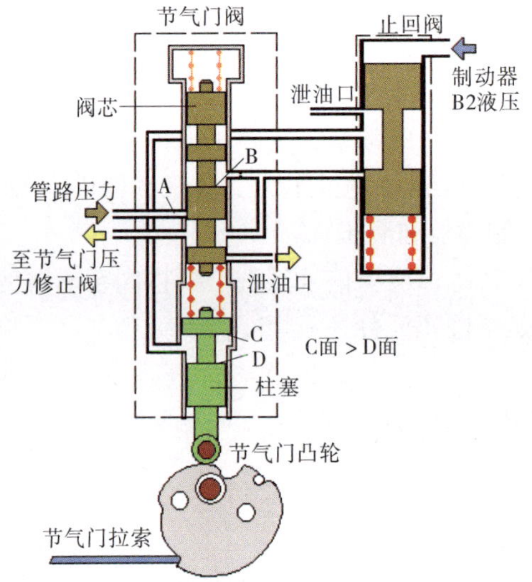

图 4-1 主油路调压阀的工作原理

二、换挡信号系统

换挡信号系统给自动变速器提供换挡操纵的有两个换挡信号，即发动机负荷与转速。在液压控制系统中，这两个信号分别由节气门阀和速控阀提供。

1. 节气门阀

节气门阀是受发动机加速踏板控制，随节气门开度大小（即发动机负荷大小）而改变其输出油压力的液压阀，其输出油压与节气门开度成正比关系。此油压作为液压控制系统自动换挡的一个信号。

节气门阀根据控制方式的不同分为机械式和真空式两种。

（1）机械式节气门阀

如图 4-2 所示，机械式节气门阀由上部的节气门阀体、回位弹簧，下部的强制低挡柱塞和调压弹簧等组成。

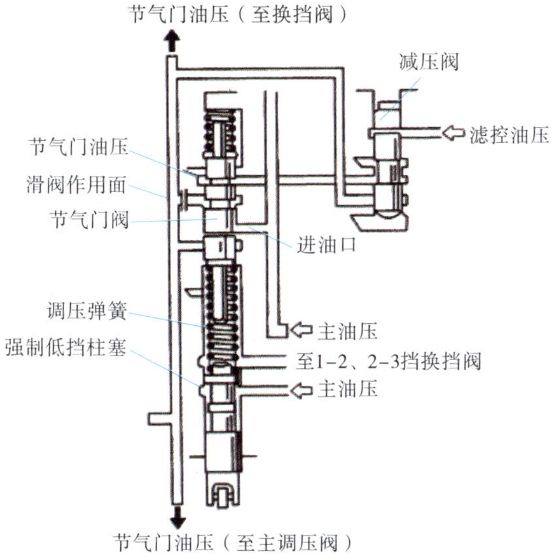

图 4-2　自动变速器机械式节气门阀

节气门阀体和强制低挡柱塞并不直接接触，而是通过调压弹簧联系在一起的。强制低挡柱塞下装有滚轮，与节气门阀凸轮接触（见后面介绍的强制低挡阀）。节气门阀凸轮经钢丝缆绳与加速踏板相连。

来自主油路的压力油由节气门阀的进油口进入，须经阀口节流后，方能从出油口至各换挡阀。另外节气门阀上还有两个控制油口，分别与来自断流阀的油压及出油口的油压相通，使阀体在 A、B 处受到向下的液压作用力。当发动机怠速运行时，阀上进油口处的节流口开度很小，输出的油压很低。

当踩下加速踏板时，节气门缆绳被拉动，节气门凸轮做顺时针转动，将强制降挡柱塞上推，压缩调压弹簧。调压弹簧则推动节气门阀体向上移，使节流口开大，输出油压增高。

节气门开度越大，调压弹簧压缩越多，阀体上移越多，节流口开度越大，节气门油压越高。当节气门开度保持恒值时，随着油压增大，在 B 处由液压产生的向下作用力增大，将节气门阀向下推至关闭进油口为止，此时节气门阀输出油压维持不变。

（2）真空式节气门阀

如图 4-3 所示，真空式节气门阀主要由真空气室、推杆和滑阀等组成。

上部被膜片隔开的真空气室通过软管与发动机节气门后的进气管相通，与膜片相连的推杆则在膜片弹簧的作用力下将滑阀的阀芯往下推。

阀芯上有三个油道口：进油口与主油路相通，出油口输出节气门阀油压，泄油口用以泄油。

从出油口输出的油压流至阀芯底部，其液压作用力使滑阀芯上移，与膜片弹簧的作用力平衡。油液从进油口到出油口或出油口到泄油口，均要经过阀口节流。

当节气门开度较小时，进气管的真空度大，真空室膜片对阀芯向下的推力减小，阀芯上移，节流口变小，输出油压减小；当节气门开度大时，进气管真空度小，真空室膜片对阀芯向下的推力增大，阀芯下移，节流口变大，输出油压增大；当节气门开度维持不变时，阀芯维持在将进油口、泄油口两口关闭的平衡状态，输出油压不变，若此时减小开度，则通过泄油口泄油使输出油压减小，反之增大开度，则从进油口进油使输出油压增大。

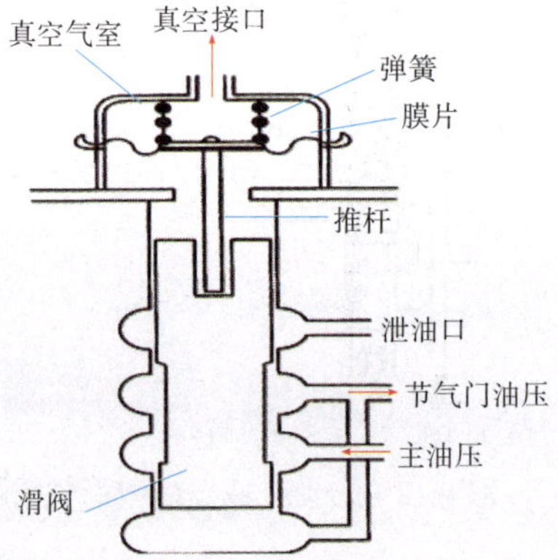

图 4-3 真空式节气门阀

2. 速控阀

速控阀也称为调速器，其结构如图 4-4 所示，其作用是为自动变速器换挡控制提供一个随车速变化的控制油压。该油压与节气门阀油压一起共同控制换挡阀的工作。

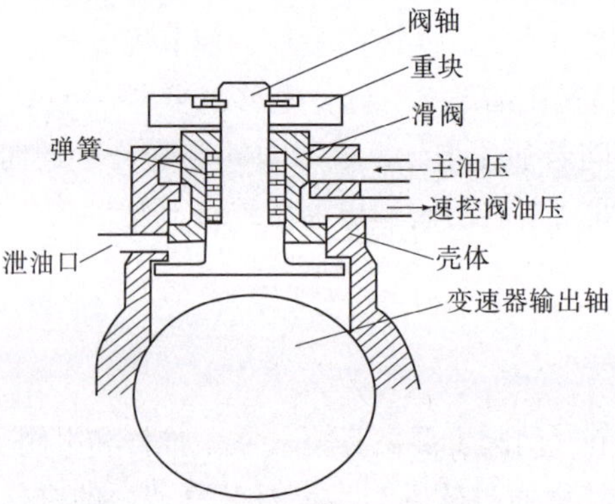

图 4-4 速控阀的结构

它一般安装在自动变速器的输出轴上，随输出轴一起转动，或者安装在自动变速器的壳体上，通过齿轮与输出轴相连。其基本原理是利用离心力来控制滑阀阀芯的位置，从而控制速控阀油压的大小。

安装在输出轴上的双级式速控阀。重块为初级飞块，滑阀为次级飞块。进油孔与主油路相通，出油孔输出速控阀油压，泄油孔用来泄油以调节速控阀油压。

在低速区工作时，重块在离心力的作用下外移，并通过弹簧带动滑阀一起外移，打开进油孔，主油路压力油经进油孔节流减压后成为速控阀油压。

作用在油阀上的速控阀油压向下的作用力使油阀下移，关小进油孔，直至速控阀油压的作用与离心力平衡时，关闭进油口，速控阀输出油压不变。

因重块质量大，随着车速提高，输出轴转速升高，离心力增大，速控阀油压急剧升高。

当车速继续升高时，重块带动销轴逐渐外移，直至销轴内端的平面抵靠速控阀外壳的台阶为止。此后车速再提高，重块不再外移，因此，速控阀油压仅靠滑阀的离心力来调节。由于滑阀质量较小，其离心力增大较慢，从而使速控阀输出油压缓慢增大。

当车速下降时，离心力下降，速控阀油压对滑阀向下的作用力使之下移，打开泄油口，利用泄油使速控阀油压降低。当车速维持一定时，进油口和泄油口都处于关闭状态，速控阀油压维持一定值不变。

双级式速控阀在低速区和高速区具有不同的工作特性。它能使自动变速器在低速区和高速区具有不同的换挡规律。在低速区，由于速控阀油压随车速变化较大，从而使汽车起步后及时由低速挡升至中速挡，防止因升挡过迟而使发动机转速过高，增加油耗。在高速区，由于速控阀油压随车速变化较小，从而使汽车由中速挡升至高速挡之前有足够的加速时间，防止过早升挡而影响汽车的动力性。

三、换挡阀系统

1. 手动阀

手动阀是由操纵手柄控制的多路换向阀，它位于控制系统的阀板总成中，经机械传动机构和自动变速器的操纵手柄连接，如图 4–5 所示。

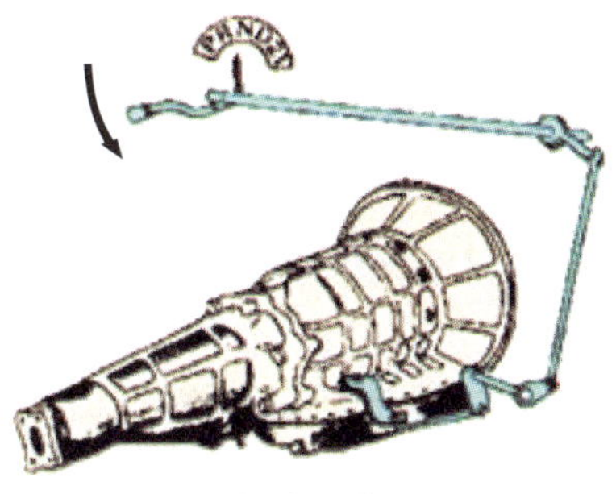

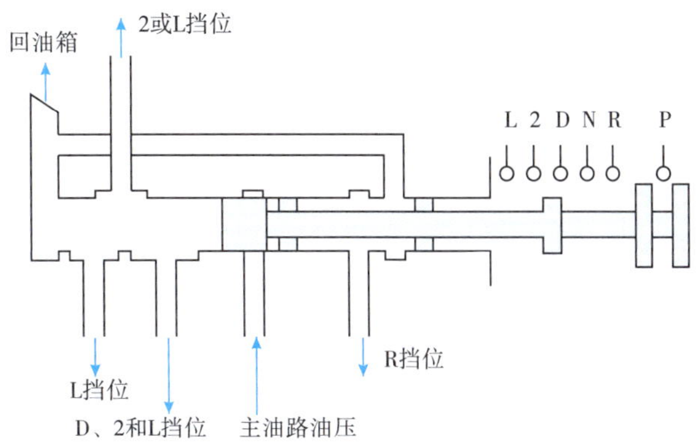

图 4–5　手动阀工作原理图

由驾驶员手工操作，用于控制自动变速器的工作状态。

驾驶员通过操纵手柄拨动手动阀，当操纵手柄位于不同位置时，使进入手动阀的主油路与不同的控制油路接通，或直接将主油路压力油送入相应的换挡执行元件（如前进挡离合器、倒挡离合器等），并使不参加工作的控制油路与泄油口接通，将这些油路中的压力油泄空，从而使控制系统及自动变速器处于不同挡位的工作状态。

当手柄置于前进挡（D）位置时，对三挡自动变速器而言，变速可根据换挡信号在1~3挡之间自动变换；对四挡自动变速器而言，变速器则可根据换挡信号在1~4挡之间自动变换。当手柄置于前进挡（S位或2位）时，自动变速器只能在1~2挡间自动变换。

当手柄置于前进低挡（L位或1位）时，自动变速器被限制在1挡工作。手动阀还提供倒挡（R位）、空挡（N位）、停车挡（P位）等功能。

在阀体上有多条油道，一条油道与主油路相连，其余为出油道，分别通至D、S、L、P和R挡位相应的滑阀或直接通往换挡执行元件。

2. 换挡阀

换挡阀是一种由液压控制的2位换向阀。它有两个工作位置，以实现升挡或降挡的目的。图4-6所示中换挡阀的右端作用着来自速控阀的输出油压，左端作用着来自节气门阀的输出油压和弹簧的作用力。

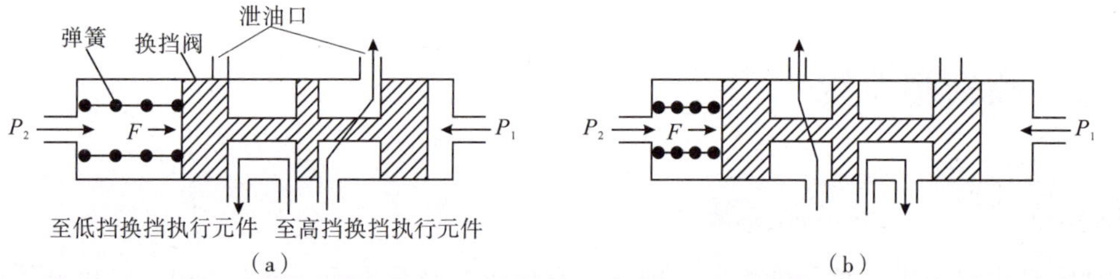

图4-6 换挡阀工作原理图

P_1—速控阀油压；P_2—节气门阀油压；F—弹簧作用力

换挡阀的位置取决于两端控制压力的大小。当右端的速控阀油压低于左端的节气门阀油压和弹簧作用力之和时，换挡阀保持在右端（见图4-6（a））；当右端的速控阀油压高于左端的节气门阀油压和弹簧作用力之和时，换挡阀移至左端（见图4-6（b））。换挡阀改变方向时，主油路的方向发生变化，以实现不同的挡位。当换挡阀从左端移至右端时，自动变速器升高1个挡位；反之则降低1个挡位。

由此可知，自动变速器的升挡和降挡完全受节气门阀油压和速控阀油压控制。节气门阀油压大小反映的是油门的开度大小，速控阀油压大小反映的是车速的大小。若汽车行驶时油门开度保持不变，车速低时换挡阀在左端处于低挡，随着车速升高至规定值将推动换挡阀移至右端升入高挡，这个车速的规定值称为升挡车速（或升挡时刻）。

当油门开度增大时，节气门阀油压增大，从而使相应的升挡速控阀油压增大即升挡车速将增大，这种规律十分符合汽车的实际使用要求。因每个换挡阀只有两个工作位置，只能在两个挡之间变换，故对三挡自动变速器而言要设置两个换挡阀，对四挡自动变速器而言要设置3个换挡阀，它们的工作原理完全一样，只是控制的挡位不同。

以 2、3 挡换挡阀为例进行介绍。图 4–7（a）所示为 2 挡时的情况，此时在节气门阀油压、速控阀油压及弹簧作用下，2、3 挡换挡阀处于下方位置，主油压不能到达离合器 C2，所以自动变速器处于 D2 挡；当车速增加到一定程度，速控油压大于节气门油压和弹簧伸张力之和时，2、3 挡换挡阀上移处于上方位置，如图 4–7（b）所示，此时主油压经过 2、3 挡换挡阀到达离合器 C2，自动变速器换至 D3 挡。

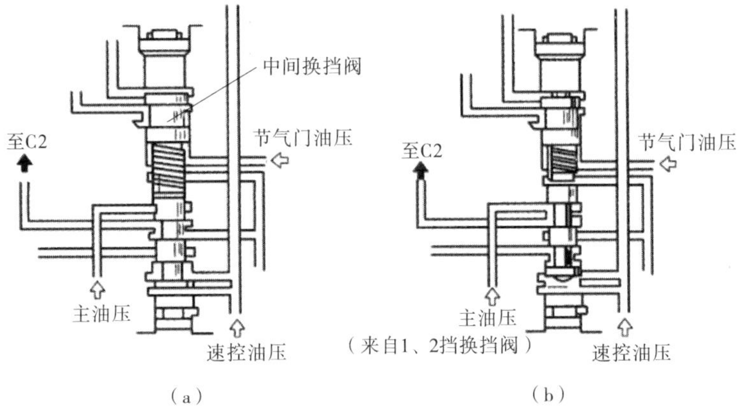

图 4–7　2、3 挡换挡阀

（a）2 挡时；（b）3 挡时

强制低挡阀也称为强制降挡阀。其作用是在节气门全开或接近全开时，强制性地将自动变速器降低 1 个挡位，以提高驱动轮的驱动力来获得良好的加速性能。

强制低挡阀的工作原理是：从阀输出来自主油路的压力油作用于各换挡阀的挡与节气门作用相同的一端，将换挡阀阀芯向降挡方向移动，从而使自动变速器降挡。

如图 4–8 所示，常见的强制低挡阀有滚轮式和电磁式两种。

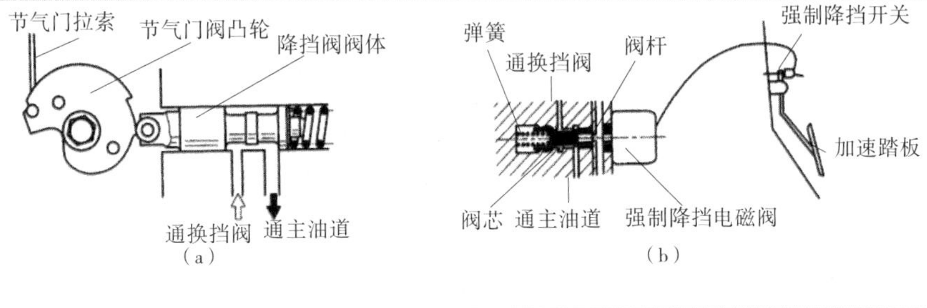

图 4–8　强制低挡阀示意图

（a）滚轮式；（b）电磁式

丰田轿车自动变速器上所使用的一种滚轮式强制低挡阀，它与节气门阀安装在同一阀体内，上部通过弹簧与节气门阀相连，下部通过滚轮与节气门凸轮接触。与强制低挡阀配合的阀体上有两条油路，分别与锁止调节阀和换挡阀相通，作为输入和输出。

当油门开度没有达到规定开度时，节气门凸轮将强制低挡阀顶起不多，输入油路和输出油路不相通。

当达到规定开度（全开或接近全开时），输入油路与输出油路相通，由锁止调节阀过来的压力油经强制低挡阀通至换挡阀的节气门阀油压作用端，使换挡阀芯往降挡方向移动，自动变速器将降低 1 个挡位。

应当指出的是，锁止调节阀过来的压力油作用在每一个换挡阀上，若自动变速器降低 1 个挡位后仍无法满足驱动力的要求，汽车行驶的车速将下降，降低到一定的速度后自动变速器将再次降低挡位直至能满足驱动力的要求为止。此时的降挡车速较正常行驶时的降挡车速高，目的是能尽快满足汽车行驶时对驱动力的要求。

日产公司 14N71B 型自动变速器采用的是一种电磁式强制降挡阀，如图 4-8（a）所示，它由电磁阀、强制降挡开关等组成。

强制降挡开关安装在油门踏板下，当油门踏板快踩到底时，强制降挡开关闭合，电磁阀通电，阀芯在磁力作用下移动，打开油路，此时主油路压力油经阀芯通至各换挡阀的节气门阀油压作用端，使换挡阀阀芯向降挡方向移动，自动变速器将降低 1 个挡位。

五、缓冲安全系统

为提高自动变速器换挡质量，执行元件（离合器和制动器）的工作是用压力油来控制的。当其油压在形成时，速度太快，离合器和制动器接合过快，将产生冲击；而油压在泄空时，速度太慢，离合器和制动器放松太慢，将会出现打滑现象。因此，在自动变速器的液压控制系统中装有许多起缓冲和安全作用的装置。

1. 蓄压减震器

蓄压减震器也称储能减震器。如图 4-9 所示，常见的蓄压减震器由减震活塞和弹簧组成。

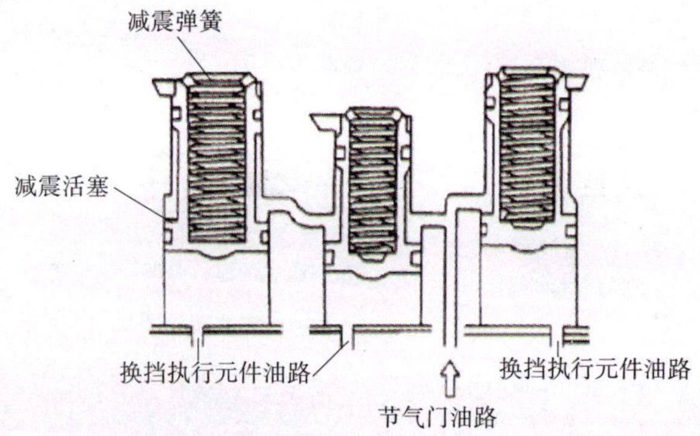

图 4-9 蓄压减振器结构

图中的 3 个蓄压减震器分别与 3 个挡位换挡执行元件的油路相通，对应在各挡起作用。

当自动变速器换挡时，主油路压力油进入离合器（或制动器）的液压缸的同时也进入蓄压减震器，如图 4-10 所示。

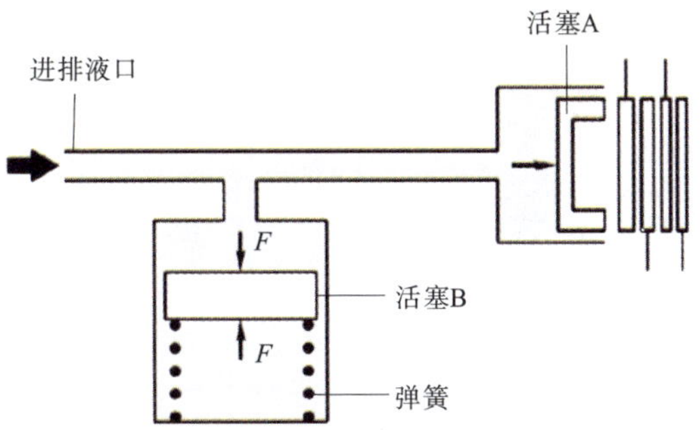

图 4-10　蓄压减震器的工作原理

压力油进入初期，油压不是很高，不能推动减震器活塞下移，因此，液压缸油压升高得快，这样便于离合器、制动器迅速消除自由间隙。

此后，油压迅速增大，油压克服减震弹簧的弹力将减震活塞下移，容积增大，油路部分压力油进入减震器工作腔，使液压缸内压力升高速度减缓，离合器、制动器接合柔和，减小换挡冲击。

通常，在减震活塞上方还作用有节气门油压（也称减振器背压）。

在节气门开度较大时，它能适当降低蓄压减震器的减震能力，加快换挡过程，防止大扭矩传递时执行元件打滑，以满足汽车在各种行驶条件下对换挡过程的不同要求。

2. 单向节流阀

它装置在换挡阀至换挡执行元件之间的油路中，对换挡执行元件的液压缸在充油时产生节流作用，而泄油时不产生节流作用，从而使液压在建立时速度减慢、泄油过程加快，以满足结合平顺柔和、分离迅速彻底的要求。

单向节流有弹簧节流阀式和球阀节流孔式两种。

（1）弹簧节流阀式

充油时弹簧节流阀关闭，液压油只能从节流孔中流过，起节流作用；泄油时，节流阀打开，节流孔不起作用。

（2）球阀节流孔式

充油时球阀关闭，液压油只能从节流孔流过，起节流作用；泄油时，球阀开启，不起节流作用。

3. 调整阀

换挡阀动作时，若主油路压力油立即加至执行元件，将会产生较大的冲击。为进行缓冲，油路中设置了一些调整阀，如中间调整阀、滑行调整阀等。

强制低挡调整阀来自油泵的压力油并不直接去强制低挡阀，而是先进入调整阀，待克服弹簧预紧力，将调整阀芯左移后才打开与强制低挡阀的油路，从而起缓冲作用。

任务二 油 泵

一、油泵

油泵通常安装在变矩器的后方，由变矩器壳后端的轴套驱动，如图 4–11 所示。在发动机运转时，不论汽车是否行驶，油泵都在运转。它为自动变速器中的变矩器、换挡执行机构、液压控制阀等部分提供具有一定压力的液压油，以保证系统的正常工作。常见的自动变速器油泵有 4 种类型：内啮合齿轮泵、摆线转子泵、叶片泵、可变排量式叶片泵，下面分别予以介绍。

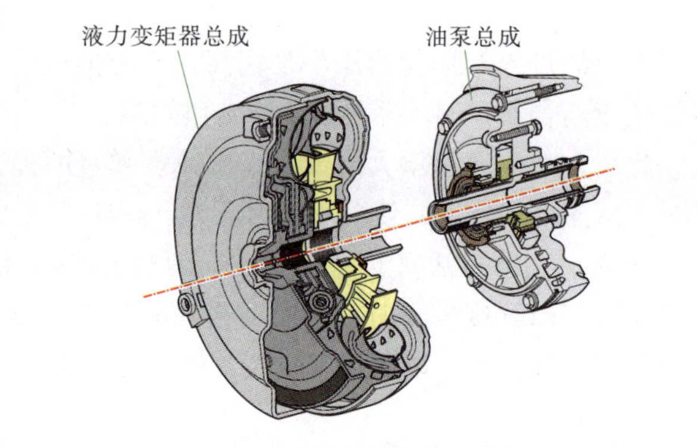

图 4–11 液力变矩器驱动油泵

1. 内啮合齿轮泵

内啮合齿轮泵（见图 4–12）是自动变速器中应用最广泛的一种油泵。内啮合齿轮泵主要由小齿轮、内齿轮、拨块、滚子轴承等组成。小齿轮为主动齿轮，内齿轮为从动齿轮，两者均为渐开线齿轮；月牙形隔板的作用是将小齿轮和内齿轮之间的工作腔分隔为吸油腔和压油腔，使彼此不通；泵壳上有进油口和出油口。

发动机运转时，变矩器壳体后端的轴套带动小齿轮和内齿轮一起朝油压腔旋转。在小齿轮和内齿轮旋转过程中，它们彼此间的齿啮合十分紧密。在吸油腔，由于小齿轮和内齿轮不断退出啮合，容积随之增加，因此，形成局部真空。在大气压的作用下，液压油从进油口吸入，且随着齿轮的旋转，齿间的液压油被带到压油腔；在压油腔，由于小齿轮和内齿轮不断进入啮合，容积不断减少，将液压油加压从出油口排出。这就是内啮合齿轮泵的泵油过程。

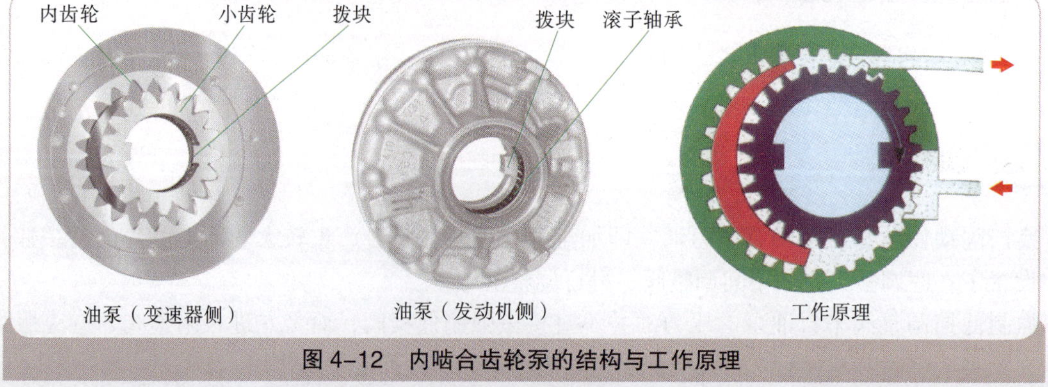

图 4–12 内啮合齿轮泵的结构与工作原理

2. 摆线转子泵

摆线转子泵（见图 4-13）是一种特殊齿形的内啮合齿轮泵，由一对内啮合的转子及泵壳、泵盖等组成。内转子为外齿轮，其齿廓曲线是外摆线；外转子为内齿轮，齿廓曲线是圆弧曲线。一般内转子的齿数可以为 4、6、8、10 等，而外转子比内转子多 1 个齿。通常自动变速器上所用的摆线转子泵的内转子都是 10 个齿。

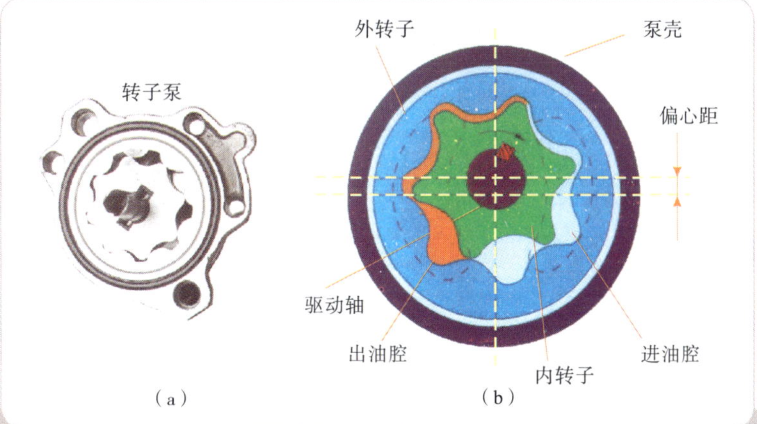

图 4-13　摆线转子泵

（a）实物；（b）截面图

发动机运转时，带动油泵内、外转子朝相同的方向旋转。内转子为主动齿，外转子的转速比内转子每转慢 1 个齿。内转子的齿廓和外转子的齿廓是一对共轭曲线，它能保证在油泵运转时，不论内、外转子转到什么位置，各齿均处于啮合状态，即内转子每个齿的齿廓曲线上总有一点和外转子的齿廓曲线相接触，从而在内转子、外转子之间形成与内转子齿数相同个数的工作腔。这些工作腔的容积随着转子的旋转而不断变化，当转子朝顺时针方向旋转时，内转子、外转子中心线右侧的各个工作腔的容积由小变大，以致形成局部真空，将液压油从进油口吸入；在内转子、外转子中心线左侧的各个工作腔的容积由大变小，将液压油从出油口排出。这就是摆线转子泵的泵油过程。

3. 叶片泵

叶片泵（见图 4-14）由定子、转子、叶片及壳体、泵盖等组成。转子由变矩器壳体后端的轴套带动，绕其中心旋转；定子是固定不动的，转子与定子不同心，二者之间有一定的偏心距。

当转子旋转时，叶片在离心力或叶片底部液压油压力的作用下向外张开，紧靠在定子内表面上，并随着转子的转动，在转子叶片槽内做往复运动。这样在每两个相邻叶片之间便形成密封的工作腔。如果转子朝顺时针方向旋转，在转子与定子中心连线的右半部的工作腔容积逐渐增大，以致产生一定的真空，将液压油从进油口吸入；在中心连线左半部的工作腔容积逐渐减小，将液压油从出油口压出。这就是叶片泵的泵油过程。

上述三种油泵的排量都是固定不变的，称为定量泵。

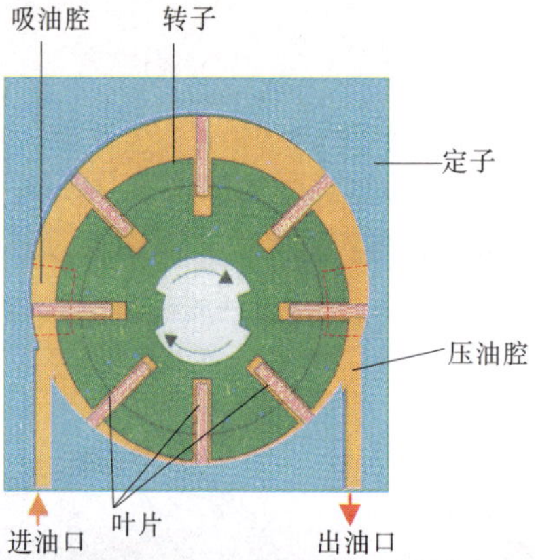

图 4-14 叶片泵

4. 可变排量式叶片泵

为了减少油泵在高速运转时由于泵油量过多而引起的动力损失，目前用于汽车自动变速器的叶片泵大部分都设计成排量可变的型式（称为变量泵或可变排量式叶片泵），如图 4-15 所示。

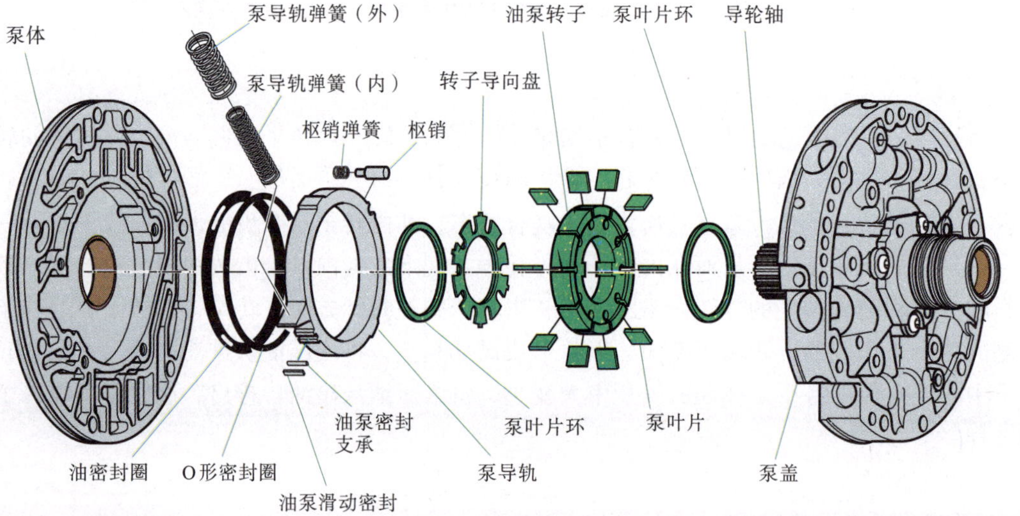

图 4-15 可变排量式叶片泵

这种叶片泵的定子不是固定在泵壳上，而是可以绕一个销轴做一定的摆动，以改变定子与转子的偏心距（见图 4-16），从而改变油泵的排量。如图 4-16 所示，在油泵运转时，定子的位置由定子侧面控制腔内来自油压调节阀的反馈油压来控制。当油泵转速较低时，泵油量较小，油压调节阀将反馈油路关小，使反馈压力下降，定子在回位弹簧的作用下绕销轴向顺时针方向摆动一个角度，加大了定子与转子的偏心距，油泵的排量随之增大；当油泵转速增高时，泵油量增大，出油压力随之上升，推动油压调节阀将反馈油路开大，使控制腔内的反馈油压上升，定子在反馈油压的推动下绕销轴朝逆时针方向摆动，定子与转子的偏心距减小，油泵的排量也随之减小，从而降低了油泵的泵油量，直到出油压力降至原来的数值。

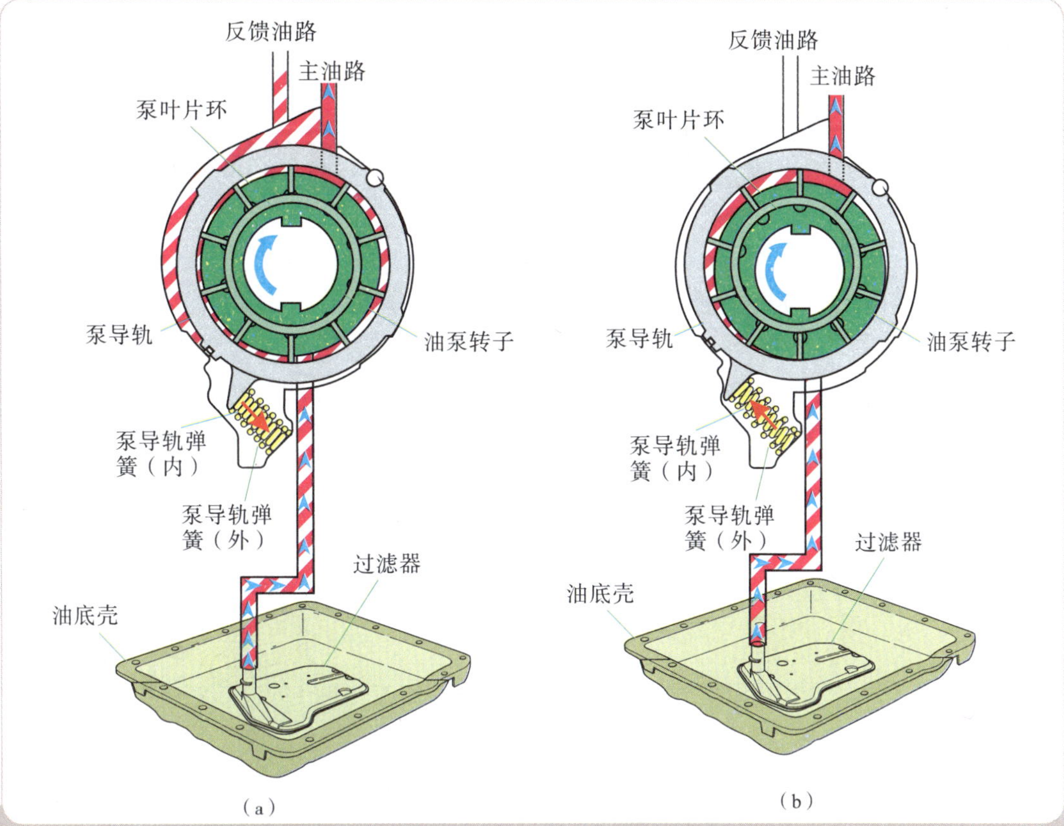

图 4-16　可变排量式叶片泵的工作原理

（a）低速；（b）高速

任务三 液压系统油泵的检修

这里以丰田 U141E 自动变速器油泵为例介绍油泵的检修方法。

1. 油泵组成

油泵总成，如图 4-17 所示。

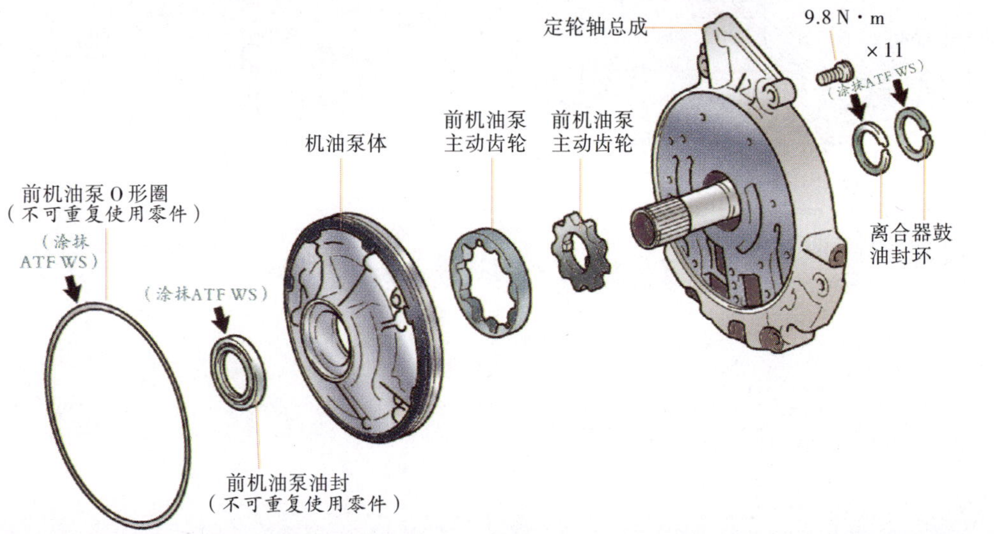

图 4-17 油泵总成

2. 拆卸

①检查机油泵总成。

②拆卸离合器鼓油封环，如图 4-18 所示。

· 拆下 2 个离合器鼓油封环。

③拆卸定轮轴总成，如图 4-19 所示。

· 使用梅花套筒扳手（T30）。

· 拆卸 11 个螺栓和定轮轴。

④检查机油泵总成的间隙。

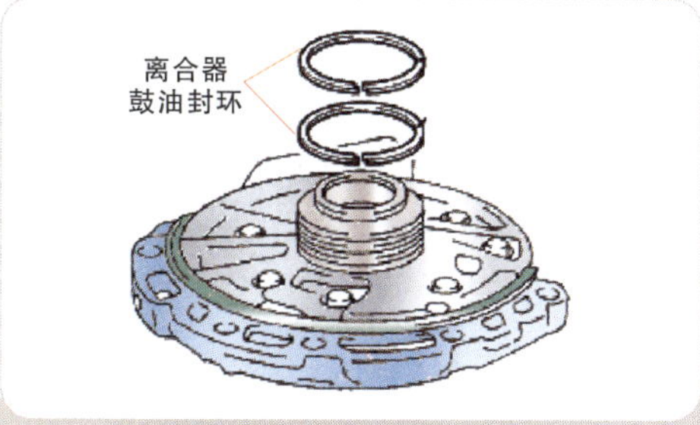

图 4–18　拆卸离合器鼓油封环

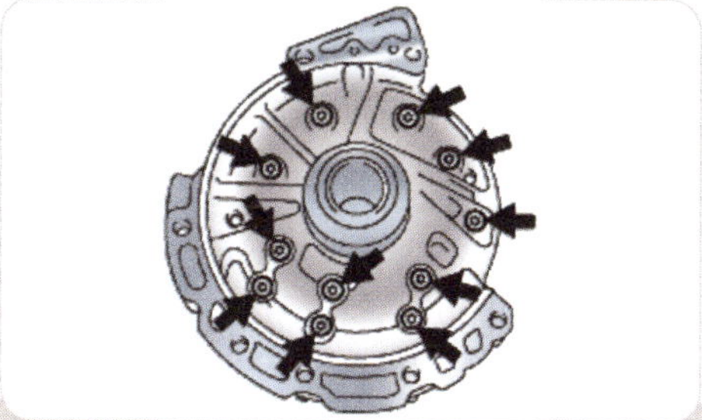
图 4–19　拆卸定轮轴总成

⑤拆卸前机油泵，如图 4–20 所示。

⑥拆卸前机油泵被动齿轮，如图 4–21 所示。

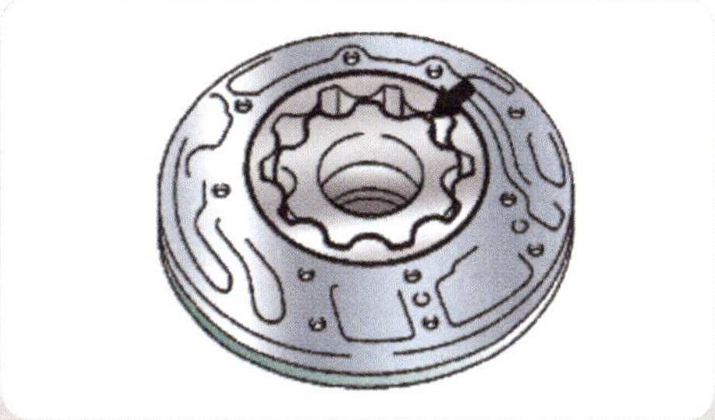
图 4–20　拆卸前机油泵

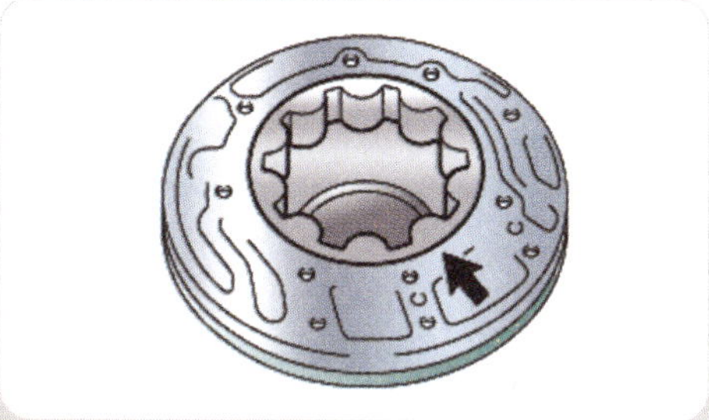
图 4–21　拆卸前机油泵被动齿轮

⑦拆下前机油泵体 O 形圈，如图 4–22 所示。

· 用螺丝刀拆下 O 形圈。

建议：

在使用螺丝刀前，用胶带缠住刀头。

⑧拆下前机油泵油封，如图 4–23 所示。

· 将机油泵安装到软颚台钳中。

· 使用专用工具从机油泵体上拆下油封。

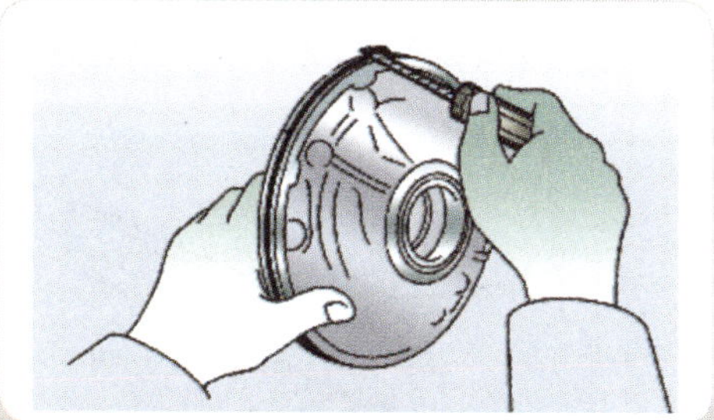
图 4–22　拆下前机油泵体 O 形圈

图 4–23　拆下前机油泵油封

3. 检查

①检查机油泵总成，如图 4–24 所示。

・用螺丝刀旋转主动齿轮，确保转动平滑。

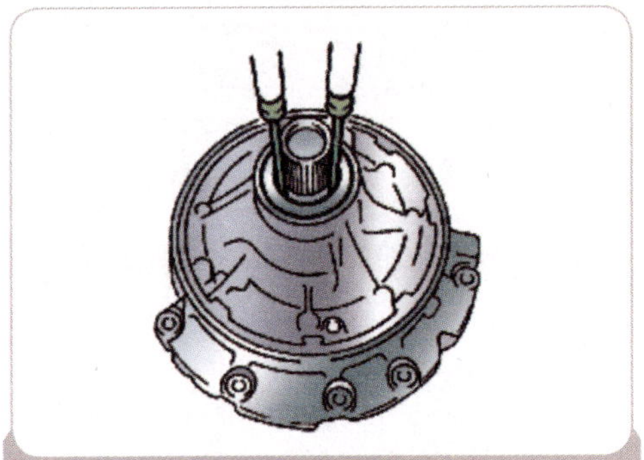

图 4–24 检查机油泵总成

备注：

小心不得损坏油封唇。

②检查机油泵总成的间隙，如图 4–25 所示。

・将被动齿轮推入泵体一侧。

・使用测隙规测量间隙。

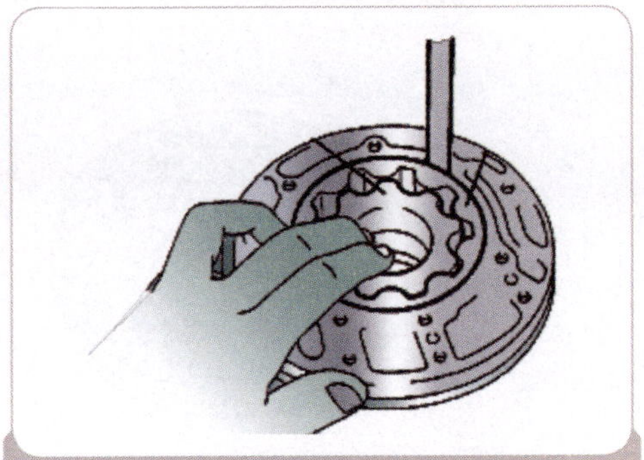

图 4–25 检查机油泵总成的间隙

标准泵体间隙：

0.10 ~ 0.17 mm。

侧隙：

0.02 ~ 0.05 mm。

最大泵体间隙：

0.17 mm。

如果泵体间隙大于最大值，则更换机油泵体总成。

・使用测隙规，测量被动齿轮齿和主动齿轮齿之间的间隙，如图 4–26 所示。

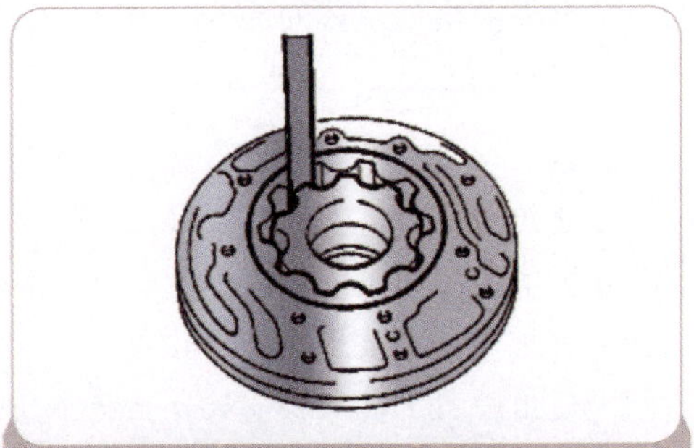

图 4–26 使用测隙规测量被动齿轮齿和主动齿轮齿之间的间隙

标准齿顶间隙：

0.07 ~ 0.15 mm。

最大顶端间隙：

0.15 mm。

如果顶端间隙大于最大值，则更换机油泵体总成。

・使用直尺和测隙规测量两个齿轮的侧隙，如图 4–27 所示。

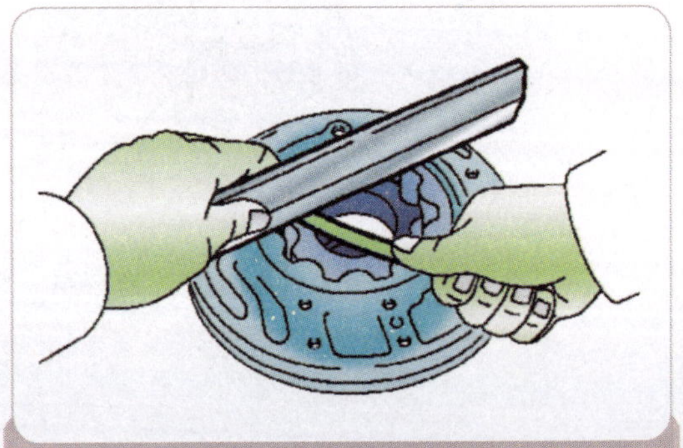

图 4–27 使用直尺和测隙规测量两个齿轮的侧隙

标准侧隙：

0.02 ~ 0.05 mm。

最大侧隙：

0.05 mm。

主动齿轮厚度见表 4–1。

表 4–1 主动齿轮厚度

标记	厚度 /mm
1	10.690~10.699
2	10.700~10.709
3	10.710~10.720
4	10.721~10.730
5	10.731~10.740

③检查前机油泵和齿轮体总成，如图 4–28 所示。

用百分表测量机油泵体衬套内径。

标准内径：

38.113 ~ 38.138 mm。

最大内径：

38.188 mm。

如果内径大于最大值，则更换机油泵体和齿轮体总成。

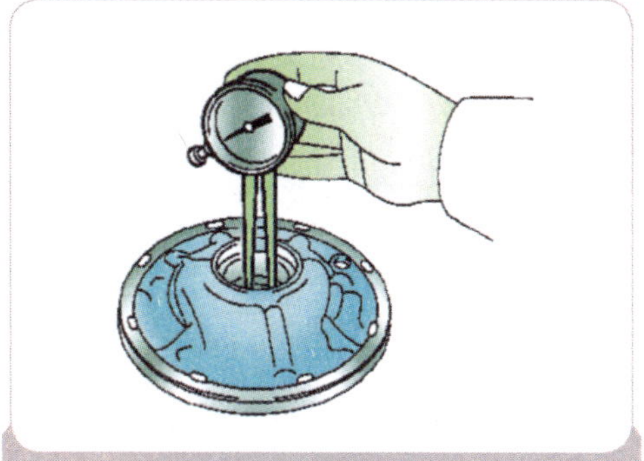

图 4–28　检查前机油泵和齿轮体总成

④检查定轮轴总成，如图 4–29 所示。

用百分表测量定轮轴内径。

标准内径：

21.500 ~ 21.526 mm。

最大内径：

21.57 mm （0.849 2 in）。

如果内径大于最大值，则更换定轮轴。

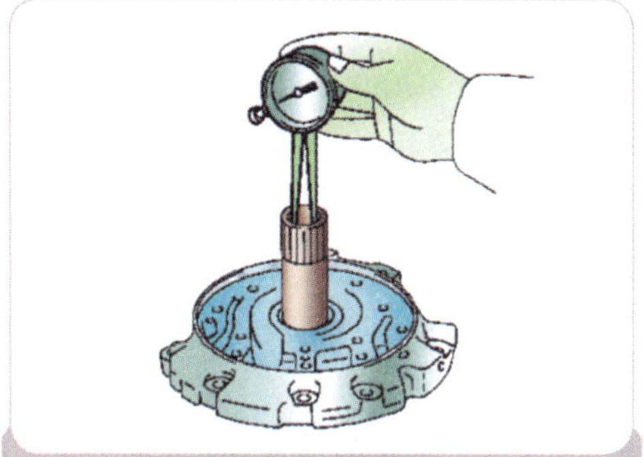

图 4–29　检查定轮轴总成

4. 装配

①安装前机油泵油封，如图 4–30 所示。

· 用专用工具和锤子将一个新油封安装到机油泵体上。

建议：

油封端面应与机油泵外边缘齐平。

· 在油封唇部涂上 MP 润滑脂。

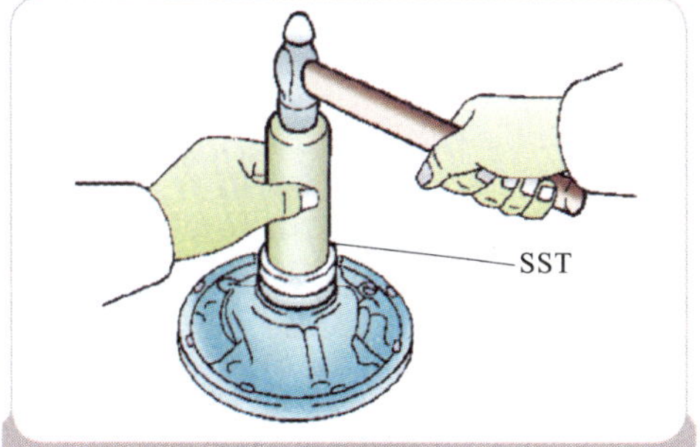

图 4–30　安装前机油泵油封

②安装前机油泵体 O 形圈，如图 4–31 所示。

在新 O 形圈上涂抹 ATF,并将其安装到机油泵体上。

备注：

· 小心地安装 O 形圈，不要出现扭曲或捏压。

· 安装前在 O 形圈上涂抹足够的 ATF。

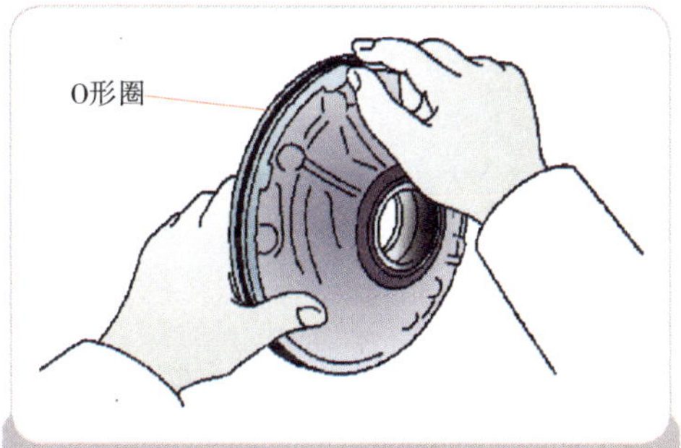

图 4–31　安装前机油泵 O 形圈

③ 安装前机油泵被动齿轮，如图 4–32 所示。

在前机油泵被动齿轮上涂抹 ATF，并将其安装到机油泵体上，标记侧向上。

④安装前机油泵主动齿轮，如图 4–33 所示。

在前机油泵主动齿轮上涂抹 ATF，并将其安装到机油泵体上，标记侧向上。

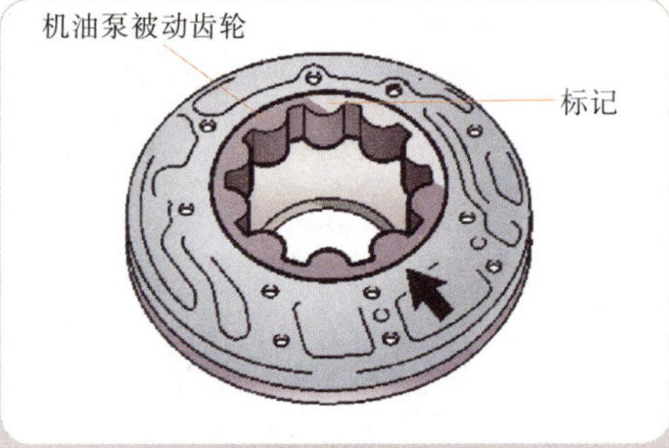

图 4-32 安装前机油泵被动齿轮

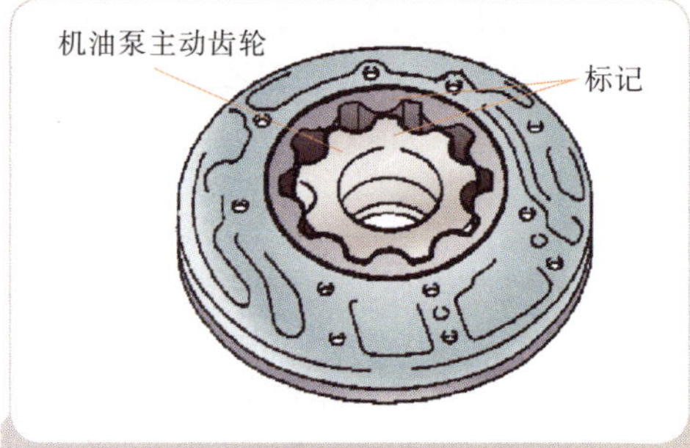

图 4-33 安装前机油泵主动齿轮

⑤安装定轮轴总成，如图 4-34 所示。

· 将定轮轴总成中的螺栓孔与前机油泵和齿轮体总成上的孔对齐。

· 用梅花套筒扳手（T30）拧紧 11 个螺栓。

扭矩：

9.8 N · m

⑥安装离合器鼓油封环，如图 4-35 所示。

· 在 2 个新的离合器油封环上涂抹 ATF。

· 安装 2 个新的离合器鼓油封环。

备注：

切勿过度扩张环端。

图 4-34 安装定轮轴总成

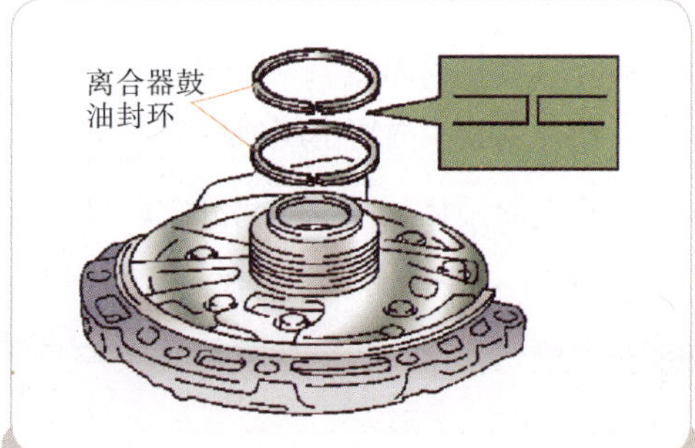

图 4-35 安装离合器鼓油封环

思考与练习

一、填空题

1. 油泵通常安装在________的后方，由变矩器壳后端的轴套驱动。

2. 自动变速器的自动控制是靠液压控制系统来完成的，液压控制系统由__________、__________和__________三个部分组成。

3. 节气门阀根据控制方式的不同分为__________和__________两种。

4. 机械式节气门阀由上部的__________和__________，下部的__________和__________等组成。

5. 速控阀的作用是为__________提供一个随车速变化的__________油压。

6. 常见的强制低挡阀有__________和__________两种。

7. 液压控制自动换挡系统最主要的两个控制油压是__________和__________。

二、判断题

1. 涡轮位于液力变矩器的后部，与变矩器壳体连在一起。（　　）

2. 液力变矩器在一定范围内，能自动、无级地改变传动比和转矩比。（　　）

三、选择题

1. 自动变速器的油泵，一般由（　　）驱动。

A. 变矩器外壳　　B. 泵轮　　C. 涡轮　　D. 导轮

2. 内啮合齿轮泵的组成不包括（　　）。

A. 小齿轮　　B. 月牙形隔板　　C. 叶片　　D. 内齿轮

3. 自动变速器中副调压阀的作用是（　　）。

A. 提供管道油压　　B．提供液力变矩器的油压　　C. 提供蓄压器油压

4. 在自动变速器中，蓄压器的作用是在换挡时，使（　　）。

A. 主油压平稳　　B. 节气门油压平稳　　C. 换挡执行元件的结合先快后慢

课题五

电子控制系统

学习任务

1. 熟悉电子控制原理；
2. 掌握电子控制系统元件的检修方法。

技能要求

能对自动变速器故障进行自诊断。

任务一　电子控制系统的组成

电子控制自动变速器采用电液式控制系统，其控制系统由电子控制系统和液压阀控制系统两大部分组成，即由电子元件控制液压元件的动作，来完成自动变速器的控制。

电子控制系统工作简图如图 5-1 所示。

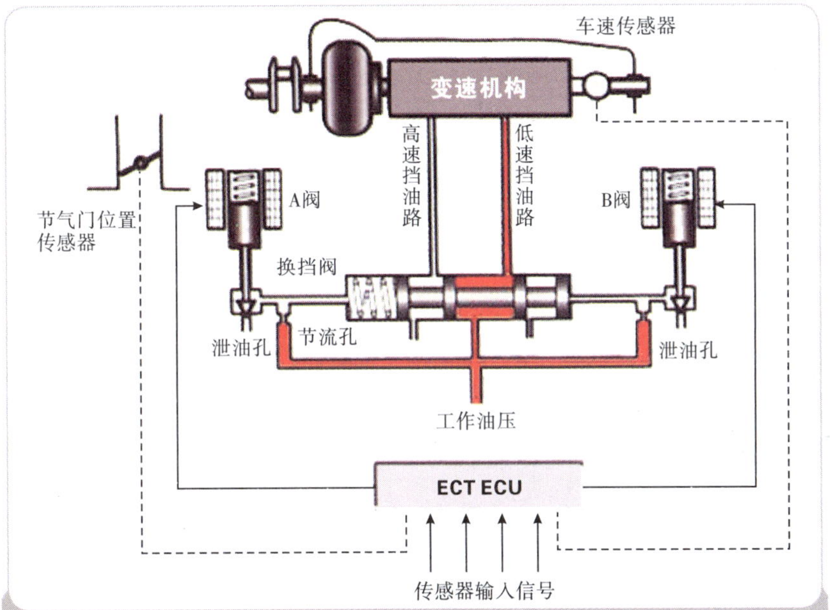

图 5-1　电子控制系统工作简图

汽车自动变速器电控系统与汽车其他电控系统一样，也是由传感器、控制开关、电子控制单元（ECU）和执行元件等部件组成的。其中控制单元也称为控制模块（TCM）或自动变速器控制计算机，一般用 ECU 或 TCM 表示。也有一些车型，发动机与自动变速器共用一个控制单元，称为一体化动力系统控制模块（PCM）。自动变速器控制单元是电子控制系统的核心元件，它将接收到的各传感器及开关信号进行分析、计算，并与存储器中存储的数据和程序比较，按照设定的控制程序判断出自动变速器当前的状态及要执行的命令，给相应的执行器发出指令，由各电磁阀控制液压元件动作，以执行不同的操作。

一、传感器

1. 节气门位置传感器

节气门位置传感器一般安装在节气门体上，用于检测节气门的开度，并将其转换成电信号送到 ECU，以便控制换挡正时和锁止正时，如图 5-2 所示。

图 5-2 节气门位置传感器

装有自动变速器的汽车通常采用线性可变电阻型的节气门位置传感器，其节气门开度的输出电压与节气门开度呈线性关系。图 5-3 所示为线性输出型节气门位置传感器的结构，图 5-4 所示为线路连接图，图中 VCC 为传感器供电电压，E1 为接地点。传感器有两个与节气门联动的可动触点，一个在电阻体上滑动，当节气门开度变化时，测得的输出电压 VTA 也呈线性变化。根据电压值，可知节气门开度。另一个触点在节气门全关闭时与怠速触点接触，给 ECU 提供怠速信号 IDL，ECU 据此判断发动机是否处于怠速工况。

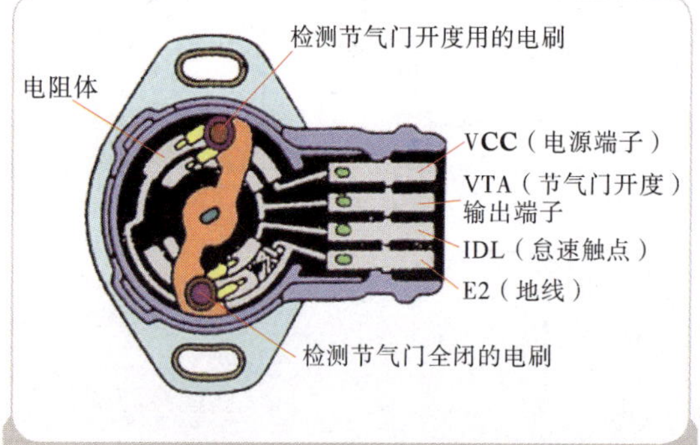

图 5-3 节气门位置传感器的结构

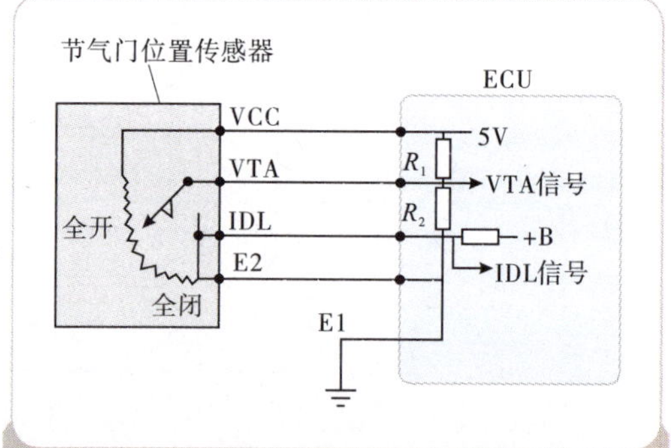

图 5-4 节气门位置传感器的线路连接

当节气门位置传感器信号失效时，变速器计算机会以固定的方式控制换挡，同时会记忆故障码。当节气门位置传感器调整不当时，会影响变速器的换挡点。如电压值偏高，则升挡点滞后，电压值偏低，则升挡点提前，这都会影响变速器的正常工作。节气门信号一般先送到发动机 ECU，通过发动机 ECU 送给变速器 ECU，也有从节气门位置传感器直接送到变速器 ECU 的情况，如三菱车型。

2. 车速传感器

车速传感器也称为自动变速器输出轴转速传感器，它安装在自动变速器输出轴附近，如图 5-5 所示，用于检测变速器输出轴的转速，电控单元根据车速传感器的信号计算出车速，作为其换挡的依据。常用的车速传感器有磁感应式、霍尔式和舌簧式等。

当车速传感器出现故障时，自动变速器会出现换挡正时方面的问题，变速器 ECU 会在存储器中存储故障信息，并通过报警灯的闪烁提示驾驶员当前处于不正常的行驶状态。

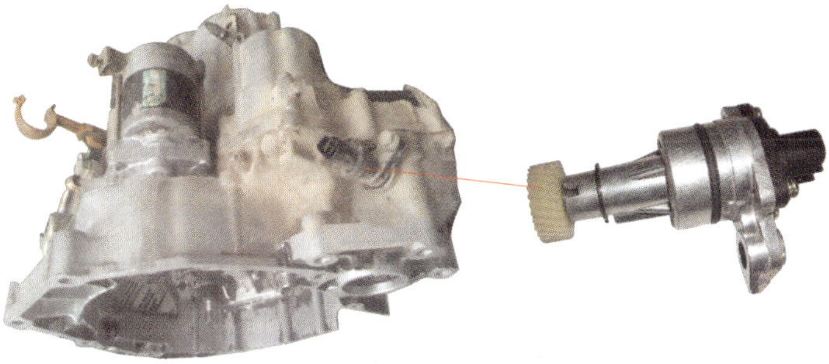

图 5-5　车速传感器

3. 输入轴转速传感器

输入轴转速传感器的结构、工作原理与车速传感器相同。它安装在行星齿轮变速器的输入轴或输入轴连接的离合器鼓附近的壳体上，如图 5-6 所示，用于检测输入轴转速，并将信号送入计算机，使计算机更精确地控制换挡过程。此外，计算机还将该信号和来自发动机控制系统的发动机转速信号进行比较，计算出变矩器的传动比，以优化锁止离合器的控制过程，减小换挡冲击，改善汽车的行驶平顺性。

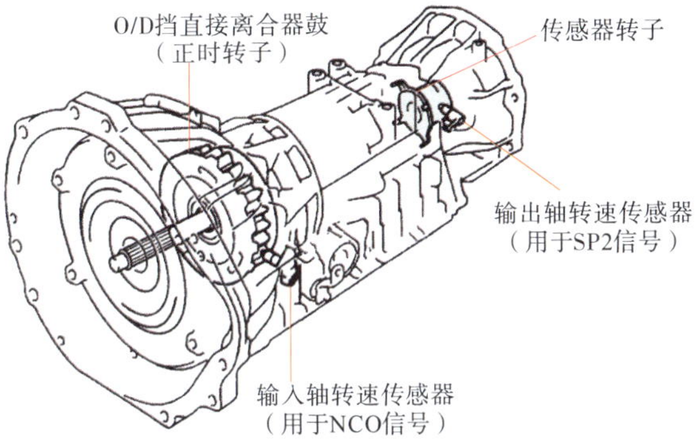

图 5-6　输入轴转速传感器位置

4. 冷却液温度传感器

发动机冷却液温度传感器（见图 5-7）常安装在发动机气缸盖或出水口的附近，用于测量发动机的冷却水温度，并将其温度转变为电信号传送给发动机 ECU，发动机 ECU 再将该信号传给变速器 ECU，变速器 ECU 根据该信号确定换挡时刻。当发动机温度低时，换挡延迟使发动机以高怠速运转，以便尽快地暖机升温，并保持其动力性。变速器 ECU 还根据发动机冷却液温度信号控制锁止离合器的接合。

图 5-7　发动机冷却液温度传感器

5. 发动机转速传感器

发动机转速传感器检测发动机转速信号，自动变速器控制单元（ECU）利用发动机转速信号与自动变速器输入轴转速信号进行比较，以判断锁止离合器的打滑状态，从而调整合适的变矩器锁止离合器控制电磁阀的调制脉冲（脉冲的占空比）。

发动机转速传感器安装位置可在曲轴前端、飞轮上、凸轮轴前端和分电器内，实物如图5-8所示。

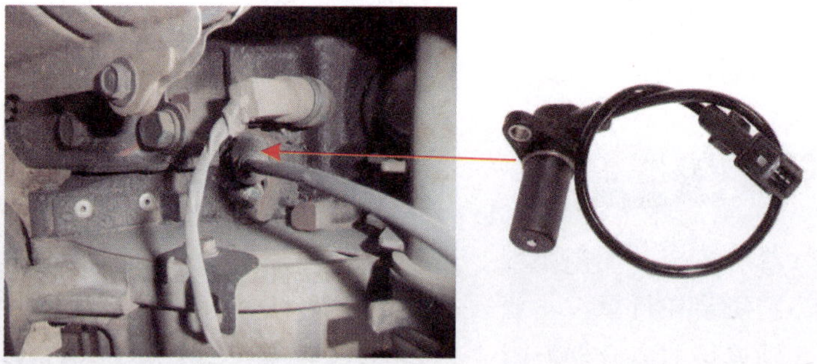

图5-8 发动机转速传感器

6. 自动变速器油温度传感器

自动变速器油温度传感器一般安装在自动变速器油底壳内的液压阀阀体上（见图5-9），用于连续监控自动变速器油的温度，并将温度的变化转变为电信号送给自动变速器ECU，作为自动变速器ECU进行换挡控制、油压控制和锁止离合器控制的依据。

图5-9 自动变速器油温度传感器

二、控制开关

1. 模式开关

模式开关又称程序开关，驾驶员可根据不同的情况使用模式开关来选择自动变速器的控制模式，模式开关安装在变速杆附近或仪表板上。

常见的自动变速器的控制模式有经济模式、动力模式、标准模式、手动挡模式和雪地模式等。这几种控制模式并非每一辆配备自动变速器的车辆都有。一般自动变速器只具备其中的一些模式，主要依具体车辆而定。

（1）经济模式（Economy）

该模式以汽车获得最佳燃油经济性为目标设计换挡规律。当汽车在经济模式下工作时，其换挡规律应能使发动机转速经常处于经济转速范围，从而提高燃油经济性。

（2）动力模式（Power）

该模式以汽车获得最大动力性为目标设计换挡规律。当车辆上坡、在山路上行驶或希望发动机在高转速下工作时，可选择动力模式，此时车辆加速能力很强。

（3）标准模式（Normal）

该模式的换挡规律介于经济模式和动力模式之间，它使汽车既保证了一定的动力性，又有较好的燃油经济性。

（4）雪地模式（Snow）

当车辆在冰雪路面行驶时，选择雪地模式以防驱动轮打滑。

（5）手动模式（Manual）

该模式让驾驶员以手动方式选择合适的挡位，使汽车像装用了手动变速器一样行驶。

2. 驻车 / 空挡起动开关

驻车 / 空挡起动开关也称 P/N 开关或 PNP 开关，大众车系将驻车 / 空挡起动开关与其他功能开关组合称为多功能开关，它位于自动变速器壳体上，由换挡操纵手柄控制，与手动阀操纵销轴连动。驻车 / 空挡起动开关的作用如下：

- 感知变速杆位置并将此状态信号传送给自动变速器 ECU。
- 换挡操纵手柄位于 R 位时接通倒车灯。
- 换挡操纵手柄位于 P 或 N 位时，可起动发动机；在除此以外的挡位，无法起动发动机。

驻车 / 空挡起动开关内有多组开关触点，当换挡操纵手柄处于不同位置时，开关内相应的触点闭合或断开，自动变速器 ECU 根据 P/N 开关不同端子的状态，便可确定换挡操纵手柄的位置。

3. 强制降挡开关

强制降挡开关一般安装在节气门拉索上或加速踏板后方，当节气门开度达到一定值时，此开关闭合，这表示驾驶员要求有较高的动力，自动变速器控制单元接到此信号后，根据不同的情况，降低一个甚至两个挡位。当强制降挡开关断开时，自动变速器控制单元则按选挡杆位置控制换挡。

4. 超速挡控制开关

超速挡控制开关安装在变速器操纵手柄上（见图 5-10），用于控制自动变速器超速挡。

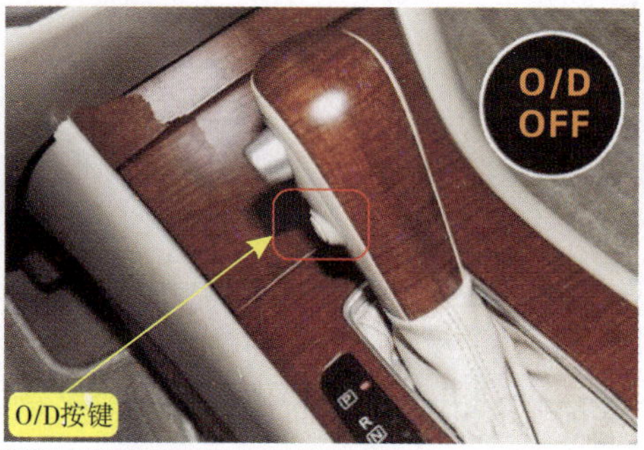

图 5-10 超速挡控制开关

当该开关打开后，接通超速挡控制电路，这时如果操纵手柄位于 D 位，自动变速器的挡位随着车速的上升而升高，挡位可升入最高的 4 挡（即超速挡）。如果超速挡开关关闭，仪表板上的“O/D OFF”指示灯亮起（见图 5-11），此时，自动变速器不能进入超速挡行驶。

图 5-11 仪表板上的“O/D OFF”指示灯

5. 制动灯开关

制动灯开关安装在制动踏板支架上（见图 5-12），用于判断制动踏板是否被踩下。制动灯开关除了控制制动灯外，它还向自动变速器控制单元提供信号，控制锁止离合器。当制动踏板被踩下时，制动灯开关闭合，该制动信号输送到电控单元，此时锁止离合器分开。这样可以防止突然制动时发动机熄火的现象。

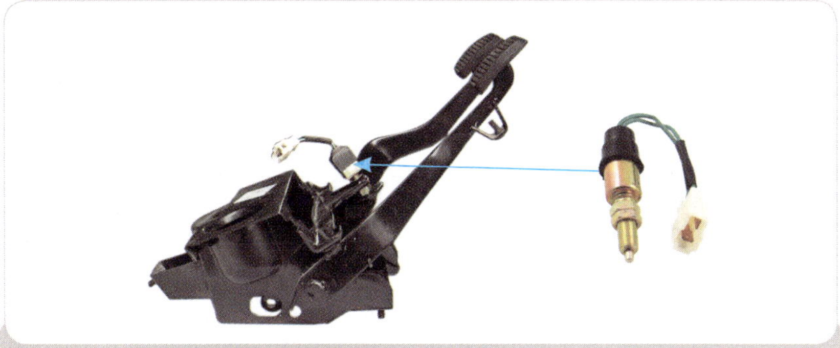

图 5-12　制动灯开关

三、电子控制单元

电子控制单元（ECU）是电子控制自动变速器的控制装置，变速器 ECU 由电源、输入电路、输出电路、信号转换器和计算机等组成。其中，计算机（也称微处理机）主要由中央处理器 CPU、存储器和输入 / 输出接口（I/O）等几部分组成。

CPU 是电子控制器的核心部件，它能完成比全液压控制式自动变速器更复杂的自动控制，能进行逻辑运算、程序控制及数据处理。更重要的是它可用数字处理办法，将全部换挡程序和锁止变矩器程序，持久地存储于变速器 ECU 存储器中。变速器 ECU 存储器可存储多种控制参数，实现动态多参数控制，从而获得最佳的动力性和燃料经济性。

四、执行元件

电控自动变速器的执行器主要是指各种电磁阀，其功用是根据自动变速器 ECU 的指令接通、切断或部分接通、部分切断液压油回路，以实现自动变速器的换挡、液力变矩器的锁止、主油路油压的调节和发动机制动等。

常见的电磁阀有开关式电磁阀和脉冲式电磁阀两种。

1. 开关式电磁阀

电控液力式自动变速器中，控制单元根据各传感器和开关提供的信号，控制各电磁阀的接通和断开。

开关式电磁阀的作用是开启和关闭自动变速器油路，可用于控制换挡阀及液力变矩器的锁止离合器锁止阀，如图 5-13 所示。

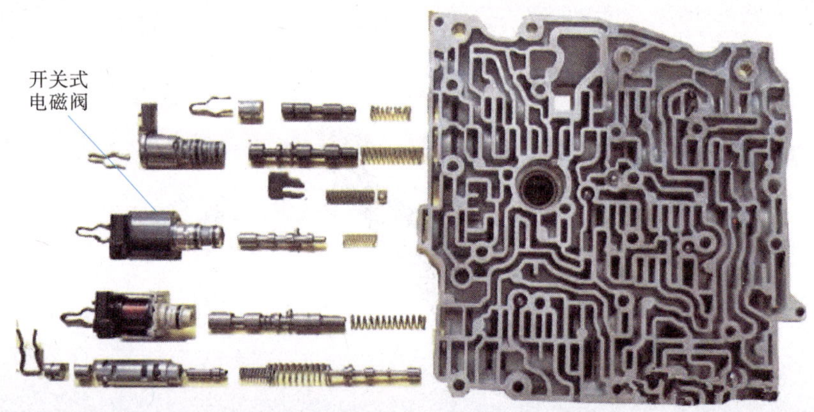

图 5-13 开关式电磁阀

工作原理

电磁阀工作时需要一个油压，多数情况下这个油压由电磁阀压力调节阀调节，产生的油压通过一个节流孔进入换挡阀。电磁阀的安装部位是从节流孔到换挡阀之间的油路上。电磁阀通过内部电磁线圈的通电或断电控制电磁阀封闭油路或打开泄油，从而控制换挡阀动作。

（1）开关电磁阀打开时

当电磁线圈通电时，电磁力克服弹簧力，吸引衔铁上移，打开泄油孔；同时球阀在供油侧油压的作用下关闭进油孔，控制油道内的压力油从泄油孔排出。如图 5-14 所示。

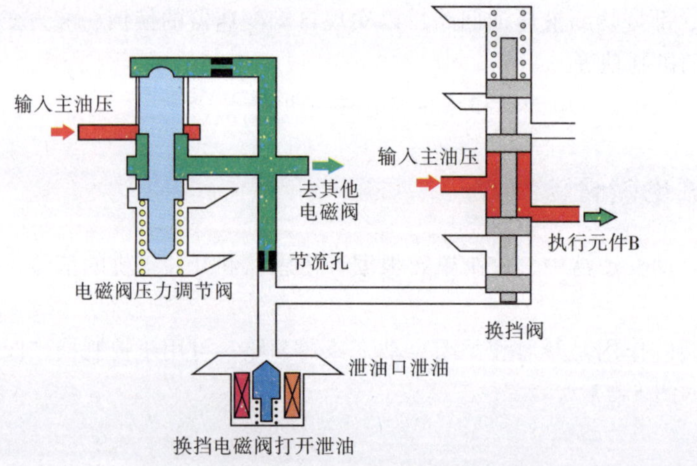

图 5-14 开关电磁阀打开时

（2）开关电磁阀关闭时

当电磁阀断电时，电磁力消失，弹簧力推动衔铁下移，关闭泄油孔；同时推动球阀打开进油孔，供油压力进入控制油道。如图 5-15 所示。

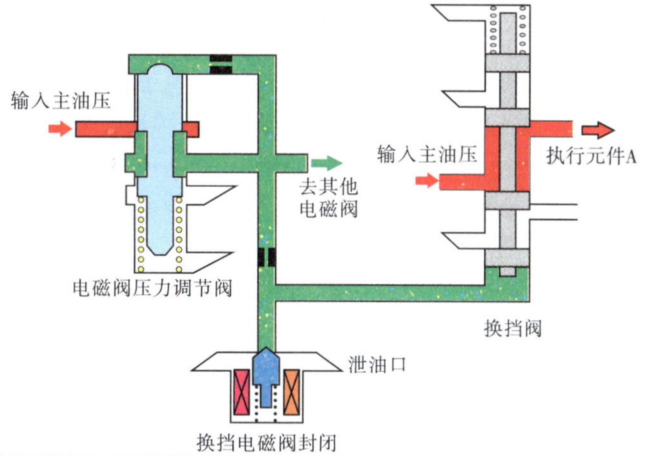

图 5-15　开关电磁阀关闭时

2. 脉冲式电磁阀

脉冲式电磁阀的结构与开关式电磁阀基本相似，也是由电磁线圈、衔铁、阀芯等组成，如图 5-16 所示。其作用是控制油路中油压的大小。脉冲式电磁阀一般安装在主油路或蓄压器背压油路中，通过控制单元控制，在自动变速器自动升挡及降挡瞬间，或者在锁止离合器接合及分离动作开始时使油压下降，减少换挡时接合与分离的冲击，使车辆行驶更平稳。

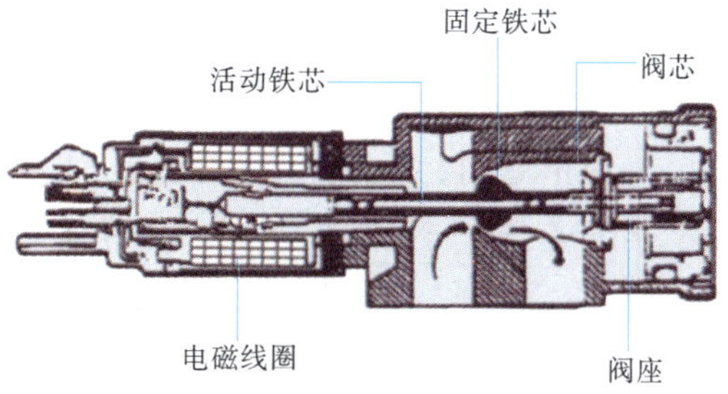

图 5-16　脉冲式电磁阀结构

控制脉冲式电磁阀工作的电信号不是恒定不变的电压信号，而是一个频率固定的脉冲电信号。电磁阀在脉冲电信号的作用下不断反复地开启和关闭泄油孔，自动变速器控制单元通过改变脉冲的宽度，即通过改变占空比来改变电磁阀开启和关闭的时间比例，达到控制油路压力的目的。占空比越大，经电磁阀泄出的自动变速器油就越多，油路压力越低；反之，占空比越小，油路压力就越高。

任务二 电子控制原理

电子控制系统的工作原理是：传感器（含控制开关）向电子控制单元输入信号，电子控制单元对输入的信号进行处理，并将处理的结果向执行器发出，指挥执行器工作。

自动变速器电子控制系统的控制是一个闭环控制，反馈系统对执行器的工作情况进行实时检测，将检测结果反馈给电子控制单元。如果执行器的工作出现偏差，电子控制单元会及时修正执行器的动作，直至达到要求。

1. 换挡控制

换挡控制即控制自动变速器的换挡时刻，也就是在汽车达到某一车速时，让自动变速器升挡或降挡。自动变速器 ECU 控制可以让自动变速器在汽车的任何行驶条件下都按最佳换挡时刻进行换挡，从而使汽车的动力性和经济性等指标达到最佳。

汽车自动变速器的换挡杆或模式开关处于不同位置时，对汽车的使用要求不同，换挡规律也不同，通常计算机将汽车在不同使用要求下的最佳换挡规律以自动换挡图的形式储存在存储器中。自动换挡控制原理框图如图 5-17 所示。

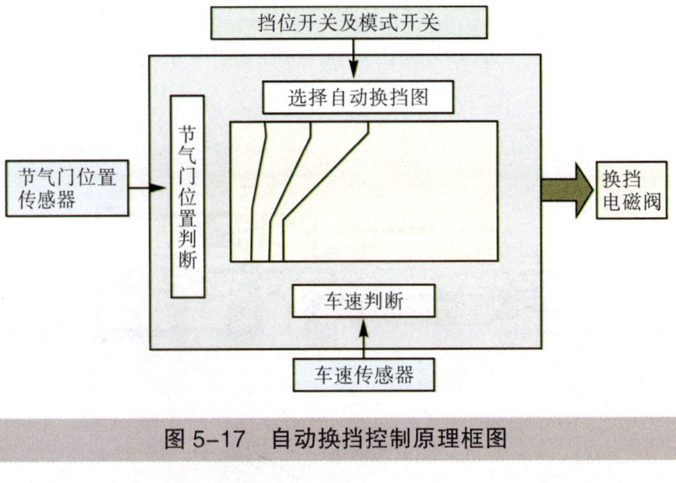

图 5-17 自动换挡控制原理框图

自动换挡控制工作过程：汽车在行驶时，计算机根据模式开关和操纵手柄的信号从存储器中选出相应的自动换挡图，再将从车速传感器、节气门位置传感器测得的车速、节气门开度等信号与所选的自动换挡图进行比较。如在一定节气门开度下行驶的汽车达到设定的换挡车速时，计算机便向换挡电磁阀发出电信号，由电磁阀的动作决定压力油通往各操纵元件的流向，以实现挡位的自动变换。

在汽车行驶过程中，ECT ECU 随时接收的信息包括：挡位开关提供的选挡操纵手柄的位置（D、2 或 L 位）信号，驱动模式选择开关提供驾驶员选择的换挡规律（NORM、PWR 或 ECON）信号，节气门位置传感器提供的发动机节气门开度（即发动机负荷）信号，No.1、No.2 车速传感器提供的汽车行驶速度信号。除此之外，还要接收发动机 ECU 和巡航控制 ECU 输送的解除超速行驶信号。图 5-18 所示为换挡控制过程框图。

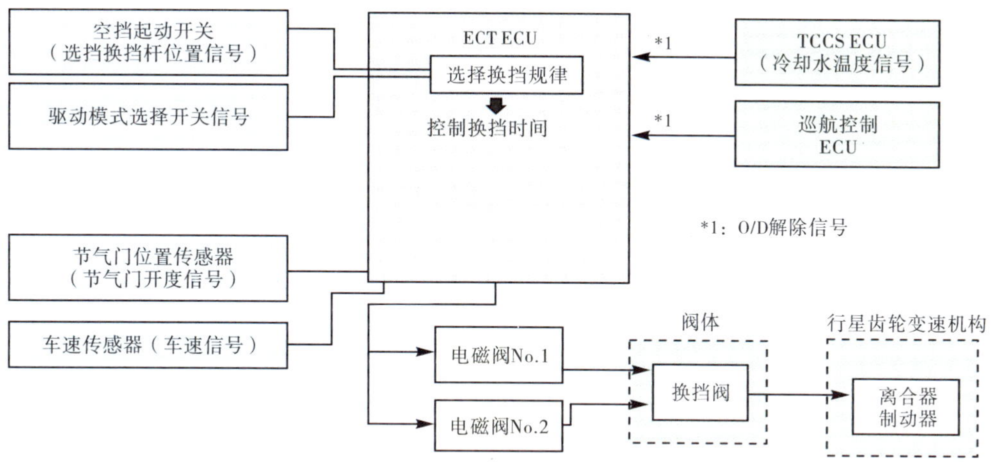

图 5-18　换挡控制过程框图

ECT ECU 首先根据空挡起动开关提供的选挡操纵手柄在前进挡（D、2 或 L）的位置信号和驾驶员选择的驱动模式开关信号选择换挡规律，再将节气门位置传感器和车速传感器输入的信号与预先存储在只读存储器（ROM）中的节气门开度和车速数据进行比较，从而确定换挡时间。自动变速器中换挡离合器和制动器的控制油路，使离合器和制动器接合或分离，从而实现自动换挡。

当车速和节气门开度达到选定换挡规律的最佳换挡时机时，立即向 No.1、No.2 电磁阀发出通电或断电指令，控制阀体中的换挡阀动作；换挡阀阀芯移动时，就会接通或关闭行星齿轮变速器中的换挡离合器和制动器的控制油路，使离合器和制动器接合或分离，从而实现自动换挡。

2. 车速控制

电子车速控制系统能自动控制车速，使汽车按选定的速度稳定行驶，无须驾驶员反复调节节气门开度。当然，在必要时也可脱开这种自动方式，转而由驾驶员控制车速。

电子车速控制系统由电子控制单元（ECU）和真空执行机构组成，后者包括真空调节器、节气门驱动伺服膜盒、车速控制开关和制动踏板上的真空解除开关等部分，如图 5-19 所示。

计算机按车速传感器提供的车速信号，控制真空机构工作。根据计算机的输出信号，电磁阀可调节控制进入该机构的新鲜空气量，从而控制作用于伺服膜盒内的真空度。当车速低时，真空调节器供给的空气量减少，使伺服膜盒内的真空度增加，通过膜片的移动，使节气门开度增大。反之，当车速高于控制车速时，真空调节器供给的空气量就会增加，伺服膜盒内的真空度降低，使节气门开度减小。

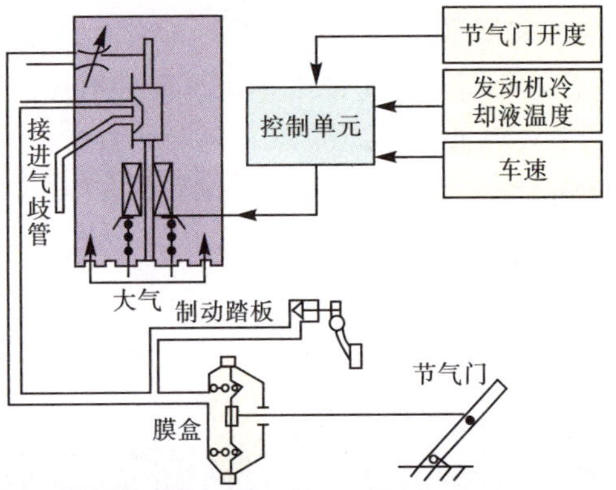

图 5-19 电子车速控制系统

正常行驶时，在发动机进气管负压和真空调节器供给定量空气的共同作用下，伺服膜盒内保持一定的真空度，控制汽车按预定速度稳定行驶。

当汽车以巡航方式在超速挡行驶时，若实际行驶车速低于标准车速 4 km/h 以上，巡航控制单元将向 ECU 发出信号，要求自动退出超速挡。这种控制功能还可以防止自动变速器在发动机冷却液温度低于 60 ℃时进入超速挡工作。

3. 自动模式控制

在有模式开关的电子控制自动变速器上，驾驶员可以通过该开关来改变自动变速器的控制模式。目前一些新型的电子控制自动变速器由于采用了新型的计算机，具有很强的运算和控制功能，并具有一定的智能控制能力，因此，这种自动变速器可以取消模式开关，由计算机进行自动模式选择控制。计算机通过各个传感器测得汽车行驶状况和驾驶员的操作方式，经过运算分析，自动选择采用经济模式、动力模式或普通模式进行换挡控制，以满足不同的行驶要求。

①当操纵手柄位于前进低挡（S 位或 2 位、L 位或 1 位）时：计算机只选择动力模式。

②在前进挡（D 位）：当油门踏板被踩下的速率较低时，计算机选择经济模式；当油门踏板被踩下的速率超过控制程序中所设定的速率时，计算机由经济模式转变为动力模式。

③在前进挡（D 位）：计算机选择动力模式时，一旦节气门开度低于 12.5%，换挡规律即由动力模式转换为经济模式。

4. 锁止离合器控制

自动变速器 ECU 内储存有不同行驶模式下控制锁止离合器工作的程序，根据车速传感器和节气门位置传感器发出的信号，自动变速器 ECU 可以控制锁止电磁阀的开和关，从而控制锁止离合器的接合或分离。

自动变速器 ECU 在以下情况下可强制解除锁止：当汽车采取制动或节气门全闭时，为防止发动机熄火，自动变速器 ECU 切断通向锁止电磁阀的电路，强行解除锁止。在自动变速器升降挡过程中，自动变速器 ECU 暂时解除锁止，以减小换挡冲击。如果发动机冷却液的温度低于 60℃，锁止离合器应处于分离状态，加速变速器预热，提高总体驾驶性能。

目前，许多新型的电子控制自动变速器采用脉冲式电磁阀作为锁止电磁阀，自动变速器 ECU 在控制锁止离合器接合时，通过改变脉冲电信号的占空比，让锁止电磁阀的开度逐渐增大，以减小锁止离合器接合时产生的冲击，使锁止离合器的接合过程变得柔和。

5. 换挡品质控制

在自动变速器换挡时，自动变速器 ECU 发出延迟发动机点火的信号，通过控制发动机转矩保证换挡平顺。另外，自动变速器 ECU 还可通过调压电磁阀调节行星齿轮系统执行机构的工作压力，使执行元件柔和地接合，进一步提高换挡品质。

电子控制技术在自动变速器上的应用可以改善换挡质量，提高车辆的乘坐舒适性。目前，常见的改善换挡质量的控制方法有减扭矩控制、换挡油压控制和 N–D 换挡控制等。

（1）减扭矩控制

在自动变速器换挡的瞬间由于发动机延迟点火时间或减少喷油量，发动机的输出扭矩会暂时减少，这样能够有效地减小换挡冲击和汽车加速度出现的波动，这就是减扭控制或减扭矩控制。

减扭矩控制过程是这样的，在自动变速器升挡或降挡的瞬间，挡位开关向自动变速器 ECU 发送换挡信号，自动变速器 ECU 再通过总线向发动机 ECU 提供换挡信号。发动机 ECU 接收到这一信号后立即对火花塞或喷油器进行控制，延迟点火时间或减少喷油量，控制原理如图 5-20 所示。

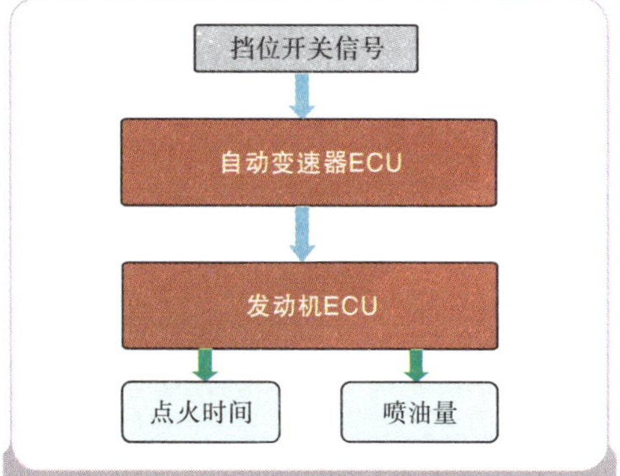

图 5-20　发动机的减扭矩控制

（2）换挡油压控制

为了减小换挡时的冲击，在升挡或降挡的瞬间 ECU 控制油路压力阀适当地降低主油路油压。还有一些自动变速器电子控制系统在换挡时，ECU 控制电磁阀将减小减震器活塞的背压，以减缓离合器或制动器液压缸内油压的升高速度，达到减小换挡冲击的目的。

（3）N（P）–D（R）换挡控制

N–D 换挡控制是在选挡杆从 N 挡或 P 挡位置换入 D 挡或 R 挡位置，或相反地从 D 挡或 R 挡换入 P 挡或 N 挡时才应用。它是通过调整发动机的喷油量，将发动机的转速变化减至最小程度，以改善换挡质量。如果没有这一种控制，当自动变速器选挡杆由 N 挡或 P 挡进入 D 挡或 R 挡时，发动机负荷增加，转速随之下降；反之，由 D 挡或 R 挡进入 N 挡或 P 挡时，发动机负荷减小，转速也将上升，如图 5-21 所示。

具有 N-D 换挡控制功能的自动变速器在进行这种操作时，如果输入轴传感器所测得的转速变化超过规定值，自动变速器 ECU 便发送 N-D 换挡控制信号给发动机 ECU，发动机 ECU 根据此信号控制喷油器喷油量（增加或减小）指令，以防止发动机转速变化过大。

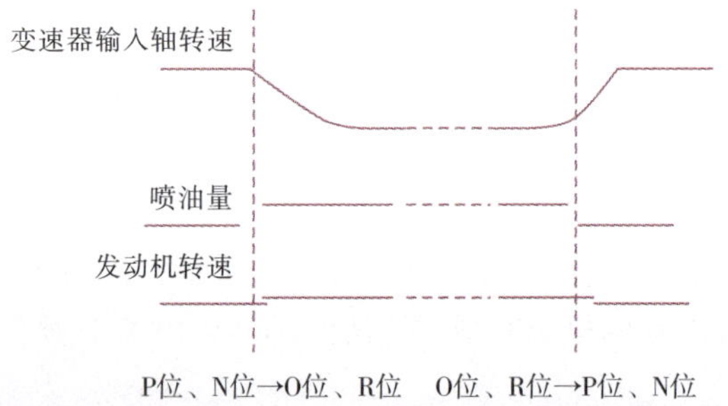

图 5-21 N-D 挡换挡控制

6. 使用输入轴转速传感器控制

现在很多配备自动变速器电子控制系统的汽车都设有输入轴转速传感器，通过该传感器能够检测自动变速器输入轴（即液力变矩器输出轴）的转速。这样可以计算出变矩器的传动比（即泵轮和涡轮的转速之比）及自动变速器的传动比，使系统可以更精确地控制自动变速器的工作，特别是换挡油压控制、减扭控制和锁止离合器控制。利用输入轴转速进行计算，可使这些控制的时间更加精确，从而获得最佳的换挡效果和乘坐舒适性。

7. 油压控制

电液式控制系统中的主油路油压也是由主油路调压阀调节的，并且主油路油压应随发动机负荷的增大而提高，以满足传递大功率时对离合器、制动器等执行元件液压缸工作压力的要求。

目前，不少新型电控式自动变速器的电液式控制系统已完全取消了由节气门拉索或节气门真空阀控制的节气门阀，而是以一个油压电磁阀来产生节气门油压。油压电磁阀是脉冲式电磁阀，计算机根据节气门位置传感器测定的节气门开度，控制发往油压电磁阀的脉冲信号的占空比，以改变油压电磁阀排油孔的开度，使主油路油压随节气门开度而变化。节气门开度越大，脉冲电信号的占空比越小，油压电磁阀的排油孔开度越小，节气门油压也就越大。节气门油压被作为控制油压反馈到主油路调压阀，使主油路调压阀随着节气门开度的变化来调节主油路压力的高低，以获得不同发动机负荷下主油路压力的最佳值，并将驱动油泵所需的动力减小到最小。

8. 发动机制动控制

现在一些新型电控式自动变速器的强制离合器或强制制动器（为利用发动机的制动作用而设置的执行元件）的工作也是由计算机通过电磁阀来控制的，计算机按照设定的控制程序，在操纵手柄位置、车速、节气门开度等满足一定条件时，向强制离合器电磁阀或强制制动器电磁阀发出电信号，打开强制离合器或强制制动器的控制油路，使之接合或制动，让自动变速器具有反向传递动力的能力，从而在汽车滑行时可以实现发动机制动。

9. 故障自诊断系统

自动变速器电子控制系统中如果电子控制装置中的某传感器出现故障，不能向控制计算机传送信号，或某个执行器损坏，无法完成自动变速器 ECU 的控制命令，便会直接影响那个变速器 ECU 对自动变速器的控制，变速器就不能正常工作。为了能够及时发现系统故障，在系统内设有专门的子系统——故障自诊断系统。在汽车行驶过程中，故障自诊断系统会不停地监测自动变速器电子控制系统中所有传感器和执行器的工作情况。一般情况下，故障自诊断系统一旦发现某个传感器或执行器有故障或工作异常时，仪表盘上的自动变速器故障警告灯会亮起，以提醒驾驶员及时将汽车送至修理厂维修。

故障自诊断系统将检测到的故障内容以故障代码的形式储存在自动变速器 ECU 的 RAM 中，只要不中断自动变速器 ECU 的电源，RAM 中的故障代码就不会消失，即使是汽车行驶中偶尔出现一次故障，故障自诊断系统也会及时地检测到，并保存下来。在修理时，维修人员可以读取储存在自动变速器 ECU 内的故障代码，方便故障的快速诊断与排除。

10. 失效保护

在自动变速器 ECU 中一般会设有失效保护程序，该程序主要是为了在自动变速器电子控制系统出现故障后，能够保持汽车的基本行驶能力。当然，在这种状态下，自动变速器的工作性能会受到一些影响。

当传感器出现故障后，常见的失效保护功能如下所述。

（1）节气门位置传感器故障

当节气门位置传感器出现故障时，自动变速器 ECU 以怠速开关的状态为依据来进行控制：当怠速开关断开时（即油门踏板被踩下），按节气门开度的 50% 进行控制，同时节气门油压按最大输出；当怠速开关闭合时（即油门踏板完全放松），按节气门全闭状态进行控制，同时节气门油压按最小输出。

（2）车速传感器故障

车速传感器出现故障时，自动变速器 ECU 不能进行自动换挡控制，这时的自动变速器挡位由换挡杆所处的位置决定；如果换挡杆在 D 挡或 S（或 2）挡，则自动变速器挡位为超速挡或 3 挡；若换挡杆在 L（或 1）挡，则为 2 挡或 1 挡；或不管换挡杆在前进挡的任何位置，均为 1 挡，以保持汽车最基本的行驶能力。在有两个车速传感器的车上，当其中一个出现故障时，可用另一个的信号来代替。例如，大众 01M 型自动变速器的车速传感器出现故障时就用输入轴转速传感器的信号来代替。

（3）输入轴传感器故障

输入轴传感器出现故障时，自动变速器 ECU 将停止减扭控制，会造成换挡冲击增大。

（4）自动变速器油液温度传感器故障

如果自动变速器油液温度传感器出现故障，自动变速器 ECU 则会按自动变速器油液在温度为 80 ℃时进行控制。

当执行器出现故障后，自动变速器 ECU 常采取失效保护功能。

当换挡电磁阀出现故障时，不同的控制方式会有不同的失效保护功能：

一种是全部换挡电磁阀出现故障，自动变速器 ECU 停止所有换挡电磁阀的工作，此时自动变速器挡位将完全决定于选挡杆的位置：选挡杆在 D 挡或 S（或 2）挡时，则自动变速器的挡位是 3 挡；选挡杆在 L（或 1）挡时则为 2 挡。

第二种是全部换挡电磁阀中有若干个出现故障时，自动变速器 ECU 控制其他无故障的换挡电磁阀工作，可以保证自动变速器的某些挡位仍能自动升挡或降挡，只是升挡或降挡规律有所变化。

并非所有装配有自动变速器的车辆的失效保护功能都一样。

任务三　电子控制系统的检修

一、车速传感器和输入轴转速传感器

车速传感器与输入轴转速传感器的结构和工作原理相同，其检修方法也一致，即通过各种测量方法判断其工作性能是否正常。

1. 车速传感器或输入轴转速传感器的感应线圈电阻的测量

其测量方法是：

①拔下车速传感器或输入轴转速传感器线束插头。

②用万用表测量车速传感器或输入轴转速传感器两接线端之间的电阻。不同车型自动变速器的这种传感器感应线圈的电阻不完全相同，通常为几百欧到几千欧。如果感应线圈短路、断路或电阻值不符合标准，应更换传感器。

2. 车速传感器或输入轴转速传感器的输出脉冲的测量

测量车速传感器输出脉冲时，可用千斤顶将汽车一侧的驱动轮顶起，让操纵手柄位于空挡位置，用手转动悬空的驱动轮，同时用万用表测量车速传感器两接线柱之间有无脉冲感应电压。测量时，应将万用表选择开关转至 1 V 以下的直流电压挡位置或电阻挡位置。若在转动车轮时万用表指针有摆动，说明传感器有输出脉冲，其工作正常；否则，应更换传感器。

测量输入轴转速传感器输出脉冲时，应将传感器拆下，用一根铁棒或一块磁铁迅速靠近或离开传感器，同时用万用表测量传感器两接线柱之间有无脉冲感应电压。如没有感应电压或感应电压很微弱，说明传感器有故障，应更换。

二、水温传感器和液压油温度传感器

水温传感器和液压油温度传感器的内部都是一个半导体热敏电阻，其检修方法相同。

①拆下水温传感器或液压油温度传感器。

②将传感器置于盛有水的烧杯中，加热杯中的水，同时测量在不同温度下传感器两接线端之间的电阻，如图 5-22 所示。

③将测量的电阻值与标准相比较。如不符合标准，则更换传感器。

图 5-22　水温传感器的检测

三、挡位开关

1. 检测方法

①用举升器将汽车升起。

②拆下连接在自动变速器手动阀摇臂和操纵手柄之间的连杆。

③拔下挡位开关的线束插头。

④将手动阀摇臂拨至各个挡位，同时用万用表测量挡位开关线束插座内各插孔之间的导通情况。

⑤将测量结果与标准值进行比较。如有不符，应重新调整。

2. 挡位开关的调整

挡位开关的调整方法在这里不再赘述。

3. 挡位开关的更换

①拆下手动阀摇臂和操纵手柄之间的连杆。

②拧松手动阀摇臂轴上的锁紧螺母，拆下手动阀摇臂。

③拧下挡位开关固定螺栓，拆下挡位开关。

④按拆卸相反的顺序安装新的挡位开关。

⑤按规定的程序重新调整挡位开关。

四、开关式电磁阀

1. 开关式电磁阀的就车检查

①用举升器将汽车升起。

②拆下自动变速器的油底壳。

③拔下电磁阀的线束插头。

④用万用表测量电磁线圈的电阻，如图 5-23（a）所示。自动变速器开关式电磁阀线圈的电阻一般为 10~30 Ω。若电磁线圈短路、断路或电阻值不符合标准，应更换。

⑤将 12 V 电源施加在电磁线圈上，如图 5-23（b）所示，此时应能听到电磁阀工作的“咔嗒”声；否则，说明阀心卡住，应更换电磁阀。

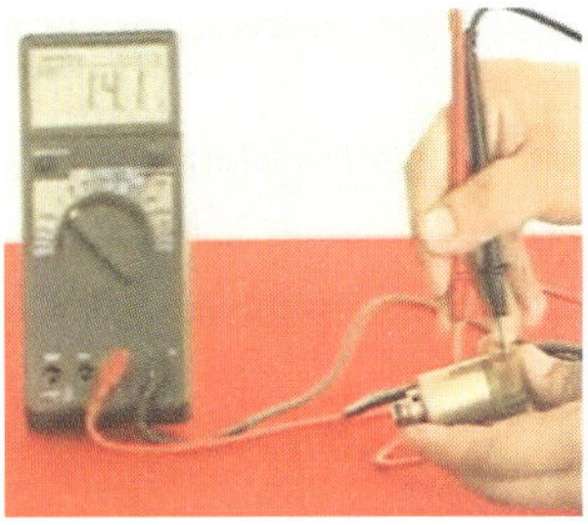

（a）

（b）

图 5-23　开关式电磁阀的检测

（a）测量电阻；（b）检测是否工作

2. 开关式电磁阀的性能检验

其检验方法是：

①拆下开关式电磁阀。

②将压缩空气吹入电磁阀进油口。

③当电磁阀线圈不接电源时，进油孔和泄油孔之间应不通气；否则，说明电磁阀损坏，应更换。

④接上电源后，进油孔和泄油孔之间应相通；否则，说明电磁阀损坏，应更换。

五、脉冲式电磁阀

1. 就车检查

①用举升器将汽车升起。

②拆下自动变速器的油底壳。

③拔下脉冲式电磁阀的线束插头。

④用万用表测量电磁线圈的电阻值，如图 5-24 所示。脉冲电磁阀的线圈电阻值较小，一般为 2~6 Ω。若电磁阀线圈短路、断路或电阻值不符合标准，应更换电磁阀。

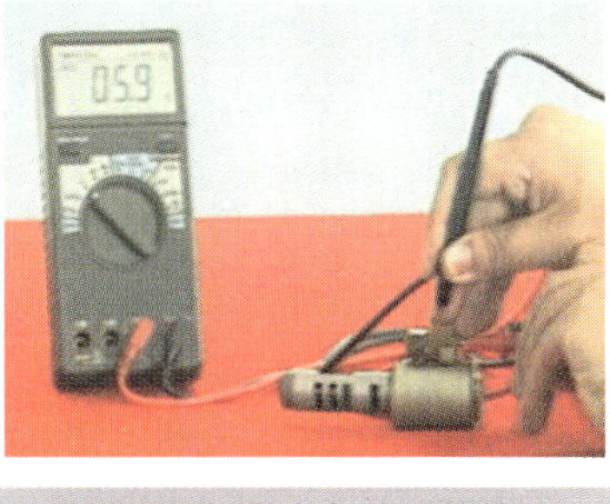

图 5-24　脉冲电磁阀的检测

2. 性能检验

其检验方法是：

①拆下脉冲式电磁阀。

②将蓄电池电源串联一个 8~10 W 的灯泡，然后与电磁线圈连接（脉冲式电磁线圈电阻较小，不可直接与 12 V 电源连接，否则会烧毁电磁线圈）。

③在通电时，电磁阀阀芯应向外伸出；断电时，电磁阀阀芯应向内缩入，如图 5-25 所示。如有异常，说

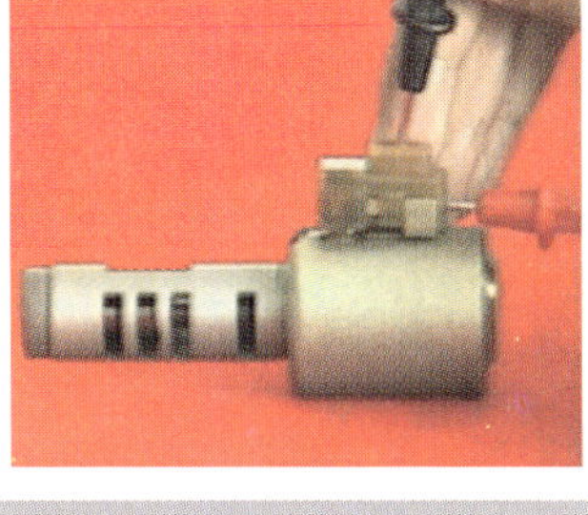

图 5-25　脉冲电磁阀的性能检测

明电磁阀损坏，应更换。

脉冲式电磁阀的另一种检验方法是采用可调电源。

其方法是：将可调电源与电磁线圈连接。调整电源的电压，同时观察阀芯的移动情况。当电压逐渐升高时，阀芯应随之向外移动；当电压逐渐减小时，阀芯应随之向内移动。否则，说明电磁阀损坏，应更换。在检验中应注意保持电源的电流不超过 1 A。

六、自动变速器故障代码的读取

读出故障代码的方法有两种：一种是利用检测仪的方法，另一种是采用人工的方法。

1. 汽车计算机检测仪的使用

为了方便汽车维修人员对汽车各部分的电子控制系统进行维修，许多汽车制造厂家为自己生产的带有计算机的汽车设计了专用的计算机检测仪，如图 5-26 所示。在这些汽车的控制电路上有一个专用的计算机故障检测插座，通常位于发动机附近或驾驶室仪表板下方，通过线路与汽车各部分的计算机（如发动机计算机、自动变速器计算机、制动防抱死装置计算机等）连接。只要把汽车制造厂提供的该车型的计算机检测仪与汽车上的计算机故障检测插座连接，然后打开点火开关，就可以很方便地对汽车的发动机、自动变速器及其他部分的计算机和控制系统进行检测。这种计算机检测仪只能用于指定的车型，对于其他厂家的车型不能使用。

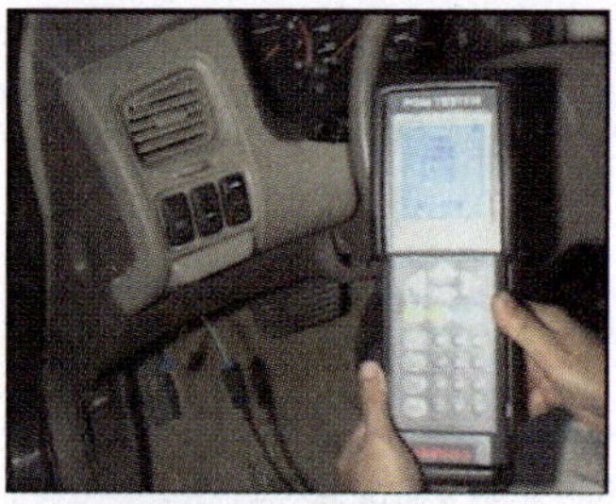

图 5-26　计算机检测仪的应用

2. 故障代码的人工读取

不同车型的电子控制自动变速器计算机故障代码的人工读取方法各不相同。目前，大部分车型的计算机故障代码的人工读取方法是：用一根导线将汽车计算机故障检测插座内特定的两个插孔（故障自诊断插孔和接地插孔）短接，然后通过观察仪表板上自动变速器故障警告灯的闪亮规律读取故障代码，如日本丰田轿车、美国通用轿车、美国福特轿车等都是采用这种方法。不同车型的汽车计算机故障检测插座形状及插孔分布各不相同。

思考与练习

一、填空题

1. 电子控制自动变速器采用_______，其控制系统由_______和_______两大部分组成。

2. 汽车自动变速器电控系统与汽车其他电控系统一样，也是由_________、_________、和_______等部件组成的。

3. 节气门信号一般先送到_______________，通过发动机 ECU 送给______________。

4. 常用的车速传感器有_______、_______和_______等。

5. 常见的电磁阀有_______和_______ 两种。

二、判断题

1. 发动机转速传感器的安装位置只能在飞轮上。（　　）

2. 强制降挡是自动变速器计算机的一项控制功能。（　　）

3. 在电控自动变速器中，控制换挡的发动机负荷信号来自节气门位置传感器。（　　）

4. 换挡阀也具有强制降挡功能。（　　）

5. 在升挡或降挡的瞬间，ECU 通过油压电磁阀适当增大主油路油压，以减小换挡冲击。（　　）

6. 速控阀在汽车低速和高速行驶时有不同的工作特性。（　　）

三、选择题

1. 在电控自动变速器中，控制换挡的车速信号来自（　　）。

A. 车速传感器　B. 发动机转速传感器　C. 轮速传感器　D. 调速阀

2. 下列属于换挡品质控制阀的是（　　）。

A. 锁止阀　B. 调速器调压阀　C. 手动阀　D. 换挡阀

3. 技师甲说：在大多数电控换挡系统中，节气门开度是一个重要的输入信息；技师乙说：对于电控换挡系统，车速是一个重要的输入信息。谁正确？（　　）

A. 甲正确　B. 乙正确　C. 两人均正确　D. 两人均不正确

课题六

自动变速器的拆装与常见故障诊断

学习任务

1. 掌握自动变速器的拆装方法；
2. 掌握常见的自动变速器故障诊断。

技能要求

1. 能够单独拆装自动变速器；
2. 能对自动变速器的常见故障进行诊断与排除。

任务一　自动变速器的拆装

自动变速器的拆卸方法和普通齿轮式变速器有所不同，必须按照正确的步骤进行，以免损坏自动变速器。在拆卸自动变速器之前，应关闭汽车的点火开关，拆下蓄电池负极电缆，放掉自动变速器中的液压油（ATF），然后按照以下步骤拆卸。

1. 变速器总成的拆卸

（1）准备工作

①分离蓄电池负极电缆。

②确定车辆在轮胎下面垫安全楔木的情况下静止不动。

③把变速杆挂到 N 位。

（2）具体步骤

①从分动器上拆卸前、后传动轴，如图 6-1 所示。将自动变速器油底壳螺栓拆下，排放 ATF 油（液压油），如图 6-2 所示。

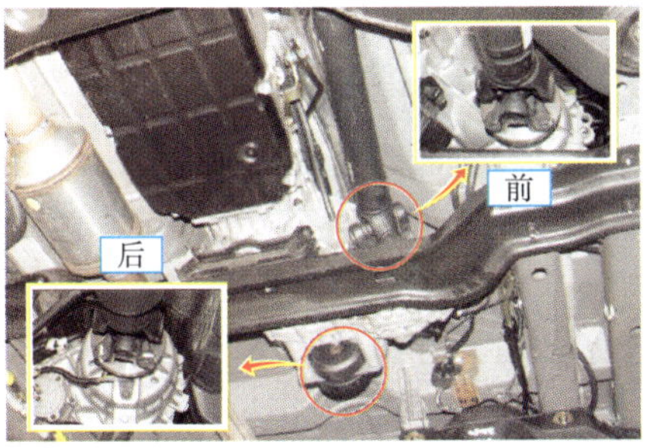

图 6-1　拆卸前、后传动轴

图 6-2　排放 ATF 油（液压油）

②分离 T/C 电动机连接器、塞连接器、变速杆、放气软管和其他附件。

· 拆卸 T/C 电动机连接器及塞连接器，如图 6-3 所示。

· 拆卸放气软管，如图 6-4 所示。

· 把变速杆挂入 N 位，如图 6-5 所示。

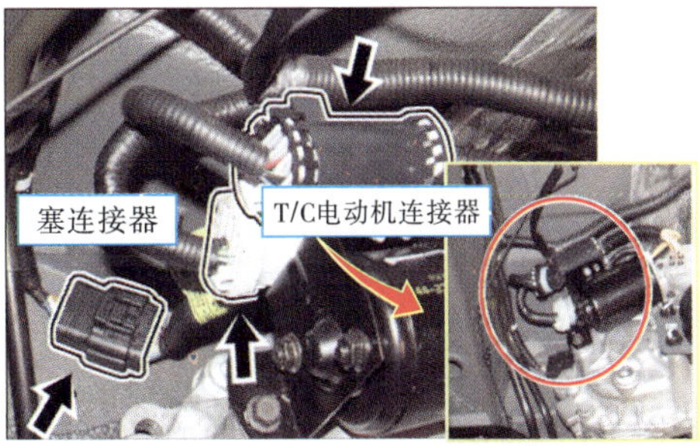

图 6-3　拆卸连接器

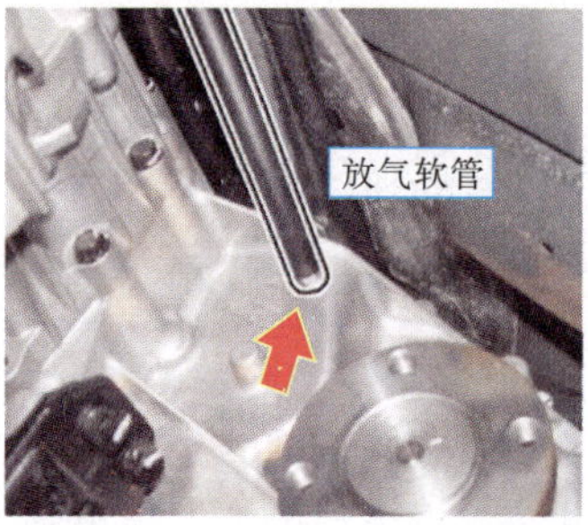

图 6-4 拆卸放气软管

图 6-5 变速杆挂入 N 位

③从自动变速器上拆卸回油管、供油管和加油管，如图 6-6 所示。

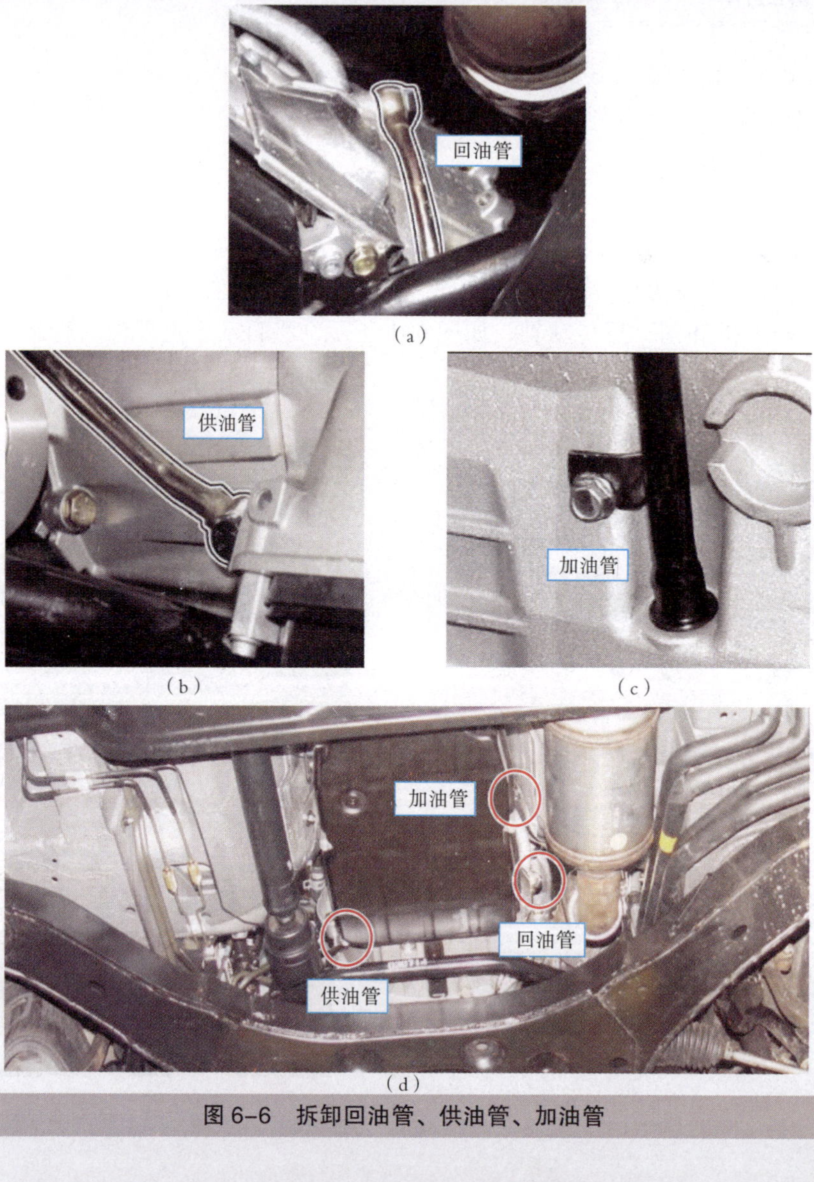

图 6-6 拆卸回油管、供油管、加油管

④拆卸稳定器固定螺栓，并把它放到位于其下方的副车架上，如图 6-7（a）所示。

⑤用液压千斤顶支撑变速器，如图 6-7（b）所示。

（a）

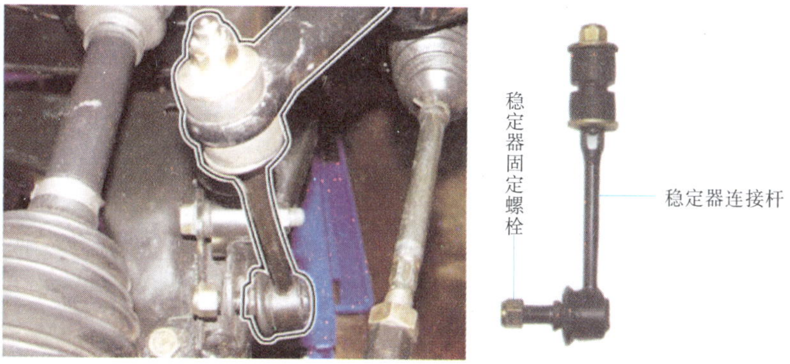

（b）

图 6-7　拆卸稳定器

⑥拧下中央横梁固定螺栓，如图 6-8 所示。

（a）

图 6-8　拆卸横梁

中央螺栓-中央横梁架

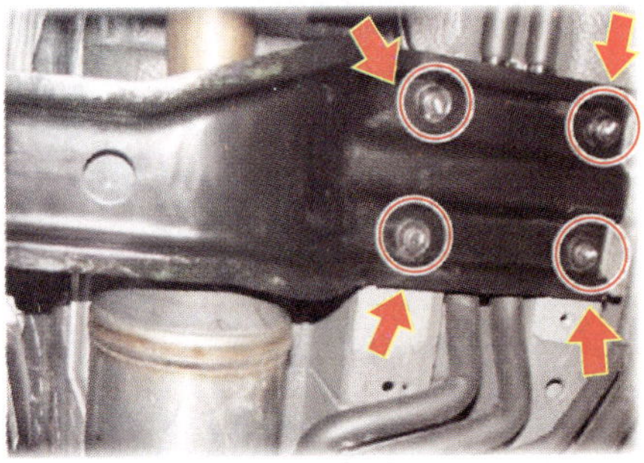

侧面螺栓-中央横梁架

（b）

图 6-8 拆卸横梁（续）

⑦拧下自动变速器的绝缘支架螺栓并拆卸支架，如图 6-9 所示。

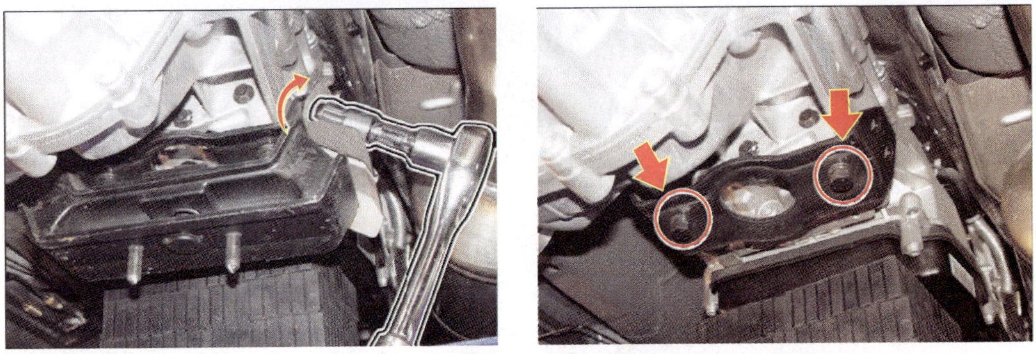

图 6-9 拆卸自动变速器绝缘支架

⑧拧下分动器的固定螺栓并从自动变速器上拆卸分动器。

⑨拆卸液力变矩器孔盖，并在顺时针转动发动机曲轴的同时一个接一个地拆卸液力变矩器螺栓，如图 6-10 所示。

图 6-10 拆卸液力变矩器螺栓

⑩拆卸变速器壳螺栓并用千斤顶缓慢降下变速器，如图 6-11 所示。

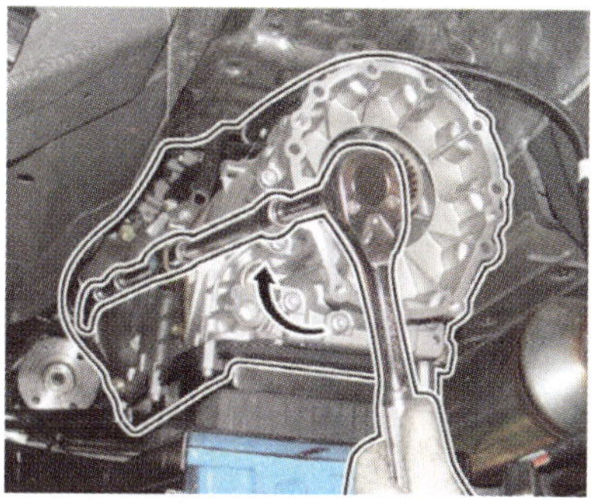

图 6-11　拆卸变速器螺栓并将变速器从车上取下

⑪ 用专用工具拆卸液力变矩器，如图 6-12 所示。

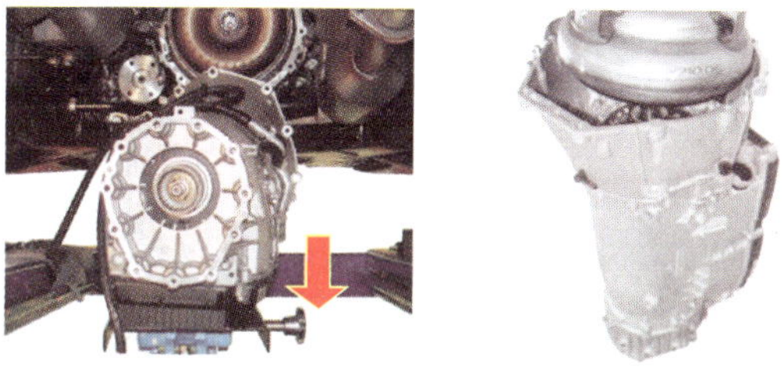

图 6-12　用专用工具拆卸液力变矩器

安装时按拆卸的相反顺序进行。

2. 阀体总成的拆卸

（1）准备工作

把变速器放在工作台上，如图 6-13 所示。

（2）具体步骤

①拧下螺栓并拆卸导向轴，如图 6-14 所示。

图 6-13　将变速器放在工作台上

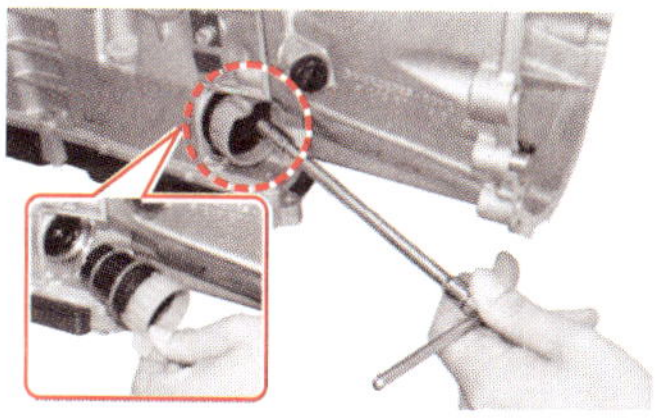

图 6-14　导向轴的拆卸

②拧下油底壳螺栓并拆卸油底壳，如图 6-15 所示。

③拆卸 ATF 滤清器，如图 6-16 所示。

图 6-15 拆卸油底壳

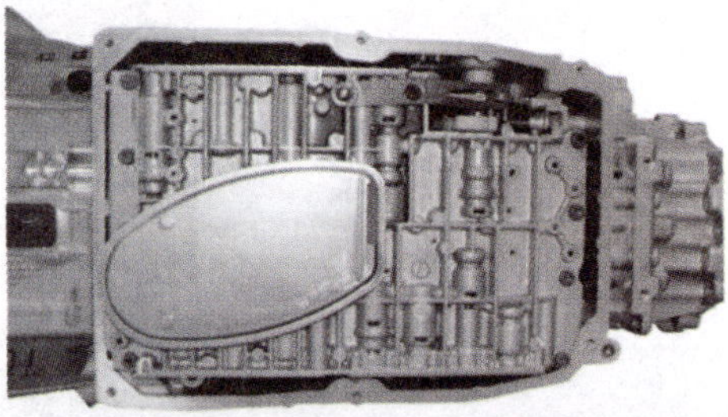

图 6-16 拆卸 ATF 滤清器

④拆卸螺栓并从变速器壳上拆卸阀体，如图 6-17 所示。

⑤分解并重新装配阀体总成。

· 拆卸电磁阀盖，如图 6-18 所示。

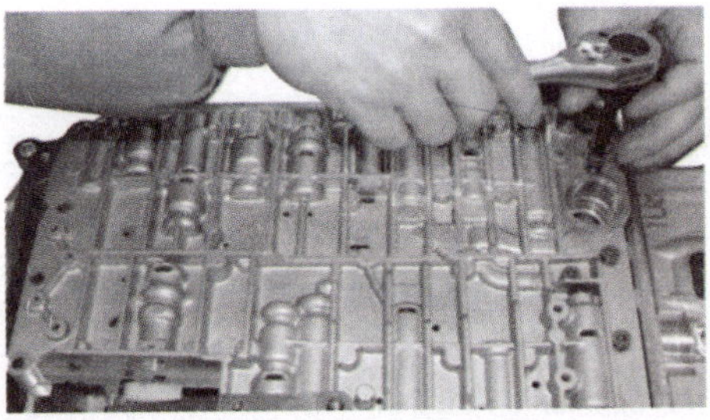

图 6-17 拆卸阀体螺栓

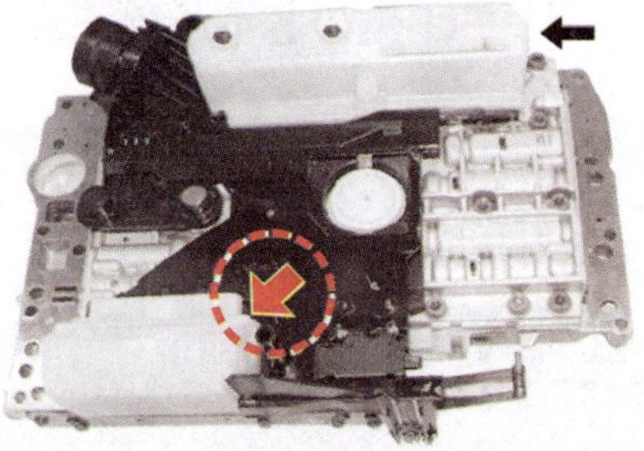

图 6-18 拆卸电磁阀盖

· 拧下电磁阀上的螺栓并拆卸片弹簧，如图 6-19 所示。

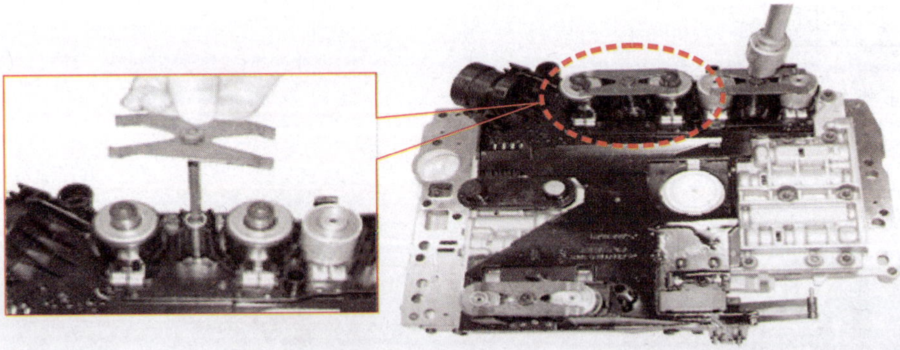

图 6-19 拆卸电磁阀上的片弹簧

· 从阀体上拆卸电磁阀，如图 6-20 所示。

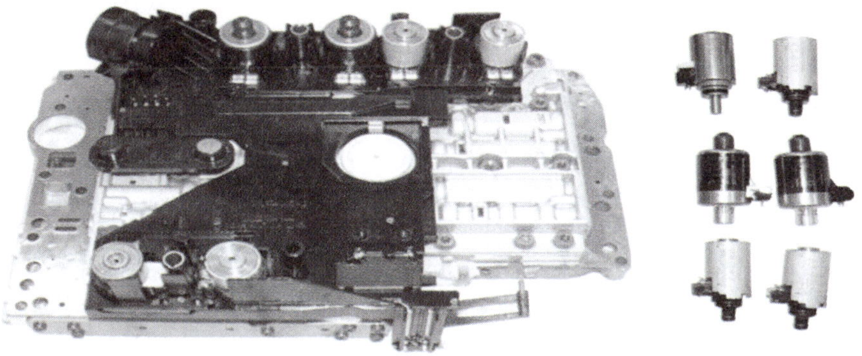

图 6-20　拆卸电磁阀

· 从换挡板上拆卸电控模块，如图 6-21 所示。

图 6-21　拆卸电控模块

3. 变矩器壳和变速器壳的拆卸

变矩器壳和变速器壳如图 6-22 所示。

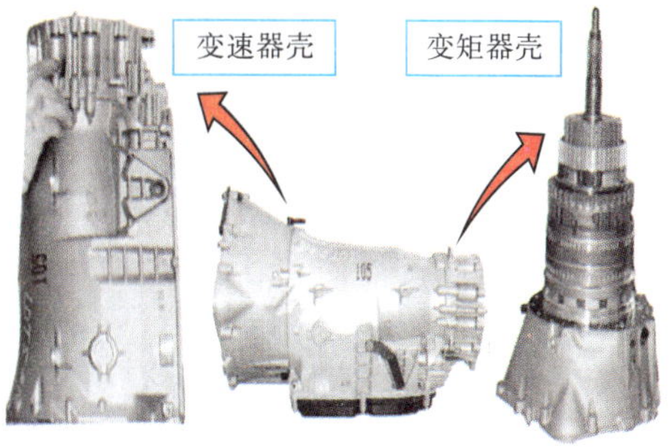

图 6-22　变矩器壳和变速器壳

①在工作台上放置变速器总成，如图 6-23 所示。

②从变速器壳上拆卸后延伸壳，如图 6-24 所示。

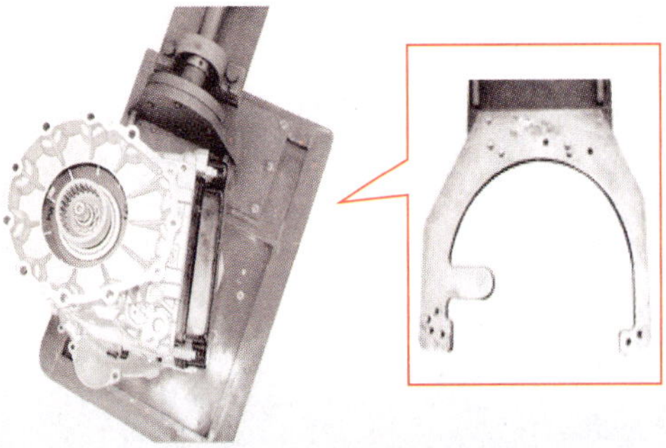

图 6-23 将变速器放在工作台上

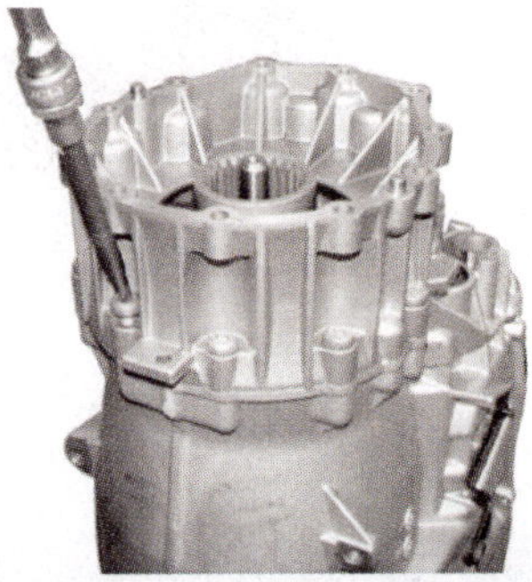

图 6-24 拆卸变速器后延伸壳

③拉出输出轴上 12 角凸边螺母内的弯点，如图 6-25 所示。

④用专用工具拆卸凸边螺母并拆卸输出轴凸缘。安装过程中弯曲凸边螺母以便锁上凸边螺母，如图 6-26 所示。

图 6-25 拉出输出轴凸边螺母内的弯点

图 6-26 拆卸凸边螺母和输出轴凸缘

⑤拆卸后油封，如图 6-27 所示。

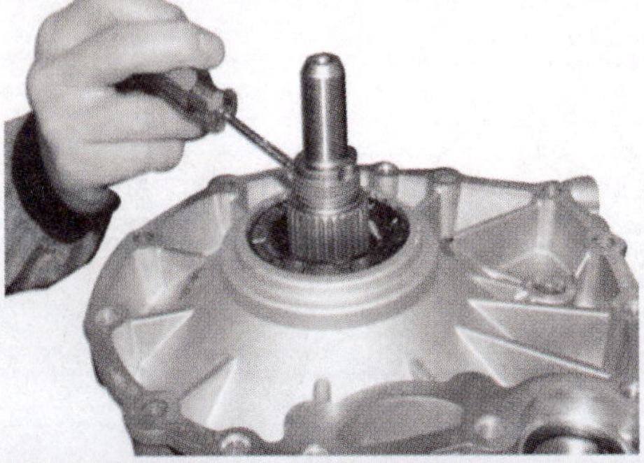

图 6-27 拆卸后油封

⑥用卡环钳拆卸卡环，并拆卸垫圈，如图 6–28 所示。

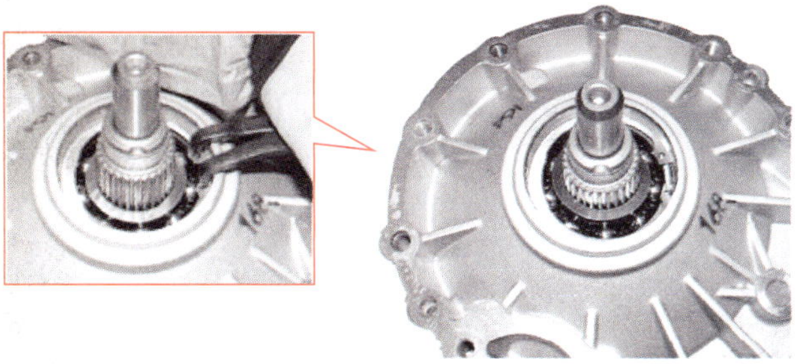

图 6–28　拆卸卡环及垫圈

⑦从变速器壳上拆卸滚珠轴承：安装喇叭口夹钳，在内轴承座圈上安装顶拔器，逆时针转动夹钳（箭头方向）以夹紧，用扳手从变速器壳上拆卸滚珠轴承，如图 6–29 所示。

图 6–29　拆卸滚珠轴承

⑧拧下紧固变矩器壳和变速器壳的凹头螺栓并从变矩器壳上拆下变速器壳，如图 6–30 所示。

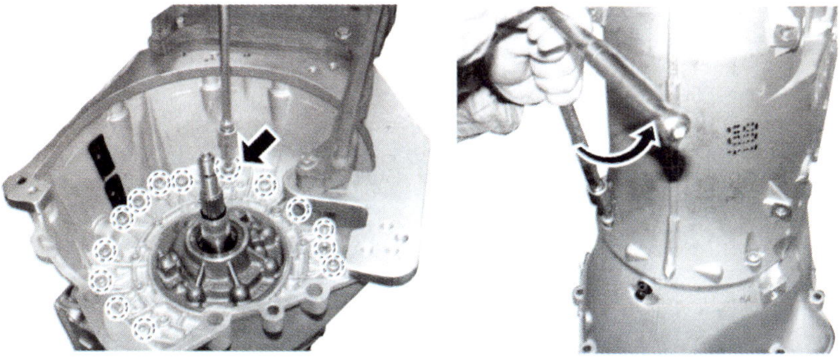

图 6–30　拆卸变速器壳

4. 变矩器壳和变速器总成的拆卸

变矩器壳总成如图 6-31 所示。

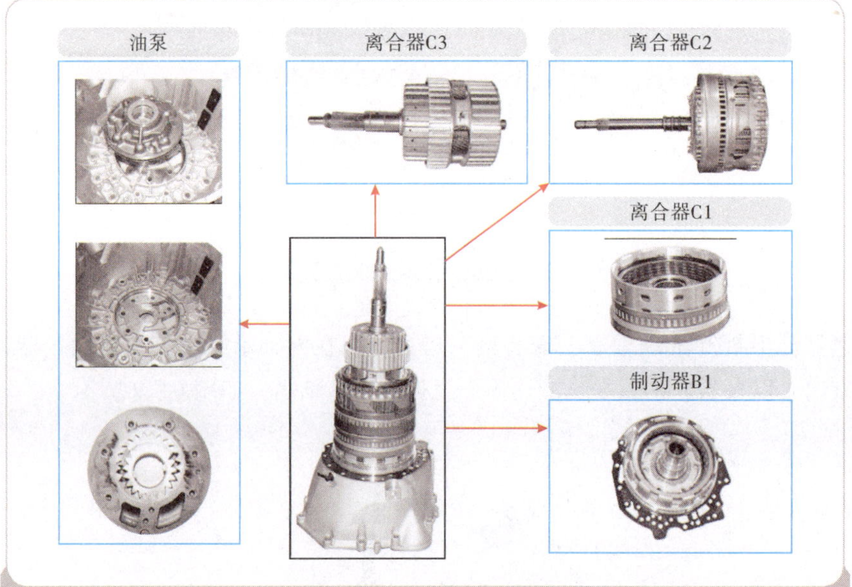

图 6-31 变矩器壳总成

①从变矩器壳总成上拆卸离合器 C3，如图 6-32 所示。

图 6-32 拆卸离合器 C3

②从变矩器壳总成上拆卸离合器 C2，如图 6-33 所示。

③从变矩器壳总成上拆卸离合器 C1，如图 6-34 所示。

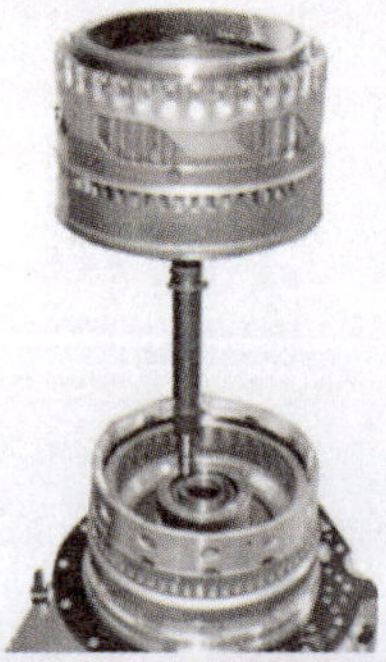

图 6-33 拆卸离合器 C2

图 6-34 拆卸离合器 C1

④拆卸制动器 B1。

· 拧下制动器 B1 上的螺栓，如图 6–35（a）所示。

· 拆卸制动器 B1 另外一面上的螺栓，如图 6–35（b）所示。

（a）　　（b）

图 6–35　拆卸制动器 B1 上的螺栓

· 从变矩器壳上拆卸制动器 B1，如图 6–36 所示。

· 从阀体上分离隔板，如图 6–37 所示。

图 6–36　拆卸制动器 B1

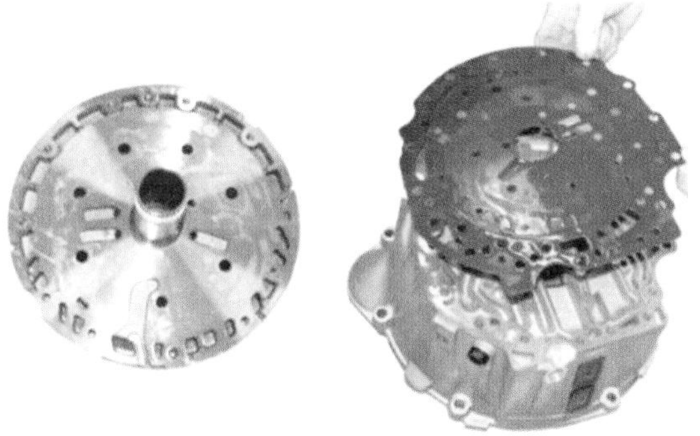

图 6–37　将阀体上的隔板分离

⑤拧下螺栓并拆卸油泵，如图 6–38 所示。

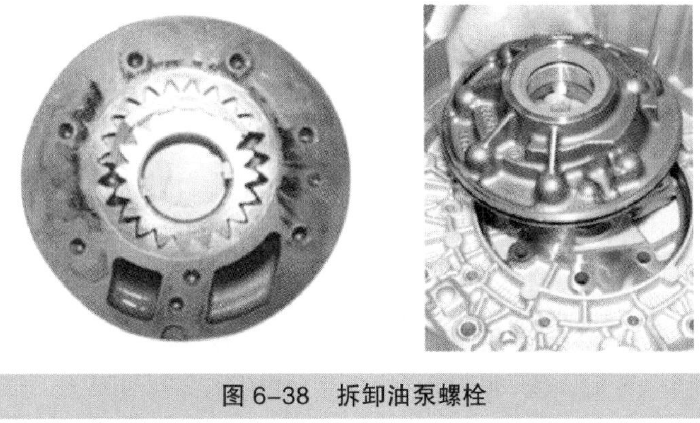

图 6–38　拆卸油泵螺栓

· 从泵壳上拆卸泵齿轮 1、2，如图 6-39 所示。
· 检查径向密封环，必要时拆卸。如图 6-40 所示。
· 更换新的 O 形圈，如图 6-40 所示。

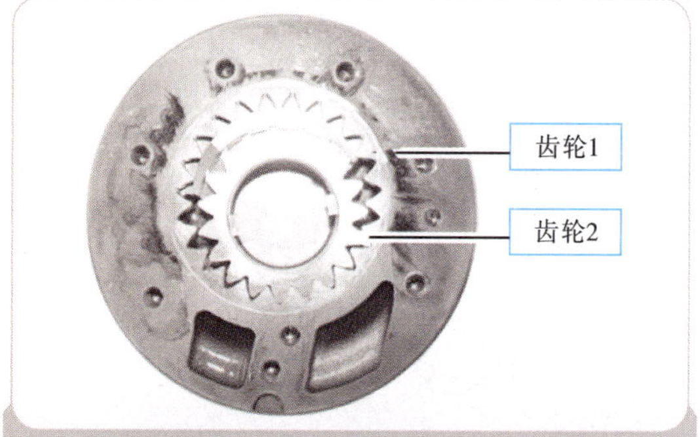

图 6-39 拆卸泵齿轮 1、2

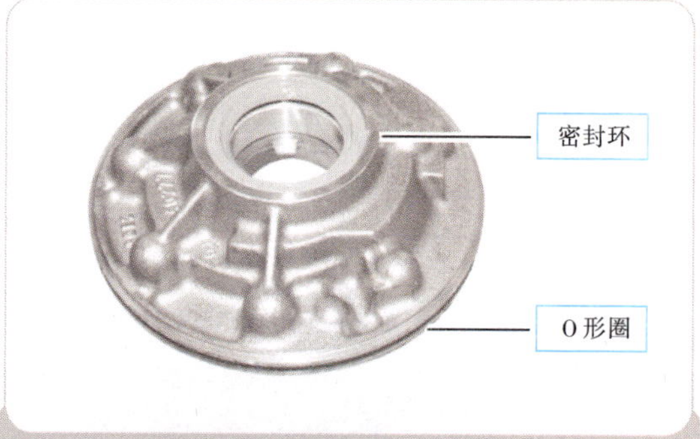

图 6-40 检查密封环及 O 形圈

5. 离合器及制动器的拆卸

变速器壳总成如图 6-41 所示。

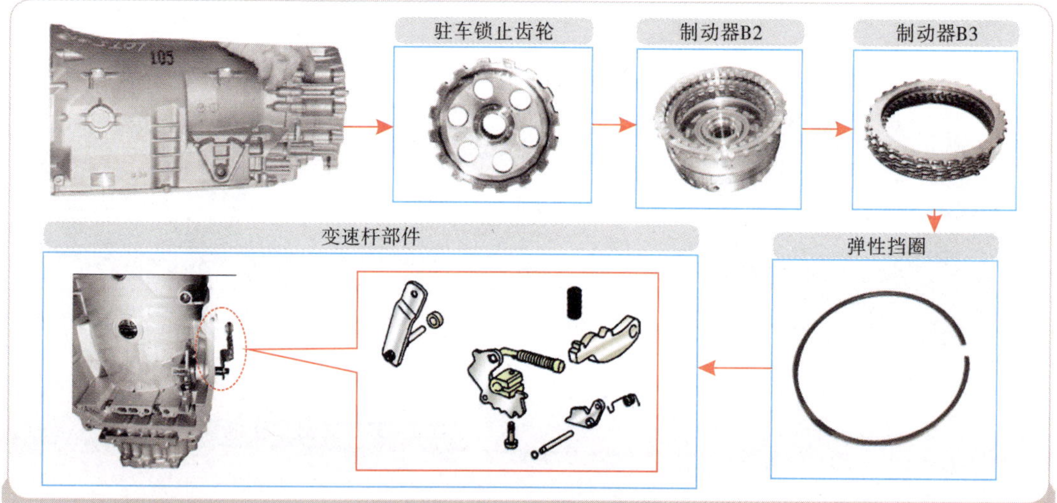

图 6-41 变速器壳总成

①在工作台上拆卸变速器总成，如图 6-42 所示。

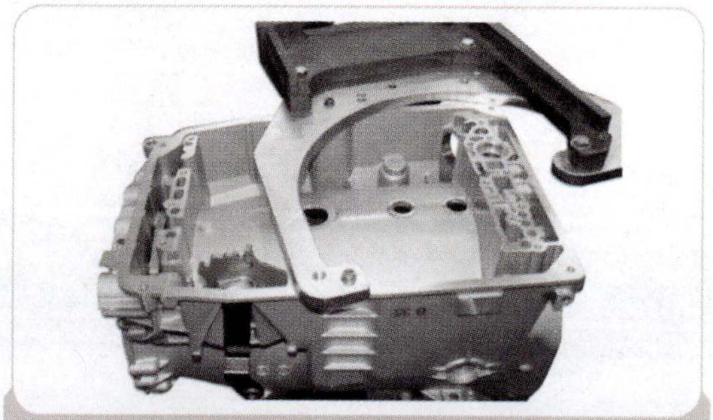

图 6-42 拆卸变速器总成

②从变速器壳上拆卸弹性挡圈，如图 6–43 所示。

图 6–43　拆卸弹性挡圈

③从变速器壳上拆卸盘组件 B，如图 6–44 所示。

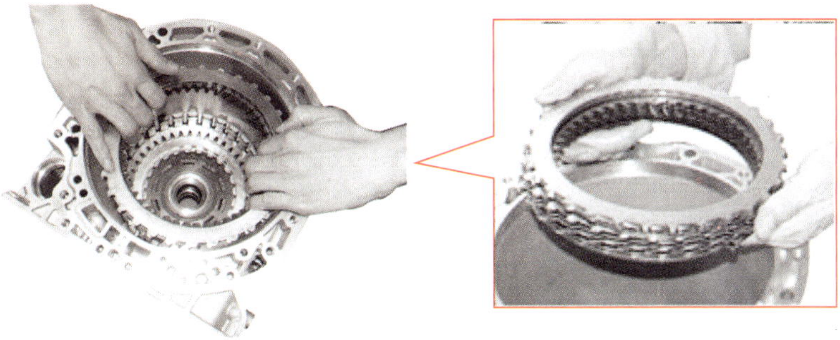

图 6–44　拆卸盘组件 B

④从变速器壳上拆卸制动器 B2 的固定螺栓，如图 6–45 所示。

⑤从变速器壳上拆卸制动器 B2，如图 6–46 所示。

图 6–45　拆卸制动器 B2 的固定螺栓

图 6–46　拆卸制动器 B2

⑥拆卸驻车锁止齿轮，如图 6–47 所示。

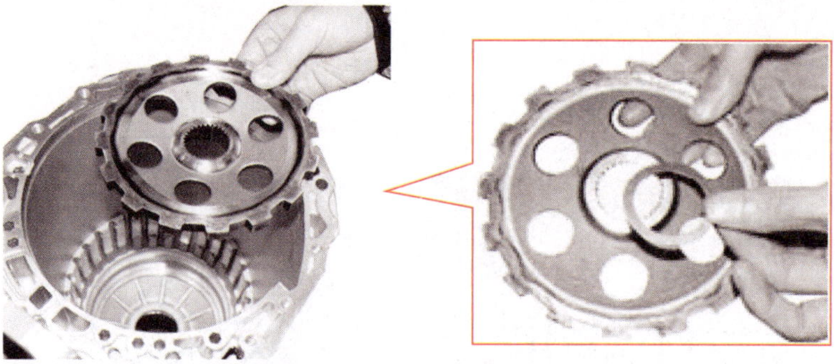

图 6-47 拆卸驻车锁止齿轮

⑦拆卸变速杆的固定螺栓，如图 6-48 所示。

⑧拆卸变速杆、连杆和止动板，如图 6-49 所示。

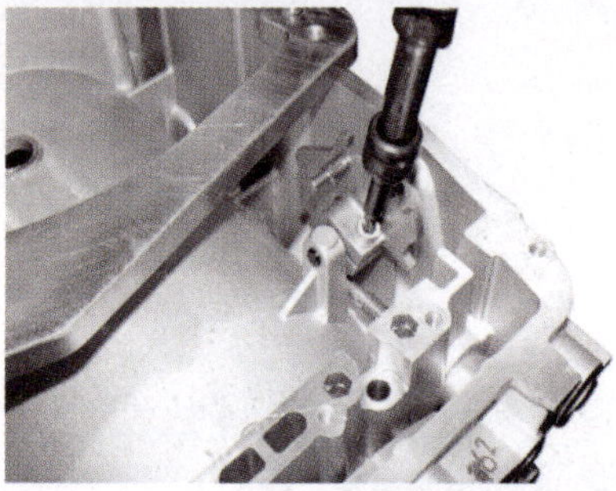

图 6-48 拆卸变速杆的固定螺栓

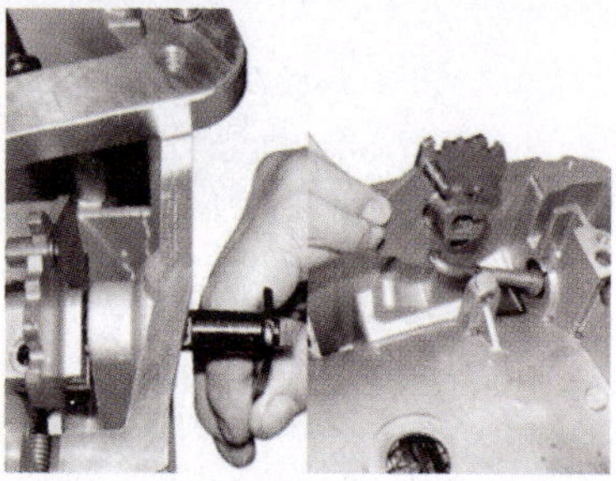

图 6-49 拆卸变速杆、连杆和止动板

⑨从驻车锁止棘爪上拆卸弹性挡圈，如图 6-50 所示。

⑩从变速器壳上拆卸锁销，如图 6-51 所示。

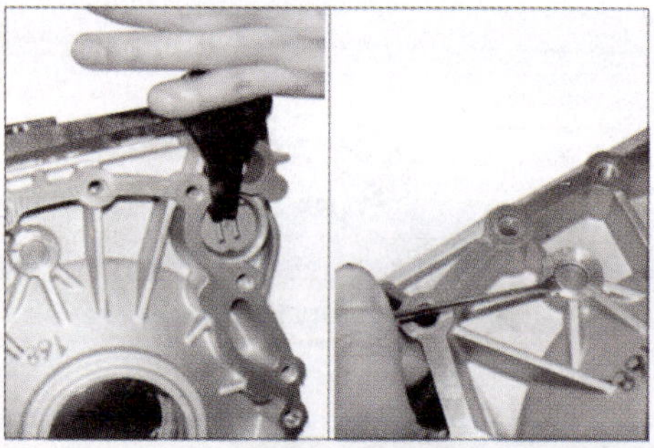

图 6-50 拆卸弹性挡圈

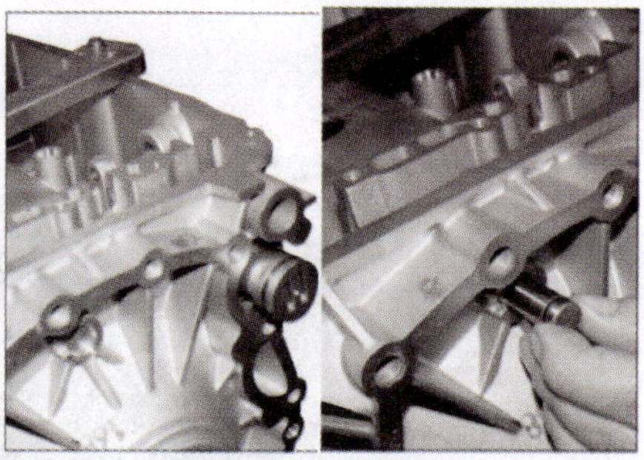

图 6-51 拆卸锁销

⑪ 从变速器壳上拆卸驻车锁止棘爪，如图 6-52 所示。

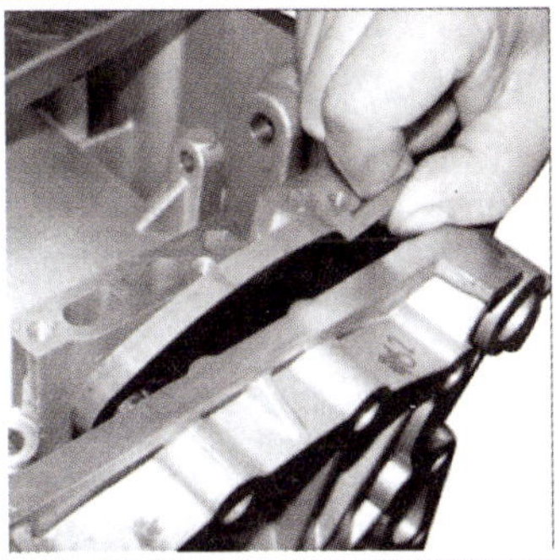

图 6-52　拆卸驻车锁止棘爪

6. 测量和调整

（1）盘式制动器 B1 的测量（见图 6-53）

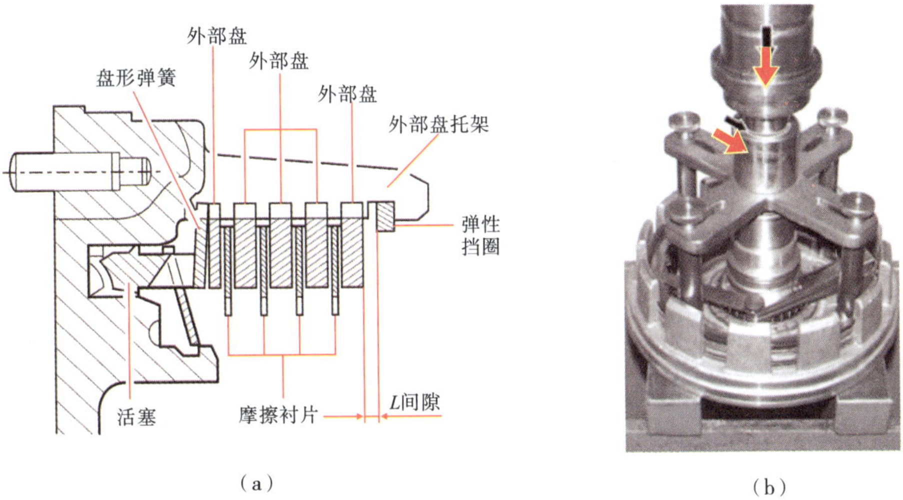

图 6-53　制动器 B1 的测量

（a）截面图；（b）检查部件位置

测量步骤

①安装前把新盘浸入 ATF 内 1 h。

②按从左到右的顺序安装制动器 B1 的盘。

③在外部盘上安装压缩机并在盘组件上施加 1 200 N 的力。此力作用在图内的箭头处，施力不要过大。

④用塞尺确定外部盘和弹性挡圈之间三个位置处的间隙 *L*。

· 安装过程中弹性挡圈应该接触外部盘托架的顶部。

⑤如需要，用适当的弹性挡圈调整间隙。

规定间隙 L：

单面摩擦片数	双面摩擦片数
2.2~2.6 mm	2.3~2.7 mm
2.4~2.8 mm	2.7~3.1 mm
2.6~3.0 mm	3.0~3.4 mm

B1 弹性挡圈的厚度：

2.6 mm、2.9 mm、3.2 mm、3.5 mm、3.8 mm、4.1 mm

（2）盘式制动器 B2 的测量（见图 6-54）

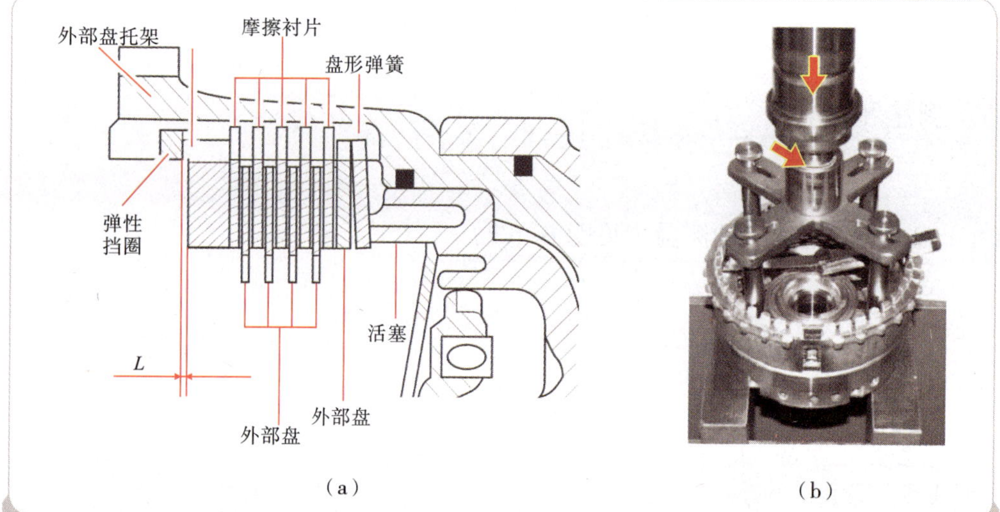

图 6-54 制动器 B2 的测量

（a）截面图；（b）检查部件位置

测量步骤

①安装前把新盘浸入 ATF 内 1 h。

②按从左到右的顺序安装制动器 B2 的盘。

③在外部盘上安装压缩机并在盘组件上施加 1 200 N 的力。此力作用在图内的箭头处，施力不要过大。

④用塞尺确定外部盘和弹性挡圈之间三个位置处的间隙 L。

· 安装过程中弹性挡圈应该接触外部盘托架的顶部。

⑤如需要，用适当的弹性挡圈调整间隙。

规定间隙 L：

单面摩擦片数

3：1.9~2.3 mm

4：2.0~2.5 mm

5：2.0~2.4 mm

B2 弹性挡圈的厚度：

2.9 mm、3.2 mm、3.5 mm、3.8 mm

（3）盘式制动器 B3 的测量（见图 6-55）

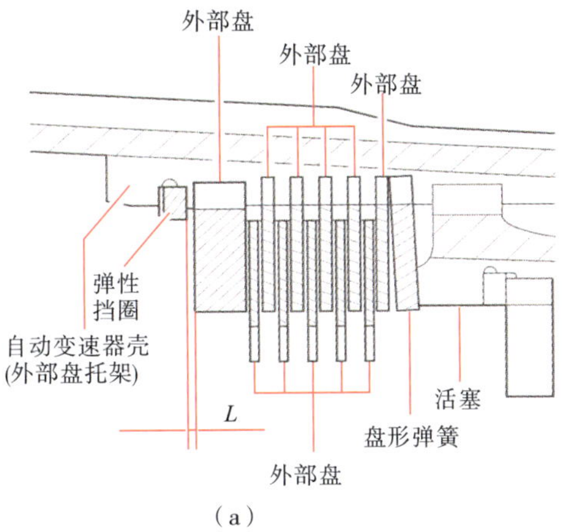

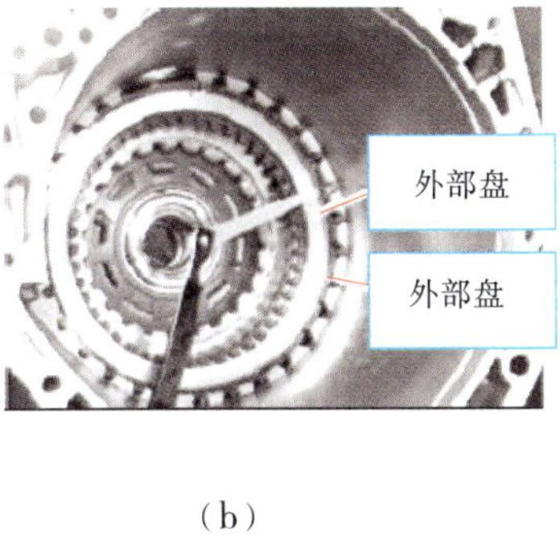

图 6-55　制动器 B3 的测量

（a）截面图；（b）检查部件位置

测量步骤

①安装前把新盘浸入 ATF 内 1 h。

②按从左到右的顺序安装制动器 B3 的盘。

③用塞尺确定外部盘和弹性挡圈之间三个位置处的间隙 *L*。

· 安装过程中弹性挡圈应该接触外部盘托架的顶部。

④如需要，用适当的弹性挡圈调整间隙。

规定间隙 *L*：

1.0~1 .4 mm

B3 弹性挡圈的厚度：

3.2 mm、 3.5 mm、3.8 mm、4.1 mm 、4.4 mm、4.7 mm

（4）片式离合器 C1 的测量（见图 6-56）

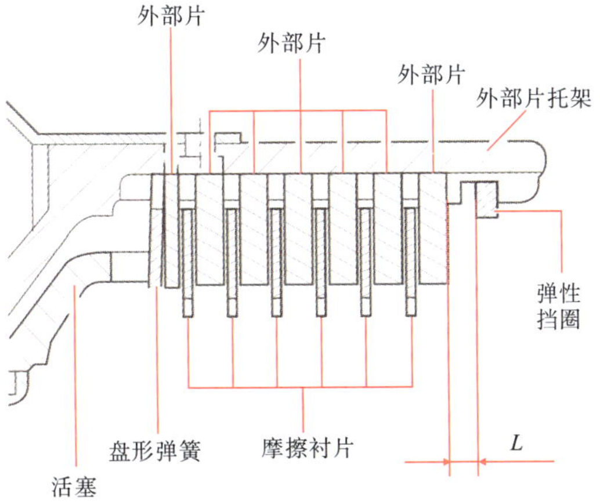

图 6-56　离合器 C1 的测量

测量步骤

①安装前把新盘浸入 ATF 内 1 h。

②按从左到右的顺序安装离合器 C1 的盘。

③在外部片上安装压缩机并在片组件上施加 1 200 N 的力。

④用塞尺确定外部片和弹性挡圈之间三个位置处的间隙 L。

· 安装过程中弹性挡圈应该接触外部片托架的顶部。

⑤如需要，用适当的弹性挡圈调整间隙。

规定间隙 L：

单面摩擦片数	双面摩擦片数
2.4~2.8 mm	2.7~3.1 mm
2.6~3.0 mm	3.0~3.4 mm
2.8~3.2 mm	3.3~3.7 mm
2.9~3.3 mm	3.6~4.0 mm

C1 弹性挡圈的厚度：

2.6 mm、2.9 mm、3.2 mm、3.5 mm、3.8 mm、4.1 mm

（5）片式离合器 C2 的测量（见图 6-57）

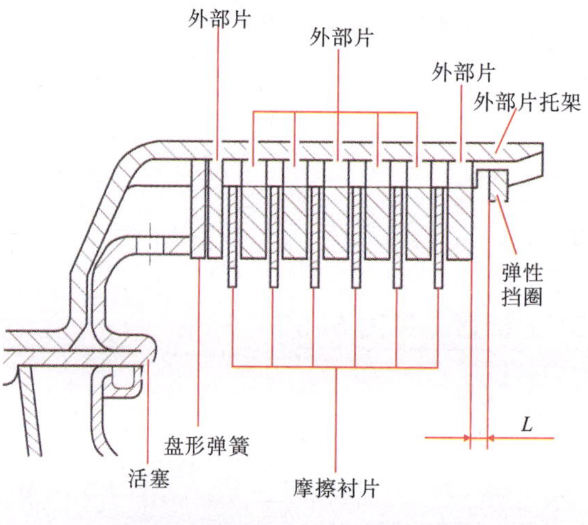

图 6-57 离合器 C2 的测量

测量步骤

①安装前把新盘浸入 ATF 内 1 h。

②按从左到右的顺序安装离合器 C2 的盘。

③在外部片上安装压缩机并在片组件上施加 1 200 N 的力。

④用塞尺确定外部片和弹性挡圈之间三个位置处的间隙 L。

· 安装过程中弹性挡圈应该接触外部片托架的顶部。

⑤如需要，用适当的弹性挡圈调整间隙。

规定间隙 *L*：

双面摩擦片数

2.3~2.7 mm

2.4~2.8 mm

2.5~2.9 mm

2.7~3.1 mm

C2 弹性挡圈的厚度：

2.3 mm、2.6 mm、2.9 mm、3.2 mm、3.5 mm、3.8 mm

（6）片式离合器 C3 的测量（见图 6-58）

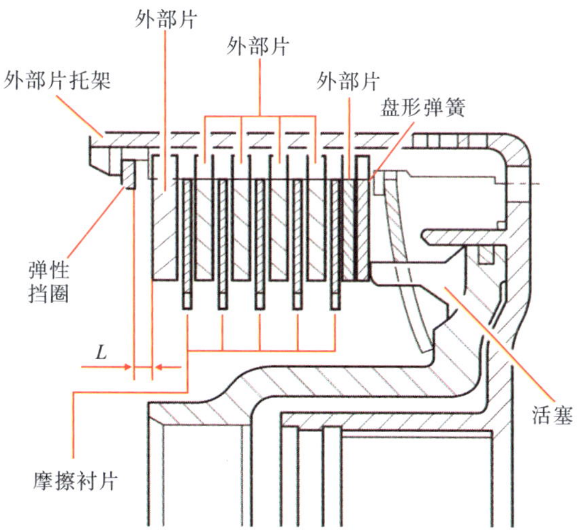

图 6-58　离合器 C3 的测量

测量步骤

①安装前把新盘浸入 ATF 内 1 h。

②按从左到右的顺序安装离合器 C3 的盘。

③在外部片上安装压缩机并在片组件上施加 1 200 N 的力。

④用塞尺确定外部片和弹性挡圈之间三个位置处的间隙 *L*。

· 安装过程中弹性挡圈应该接触外部片托架的顶部。

⑤如需要，用适当的弹性挡圈调整间隙。

规定间隙 L：

单面摩擦片数	双面摩擦片数
2.3~2.7 mm	2.3~2.7 mm
2.4~2.8 mm	2.4~2.8 mm
2.5~2.9 mm	2.5~2.9 mm

C3 弹性挡圈的厚度：

2.0 mm、2.3 mm、2.6 mm、2.9 mm、3.2 mm、3.5 mm

任务二　自动变速器常见故障诊断

自动变速器常见故障主要有：换挡冲击大、汽车不能行驶、打滑、不能升挡、升挡过迟、无前进挡、无超速挡、无倒挡、频繁跳挡、无发动机制动、不能强制降挡、无锁止、液压油易变质、挂挡后发动机怠速易熄火等。下面分别介绍这些常见故障的诊断与排除方法。

一、换挡冲击大

1. 故障现象

①起步时，由停车挡或空挡挂入倒挡或前进挡，汽车振动较严重。

②行驶中，在自动变速器升挡的瞬间汽车有较明显地闯动。

2. 故障原因

①发动机怠速过高。

②节气门拉索或节气门位置传感器调整不当，使主油路油压过高。

③升挡过迟。

④真空式节气门阀的真空软管破裂或松脱。

⑤主油路调压阀有故障，使主油路油压过高。

⑥减震器活塞卡住，不能起减震作用。

⑦单向阀钢球漏装，换挡执行元件（离合器或制动器）接合过快。

⑧换挡执行元件打滑。

⑨油压电磁阀不工作。

⑩计算机有故障。

3. 故障诊断与排除

导致自动变速器换挡冲击大的故障原因很多，情况也比较复杂。故障原因可能是调整不当，对此，只要稍作调整即可排除；也可能是自动变速器内部的控制阀、减震器或换挡执行元件有故障，对此，必须分解自动变速器，予以修理；还可能是电子控制系统有故障，对此，必须对电子控制系统进行检测，才能找出具体原因。因此，在诊断故障的过程中，必须循序渐进，对自动变速器的各个部分做认真的检查。一定要在全面检测的基础上，有针对性地进行分解修理，切不可盲目地拆修。

①检查发动机怠速。装用自动变速器的汽车的发动机怠速一般为750~800 r/min。若怠速过高，

应按标准予以调整。

②检查节气门拉索或节气门位置传感器的调整情况。如不符合标准，应重新予以调整。

③检查真空式节气门阀的真空软管。如有破裂，应更换；如有松脱，应接牢。

④做道路试验。如果有升挡过迟的现象，则说明换挡冲击大的故障是由升挡过迟所致。如果在升挡之前发动机转速异常升高，导致在升挡的瞬间有较大的换挡冲击，则说明离合器或制动器打滑，应分解自动变速器，予以修理。

⑤检测主油路油压。如果怠速时的主油路油压过高，则说明主油路调压阀或节气门阀有故障，可能是调压弹簧的预紧力过大或阀芯卡滞所致；如果怠速时主油路油压正常，但起步进挡时有较大的冲击，则说明前进离合器或倒挡及高挡离合器的进油单向阀阀球损坏或漏装。对此，应拆卸阀板，予以修理。

⑥检测换挡时的主油路油压。在正常情况下，换挡时的主油路油压会有瞬时的下降。如果换挡时主油路油压没有下降，则说明减震器活塞卡滞，对此，应拆检阀板和减震器。

⑦电子控制自动变速器如果出现换挡冲击过大的故障，应检查油压电磁阀的线路以及油压电磁阀工作是否正常、计算机是否在换挡的瞬间向油压电磁阀发出控制信号。如果线路有故障，应予以修复；如果电磁阀损坏，应更换电磁阀；如果计算机在换挡的瞬间没有向油压电磁阀发出控制信号，说明计算机有故障，对此，应更换计算机。

二、汽车不能行驶

1. 故障现象

①无论操纵手柄位于倒挡、前进挡或前进低挡，汽车都不能行驶。

②冷车起动后汽车能行驶一小段路程，但稍一热车就不能行驶。

2. 故障原因

①自动变速器油底壳被撞坏，液压油全部漏光。

②操纵手柄和手动阀摇臂之间的连杆或拉索松脱，手动阀保持在空挡或停车挡位置。

③油泵进油滤网堵塞。

④主油路严重泄漏。

⑤油泵损坏。

3. 故障诊断与排除

①拔出自动变速器的油尺，检查自动变速器液压油的油面高度。若油尺上没有液压油，说明自动变速器内的液压油已全部漏光。对此，应检查油底壳、液压油散热器、油管等处有无破损。如有严重漏油处，应修复后重新加油。

②检查自动变速器操纵手柄与手动阀摇臂之间的连杆或拉索有无松脱。如有松脱，应予以装复，并重新调整好操纵手柄的位置。

③拆下主油路测压孔上的螺塞，起动发动机，将操纵手柄拨至前进挡或倒挡位置，检查测压

孔内有无液压油流出。

④若主油路测压孔内没有液压油流出，应打开油底壳，检查手动阀摇臂轴与摇臂有无松脱，手动阀阀芯有无折断或脱钩。若手动阀工作正常，则说明油泵损坏。对此，应拆卸分解自动变速器，更换油泵。

⑤若主油路测压孔内只有少量液压油流出，油压很低或基本上没有油压，应打开油底壳，检查油泵进油滤网有无堵塞。如无堵塞，说明油泵损坏或主油路严重泄漏。对此，应拆卸分解自动变速器，予以修理。

⑥若冷车起动时主油路有一定的油压，但热车后油压即明显下降，说明油泵磨损过甚。对此，应更换油泵。

⑦若测压孔内有大量液压油喷出，说明主油路油压正常，故障出在自动变速器中的输入轴、行星排或输出轴。对此，应拆检自动变速器。

二、自动变速器打滑

1. 故障现象

①起步时踩下油门踏板，发动机转速很快升高，但车速升高缓慢。

②行驶中踩下油门踏板加速时，发动机转速升高，但车速没有很快提高。

③平路行驶基本正常，但上坡无力，且发动机转速异常高。

2. 故障原因

①液压油油面太低。

②液压油油面太高，运转中被行星排剧烈搅动后产生大量气泡。

③离合器或制动器摩擦片、制动带磨损过甚或烧焦。

④油泵磨损过甚或主油路泄漏，造成油路油压过低。

⑤单向超越离合器打滑。

⑥离合器或制动器活塞密封圈损坏，导致漏油。

⑦减震器活塞密封圈损坏，导致漏油。

3. 故障诊断与排除

①打滑是自动变速器最常见的故障之一。虽然自动变速器打滑往往都伴有离合器或制动器摩擦片严重磨损甚至烧焦等现象，但如果只是简单地更换摩擦片而没有找出打滑的真正原因，则会使修复后的自动变速器在使用一段时间后又出现打滑现象。因此，对于出现打滑的自动变速器，不要急于拆卸分解，应先做各种检查测试，以找出造成打滑的真正原因。

②对于出现打滑现象的自动变速器，应先检查其液压油的油面高度和品质。若油面过低或过高，应先调整至正常后再做检查。若油面调整正常后自动变速器不再打滑，可不必拆修自动变速器。

③检查液压油的品质。若液压油呈棕黑色或有烧焦味，说明离合器或制动器的摩擦片或制动带烧焦，应拆修自动变速器。

④做路试，以确定自动变速器是否打滑，并检查出现打滑的挡位和打滑的程度。将操纵手柄拨入不同的位置，让汽车行驶。若自动变速器升至某一挡位时发动机转速突然升高，但车速没有相应地提高，即说明该挡位有打滑。打滑时发动机的转速越容易升高，说明打滑越严重。

⑤对于有打滑故障的自动变速器，在拆卸分解之前，应先检查自动变速器的主油路油压，以找出造成自动变速器打滑的原因。若自动变速器前进挡或倒挡均打滑，其原因往往是主油路油压过低。若主油路油压正常，则只要更换磨损或烧焦的摩擦元件即可。若主油路油压不正常，则在拆修自动变速器的过程中，应根据主油路油压，相应地对油泵或阀板进行检修，并更换自动变速器的所有密封圈和密封环。

四、不能升挡

1. 故障现象

①汽车行驶中自动变速器始终保持在 1 挡，不能升入 2 挡及高速挡。

②行驶中自动变速器可以升入 2 挡，但不能升入高速挡和超速挡。

2. 故障原因

①节气门拉索或节气门位置传感器调整不当。

②调速器有故障。

③调速器油路严重泄漏。

④车速传感器有故障。

⑤ 2 挡制动器或高挡离合器有故障。

⑥换挡阀卡滞。

⑦挡位开关有故障。

3. 故障诊断与排除

①对于电子控制自动变速器，应先进行故障自诊断。影响换挡控制的传感器有：节气门位置传感器、车速传感器等。按所显示的故障代码查找故障原因。

②按标准重新调整节气门拉索或节气门位置传感器。

③检查车速传感器。如有损坏，应予以更换。

④检查挡位开关的信号。如有异常，应予以调整或更换。

⑤测量调速器油压。若车速升高后调速器油压仍为 0 或很低，说明调速器有故障或调速器油路严重泄漏。对此，应拆检调速器。调速器阀芯如有卡滞，应分解清洗，并将阀芯和阀孔用砂纸抛光。若清洗抛光后仍有卡滞，应更换调速器。

⑥用压缩空气检查调速器油路有无泄漏。如有泄漏，应更换密封圈或密封环。

⑦若调速器油压正常，应拆卸阀板，检查各个换挡阀。换挡阀如有卡滞，可将阀芯取出，用砂纸抛光，再清洗后装入。如不能修复，应更换阀板。

⑧若控制系统无故障，应分解自动变速器，检查各个换挡执行元件有无打滑，用压缩空气检查各个离合器、制动器油路或活塞有无泄漏。

五、升挡过迟

1. 故障现象

①在汽车行驶中，升挡车速明显高于标准值，升挡前发动机转速偏高。

②必须采用松油门提前升挡的操作方法才能使自动变速器升入高挡或超速挡。

2. 故障原因

①节气门拉索或节气门位置传感器调整不当。

②节气门位置传感器损坏。

③调速器卡滞。

④调速器弹簧预紧力过大。

⑤调速器壳体螺栓松动或输出轴上的调速器进出油孔处的密封环磨损，导致调速器油路泄漏。

⑥真空式节气门阀的推杆调整不当。

⑦真空式节气门阀的真空软管破裂或真空膜片室漏气。

⑧主油路油压或节气门油压太高。

⑨强制降挡开关短路。

⑩计算机或传感器有故障。

3. 故障诊断与排除

①对于电子控制自动变速器，应先进行故障自诊断。如有故障代码，则按所显示的故障代码查找故障原因。

②检查节气门拉索或节气门位置传感器的调整情况。如不符合标准，应重新予以调整。

③测量节气门位置传感器的电阻。如不符合标准，应予以更换。

④对于采用真空式节气门阀的自动变速器，应拔下真空式节气门阀上的真空软管，检查在发动机运转中真空软管内有无吸力。如果没有吸力，说明真空软管破裂、松脱或堵塞，对此，应予以修复。

⑤检查强制降挡开关。如有短路，应予以修复或更换。

⑥测量怠速时的主油路油压，并与标准值进行比较。若油压太高，应通过节气门拉索或节气门位置传感器予以调整。装置真空式节气门阀的自动变速器，应采用减少节气门阀推杆长度的方法予以调整。若调整无效，应拆检主油路调压阀或节气门阀。

⑦用举升器将汽车升起，让驱动轮悬空，然后起动发动机。挂上前进挡，让自动变速器运转，同时测量调速器油压。调速器油压应能随车速的升高而增大。将不同转速下测得的调速器油压与维修手册上的标准值进行比较。若油压值低于标准值，说明调速器有故障或调速器油路有泄漏。对此，应拆卸自动变速器，检查调速器固定螺栓有无松动、调速器油路上的各处密封圈或密封环有无磨损漏油、调速器阀芯有无卡滞或磨损过甚、调速弹簧是否太硬。

⑧若调速器油压正常，则升挡过迟的故障原因为换挡阀工作不良。对此，应拆检或更换阀板。

六、无前进挡

1. 故障现象

①汽车倒挡行驶正常，在前进挡时不能行驶。

②操纵手柄在 D 位时不能起步，在 S 位、L 位 (或 2 位、1 位) 时可以起步。

2. 故障原因

①前进挡离合器严重打滑。

②前进挡单向超越离合器打滑或装反。

③前进挡离合器油路严重泄漏。

④操纵手柄调整不当。

3. 故障诊断与排除

①检查操纵手柄的调整情况。如有异常，应按规定程序重新调整。

②测量前进挡主油路油压。若油压过低，说明主油路严重泄漏，应拆检自动变速器，更换前进挡油路上各处的密封圈和密封环。

③若前进挡的主油路油压正常，应拆检前进挡离合器。如摩擦片表面粉末冶金层有烧焦或磨损过甚，应更换摩擦片。

④若主油路油压和前进挡离合器均正常，则应拆检前进挡单向超越离合器，按照所述方法检查前进挡单向超越离合器的安装方向是否正确以及有无打滑。如装反，应重新安装；如有打滑，应更换新件。

七、无超速挡

1. 故障现象

①在汽车行驶中，车速已升高至超速挡工作范围，但自动变速器仍不能从 3 挡换入超速挡。

②在车速已达到超速挡工作范围后，采用提前升挡（即松开油门踏板几秒后再踩下）的方法也不能使自动变速器升入超速挡。

2. 故障原因

①超速挡开关有故障。

②超速电磁阀有故障。

③超速制动器打滑。

④超速行星排上的直接离合器或直接单向超越离合器卡死。

⑤挡位开关有故障。

⑥液压油温度传感器有故障。

⑦节气门位置传感器有故障。

⑧ 3/4 换挡阀卡滞。

3. 故障诊断与排除

①对于电子控制自动变速器，应先进行故障自诊断，检查有无故障代码。液压油温度传感器、节气门位置传感器、超速电磁阀等部件的故障都会影响超速挡的换挡控制。按显示的故障代码查找故障原因。

②检查液压油温度传感器在不同温度下的电阻值，并与标准值进行比较。如有异常，应更换液压油温度传感器。

③检查挡位开关和节气门位置传感器的信号。挡位开关的信号应和操纵手柄的位置相符。节气门位置传感器的电阻或输出电压应能随节气门的开大而上升，并与标准相符。如有异常，应予以调整。若调整无效，应更换挡位开关或节气门位置传感器。

④检查超速挡开关。在 ON 位置时，超速挡开关的触点应断开，超速指示灯不亮；在 OFF 位置时，超速挡开关的触点应闭合，超速指示灯亮，如图 6-59 所示。如有异常，应检查电路或更换超速挡开关。

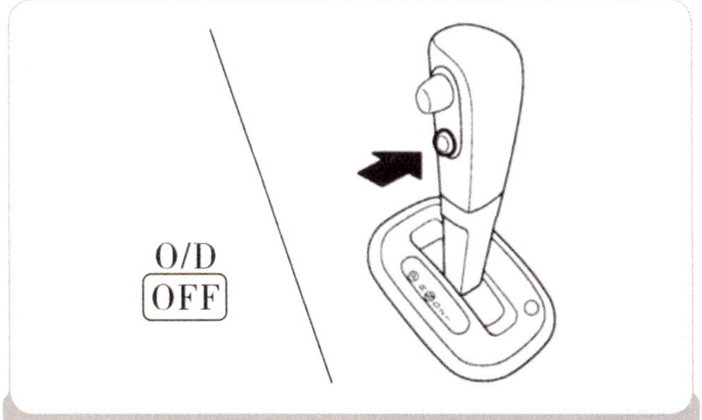

图 6-59　超速挡开关

⑤检查超速电磁阀的工作情况。打开点火开关，但不要起动发动机，在按下超速挡开关时，检查超速电磁阀有无工作的声音。如果超速电磁阀不工作，应检查控制线路或更换超速电磁阀。

⑥用举升器将汽车升起，让驱动轮悬空。运转发动机，让自动变速器以前进挡工作，检查在空载状态下自动变速器的升挡情况。如果在空载状态下自动变速器能升入超速挡，且升挡车速正常，说明控制系统工作正常，不能升挡的故障原因为超速制动器打滑。在有负荷的状态下不能实现超速挡。如果能升入超速挡，但升挡后车速提不高，发动机转速下降，说明超速行星排中的直接离合器或直接单向超越离合器卡死，使超速行星排在超速挡状态下出现运动干涉，加大了发动机运转阻力。如果在无负荷状态下仍不能升入超速挡，说明控制系统有故障。对此，应拆卸阀板，检查 3、4 换挡阀。如有卡滞，可将阀芯拆下，予以清洗并抛光。如不能修复，应更换阀板总成。

八、无倒挡

1. 故障现象

汽车在前进挡能正常行驶，但在倒挡时不能行驶。

2. 故障原因

①操纵手柄调整不当。
②倒挡油路泄漏。
③倒挡及高挡离合器或低挡及倒挡制动器打滑。

3. 故障诊断与排除

①检查操纵手柄的位置。如有异常，应按规定程序重新调整。
②检查倒挡油路油压。若油压过低，则说明倒挡油路泄漏。对此，应拆检自动变速器，予以修复。
③若倒挡油路油压正常，应拆检自动变速器，更换损坏的离合器片或制动器片（制动带）。

九、频繁跳挡

1. 故障现象

汽车以前进挡行驶时，即使油门踏板保持不动，自动变速器仍会经常出现突然降挡现象；降挡后发动机转速异常升高，并产生换挡冲击。

2. 故障原因

①节气门位置传感器有故障。
②车速传感器有故障。
③控制系统电路接地不良。
④换挡电磁阀接触不良。
⑤计算机有故障。

3. 故障诊断与排除

①对于电子控制自动变速器，应先进行故障自诊断。如有故障代码出现，则按所显示的故障代码查找故障原因。
②测量节气门位置传感器。如有异常，应更换。
③测量车速传感器。如有异常，应更换。
④检查控制系统电路各条接地线的接地状态。如有接地不良现象，应予以修复。

⑤拆下自动变速器油底壳，检查各个换挡电磁阀线束接头的连接情况。如有松动，应予以修复。

⑥检查控制系统计算机各接线脚的工作电压。如有异常，应予以修复或更换。

⑦换一个新的阀板或计算机试一下。如果故障消失，说明原阀板或计算机损坏，应更换。

⑧更换控制系统所有线束。

十、无发动机制动

1. 故障现象

①在行驶中，当操纵手柄位于前进低挡 (S、L 或 2、1) 位置时，松开油门踏板，发动机转速降至怠速，但汽车没有明显减速。

②下坡时，操纵手柄位于前进低挡，但不能产生发动机制动作用。

2. 故障原因

①挡位开关调整不当。

②操纵手柄调整不当。

③ 2 挡强制制动器打滑或低挡及倒挡制动器打滑。

④控制发动机制动的电磁阀有故障。

⑤阀板有故障。

⑥自动变速器打滑。

⑦计算机有故障。

3. 故障诊断与排除

①对于电子控制自动变速器，应先进行故障自诊断，按所显示的故障代码查找故障原因。

②做道路试验，检查加速时自动变速器有无打滑现象。如有打滑，应拆修自动变速器。

③如果操纵手柄位于 S 位时没有发动机制动作用，但操纵手柄位于 L 位时有发动机制动作用，则说明 2 挡强制制动器打滑，应拆修自动变速器。

④如果操纵手柄位于 L 位时没有发动机制动作用，但操纵手柄位于 S 位时有发动机制动作用，则说明低挡及倒挡制动器打滑，应拆修自动变速器。

⑤检查控制发动机制动的电磁阀线路有无短路或断路；电磁阀线圈电阻是否正常；通电后有无工作声音，如有异常，应修复或更换。

⑥拆卸阀板总成，清洗所有控制阀。阀芯如有卡滞可抛光后装复。如抛光后仍有卡滞，应更换阀板。

⑦检测计算机各接线脚的电压。要特别注意与节气门位置传感器、挡位开关连接线的各接线脚的电压。如有异常，应做进一步的检查。

⑧更换一个新的计算机试一下。如果故障消失，说明原计算机损坏，应更换。

十一、不能强制降挡

1. 故障现象

当汽车以 3 挡或超速挡行驶时，突然将油门踏板踩到底，自动变速器不能立即降低一个挡位，致使汽车加速无力。

2. 故障原因

①节气门拉索或节气门位置传感器调整不当。

②强制降挡开关损坏或安装不当。

③强制降挡电磁阀损坏或线路短路、断路。

④阀板中的强制降挡控制阀卡滞。

3. 故障诊断与排除

①检查节气门拉索或节气门位置传感器的安装情况，如有异常，应按标准重新调整。

②检查强制降挡开关。在油门踏板踩到底时，强制降挡开关的触点应闭合；松开油门踏板时，强制降挡开关的触点应断开。如果油门踏板踩到底时强制降挡开关触点没有闭合，可用手直接按动强制降挡开关。如果按下开关后触点能闭合，说明开关安装不当，应重新调整；如果按下开关后触点仍不闭合，说明开关损坏，应予以更换。

③对照电路图，在自动变速器线束插头处测量强制降挡电磁阀。如有异常，则故障原因可能是线路短路、断路或电磁阀损坏。对此，应检查线路或更换电磁阀。

④打开自动变速器油底壳，拆下强制降挡电磁阀，检查电磁阀的工作情况。如有异常，应予以更换。

⑤拆卸阀板总成，分解并清洗强制降挡控制阀，阀芯如有卡滞，可进行抛光。若无法修复，则应更换阀板总成。

十二、无锁止

1. 故障现象

①汽车行驶中车速、挡位已满足锁止离合器起作用的条件，但锁止离合器仍没有产生锁止作用。

②汽车油耗较大。

2. 故障原因

①液压油温度传感器有故障。

②节气门位置传感器有故障。

③锁止电磁阀有故障或线路短路、断路。

④锁止控制阀有故障。

⑤变矩器中的锁止离合器损坏。

3. 故障诊断与排除

①对于电子控制自动变速器，应先进行故障自诊断，检查有无故障代码。如有故障代码，则可按显示的故障代码查找相应的故障原因。与锁止控制有关的部件包括液压油温度传感器、节气门位置传感器、锁止电磁阀等。

②检查节气门位置传感器，如果在一定节气门开度下的节气门位置传感器输出电压过高或电位计电阻过大，应予以调整。若调整无效，应更换节气门位置传感器。

③打开油底壳，拆下液压油温度传感器。检测液压油温度传感器，如不符合标准，应更换液压油温度传感器。

④测量锁止电磁阀。如有短路或断路，应检查电路。如电路正常，则应更换电磁阀。

⑤拆下锁止电磁阀，检查锁止电磁阀。如有异常，应予以更换。

⑥拆下阀板，分解并清洗锁止控制阀。如有卡滞，应抛光后装复。如不能修复，应更换阀板。

⑦若控制系统无故障，则应更换变矩器。

十三、液压油易变质

1. 故障现象

①更换后的新液压油使用不久即变质。

②自动变速器温度太高，从加油口处向外冒烟。

2. 故障原因

①汽车使用不当，经常超负荷行驶，如经常用于拖车，或经常急加速、超速行驶等。

②液压油散热器管路堵塞。

③通往液压油散热器的限压阀卡滞。

④离合器或制动器自由间隙太小。

⑤主油路油压太低，离合器或制动器在工作中打滑。

3. 故障诊断与排除

①让汽车以中低速行驶 5~10 min，待自动变速器达到正常工作温度后，在发动机运转过程中检查自动变速器液压油散热器的温度。在正常情况下，液压油散热器的温度可达 60 ℃左右。

②若液压油散热器的温度过低，说明油管堵塞，或通往液压油散热器的限压阀卡滞。这样，液压油得不到及时地冷却，油温过高，导致变质。

③若液压油散热器的温度太高，说明离合器或制动器自由间隙太小。对此，应拆卸自动变速器，予以调整。

④若液压油温度正常，应测量主油路油压，若油压太低，应检查节气门拉索或节气门位置传感器的调整情况。若节气门拉索或节气门位置传感器安装正常，应拆卸自动变速器，检查油泵是否磨损过甚、阀板内的主油路调压阀和节气门阀有无卡滞、主油路有无漏油处。

⑥若上述检查均正常，则故障可能是汽车经常超负荷行驶，或未按规定使用合适牌号的液压油所致。对此，可将液压油全部放出，加入规定牌号和数量的液压油。

十四、挂挡后发动机怠速易熄火

1. 故障现象

①发动机怠速运转时将操纵手柄由 P 位或 N 位换入 R 位、D 位、S 位、L 位（或 2 位、1 位）时发动机熄火。

②在前进挡或倒挡行驶中，踩下制动踏板停车时发动机熄火。

2. 故障原因

①发动机怠速过低。

②阀板中的锁止控制阀卡滞。

③挡位开关有故障。

④输入轴转速传感器有故障。

3. 故障诊断与排除

①在空挡或停车挡时，检查发动机怠速，正常的发动机怠速应为 750~800 r/min。若怠速过低，应重新调整。

②对于电子控制自动变速器，应先进行故障自诊断，按所显示的故障代码查找故障原因。

③检查挡位开关的信号，应与操纵手柄的位置相一致，否则应予以调整或更换。

④检查输入轴转速传感器。如有损坏，应更换。

⑤拆卸阀板，检查锁止控制阀。如有卡滞，应清洗抛光后装复。如仍不能排除故障，应更换阀板。若油底壳内有大量摩擦粉末，应彻底分解自动变速器，予以检修。

思考与练习

一、填空题

1. ______________是自动变速器最常见的故障之一。

2. 换挡阀如有卡滞，可将阀芯取出，用__________抛光，在清洗后装入。

3. 正常发动机怠速为__________。

二、判断题

1. 在拆卸自动变速器之前，不用做安全防护措施。 (　　)

2. 在拆卸卡环时应用卡环钳拆卸，不能用一字钳拆卸。 (　　)

3. 拆卸离合器时，应将离合器内部件摆放整齐。 (　　)

三、选择题

1．盘式制动器 B1 的弹性挡圈厚度为（　　）mm。

A．2.5　　B．2.7　　C．2.9　　D．0.5

2．片式离合器 C1 弹性挡圈的厚度为（　　）mm。

A．1.5　　B．2.5　　C．3　　D．3.8

3．在拆卸自动变速器之前，应先将变速挡位置于（　　）挡。

A．P　　B．D　　C．L　　D．N